香港貧窮問題眞相

第三版

中華書局

葉兆輝 著

目錄

第一章　香港貧窮的現狀

第二章　本地貧窮的定義與　　　　聚集形勢的分佈和特徵

第三章　貧窮數字的拆解

　　香港回歸二十五年，本地的貧富差距問題卻一直未能有效改善，當然貧富差距是任何一個城市發展時都會面對的挑戰。本地的經濟活動由上世紀七八十年代製造業轉型為現今專業和高科技服務，不同種類的勞動人口收入不斷擴大，也是在所難免。誠然，讓一些人先富起來，再將這個經濟的餅做大，若能讓大多數人由此分享經濟發展的成果，也是鄧小平先生所主張的讓小部分人富起來，這是沒問題的，亦是一個地方發展經濟時的必經過程，我們也不是在倡議一個平均主義的社會。但是，本地的貧富問題是低收入勞動人士的入息長時間持續維持在一個極低的水平，收入不平等和嚴重傾斜的情況不斷惡化，令人感到不安。

　　根據統計處提供的家庭收入中位數，從表 0.1 所示，若將家庭每月收入中位數的十分位（decile）分析來看（不包括外籍家庭傭工），第一個十分位的家庭收入中位數由 1991 年的港幣 2,800 元增加至 1997 年的 4,200 元，七年之間的升幅為 85%。但很可惜，在回歸二十五年以後，2022 年的第一季只有 3,000 元，不但沒有增加，反而減少了 28%。相對而言，最高的第十個十分位的家庭收入中位數由 1991 年度的 35,600 元，增至 1997 年的 70,600 元，直至 2022 年達到 130,000 元。高收入人士的家庭收入中位數增加接近一倍。當然，經濟增長的時候，大多數人都能分享經濟發展成果，某些人富起來是值得高興的，但本地所面對的正是聯合國 2030 可持續發展目標（Sustainable Development Goal）所倡議的一項：消除貧窮問題，不要遺下任何一個人（Leave No One Behind）。今天所面對的問題是香港在回歸二十五年以來，雖然 GDP 每年都有 2% 至 10% 的增長，但這些經濟發展的成果，並沒有令全港一半勞動人口受惠。

表 0.1　香港統計處收集的綜合住戶統計調查（2022）

	1991	1997	2011	2016	2021	2022 第一季度
第一個十分位	$ 2,800	$ 4,200	$ 3,300	$ 3,700	$ 3,000	$ 3,000
第二個十分位	$ 5,000	$ 8,700	$ 6,600	$ 7,900	$ 7,600	$ 7,600
第三個十分位	$ 6,500	$ 11,000	$ 10,000	$ 12,100	$ 12,600	$ 13,000
第四個十分位	$ 8,000	$ 14,000	$ 13,200	$ 17,000	$ 18,200	$ 18,600
第五個十分位	$ 9,700	$ 17,000	$ 17,200	$ 22,300	$ 24,000	$ 25,000
第六個十分位	$ 11,500	$ 20,400	$ 22,000	$ 29,000	$ 30,700	$ 32,000
第七個十分位	$ 14,000	$ 25,000	$ 27,500	$ 36,000	$ 40,000	$ 41,000
第八個十分位	$ 17,200	$ 31,500	$ 35,000	$ 46,000	$ 51,100	$ 54,000
第九個十分位	$ 22,500	$ 42,000	$ 48,600	$ 62,300	$ 70,400	$ 74,000
第十個十分位	$ 35,600	$ 70,600	$ 84,000	$ 105,000	$ 120,800	$ 130,000

　　低收入人士的收入在這二十五年來不但沒有增加，反而減少，購買力不斷減弱，高收入人士則可享受多一倍的增幅。若果與其他同類型高收入社會和城市作出比較，例如與香港經濟非常接近的新加坡對比，新加坡在 2010 至 2020 年的最高收入組別與最低收入組別的家庭人均中位數比例，由 25.4：1 下降至 23.9：1，但在香港同一時期卻由 25：1 上升至 40.1：1。若與歐美的主要金融中心相比，例如美國紐約市，該比例由 2010 年開始，一度上升至 2014 年大約 3.3 倍高峰，但自 2015 年開始，貧富的問題已經有所好轉。

　　另外，根據以紐約為總部的 Wealth-X 最新報告，香港的億萬富翁有 114 位，總財富有 2,870 億美元，大約是港幣二萬二千多億元，亦是本地政府財政儲備八千多億元近三倍之多。在六萬人中就有一位億萬富豪，是繼科威特和三藩市之後世界排行第三。這些數字都指出特區政府的政策一直未能有效處理貧富差距，以及貧窮人士所面對的生活困難。貧窮戶的人口──尤其是孩子和青年人都會面對因資源疲乏下的機會貧窮而引申的跨代貧窮問題，成為社會結構貧窮的一族。

2000 年，全球各國領導在聯合國會議中提出八項千年發展目標（Millennium Development Goals），其中包括承諾説明在 2015 年前實現消除貧困（Ending Poverty）。[1] 2015 年 9 月，聯合國峰會上通過了「2030 年可持續發展議程」，涵蓋了十七個可持續發展目標（Sustainable Development Goal），其中消除貧困、保護地球和確保繁榮，將作為新的可持續發展議程的一部分。在接下來的十五年內，各國將致力於消除一切形式的貧窮（Goal 1: End poverty in all its forms everywhere），同時確保沒有一個人掉隊（"Leave No One Behind"）。可見，我們的世界正朝着更高的目標靠近——確保所有人都能有尊嚴、平等地實現他們的潛力，並在一個健康的環境下享受生活。

香港作為一個高度發達的城市，當然應該朝着這個目標進發。香港與世界上其他任何城市相比，有更多的千萬富翁。然而，根據聯合國開發計劃署發佈的《2011 年人類發展報告》（*Human Development Report 2011 Sustainability and Equity: A Better Future for All*），[2] 在全球 47 個極高人類發展指數（Very High Human Development）的國家當中，香港貧富懸殊情況最嚴重，堅尼系數（Income Gini Coefficient）達到 0.434，在全球排名第一，緊接的是新加坡（0.425），美國排第三（0.408）。報告稱，香港最富有的 10% 人口擁有全港 34.9% 的財富，但最窮的 10% 人口只佔有 2%，兩者收入差距 17.8 倍。

根據瑞士信貸集團（Credit Suisse Group AG，以下簡稱「瑞信」）發佈的《2014 年全球財富報告》（*Global Wealth Data book 2014*），香港最富有的 1% 人口已擁有超過香港整體財富的一半（52.6%），而最富有的 10% 人口已擁有香港 77.5% 的財富。[3]

在 2000 至 2014 年的十多年間，這兩個比例都處於高速上升（rapid rise）的狀態。此外，瑞信將最富有的 10% 人口財富佔據總財富 70% 以上歸為「極度財富不平等」，根據此分類，香港與瑞士（71.9%）、美國（74.6%）一起被併入該類別，其中香港最富有的 10% 人口所佔總財富比例，更是報告中所有已發展地區中最高的。

　　如果把香港首富的資產跟香港政府可動用的財政儲備相比，根據《福布斯》雜誌（Forbes）在 2016 年 1 月的數字，[4] 全港 50 名擁有最多資產人士的總資產為港幣 18,782 億元（2,422 億美元），首 25 位富豪的總資產為 15,422 億港幣（1,989 億美元）；根據該時期最新一份財政預算案，截至 2016 年 3 月，香港政府的財政儲備額預計為 8,600 億元，[5] 即首 50 位富豪的資產是香港財政儲備的 2 倍多；而前 25 位富豪的資產已相當於香港政府財政儲備總額的 1.79 倍。

　　另一方面，香港的生活成本持續增長，根據經濟學人資訊社（Economist Intelligence Unit）[6] 公佈的「2016 年全球 10 大生活消費最高城市」（Worldwide Cost of Living 2016），香港十年來首次登入全球排名前三的高消費地區，成為新加坡以外亞洲第二的高消費地區。而且，香港在 2016 年的排名比起 2015 年直升了七位。此外，針對一般的生活用品，新加坡的價格與紐約相當，而香港的市場價格就貴了 28%。相同收入層次下，生活消費高了不少，但可支配份額卻進一步縮減，可見貧困問題在香港變得愈加嚴重，而香港市民的生活壓力也隨着日益增長的生活成本變大。這嚴峻的現象和趨勢，已受到國際上各大媒體和研究機構的關注。

　　筆者希望透過本書，深入分析有關貧窮的數據，對不同組別的貧窮狀況提供更多可以參考的資料，帶動不同持份者對扶貧政策有

更多的思考，讓更多人關注、參與、討論和研究貧窮議題，目的是能夠精準理解形勢，作出有效而且到位的扶貧政策，讓香港成為一個宜居和關懷弱勢社群的城市。筆者在過去一年，於不少場合分享了本書中的內容及對貧窮的看法，深深感受到貧窮已不是一個學術的範疇，而是直接影響本地人的福祉和快樂感。香港人需要的生活空間，卻不斷地被蠶食，生活質素有待大大提升。

其實，政府在過往一年做了一些工作去改善貧窮情況，其中之一是願意投入更大的承擔去處理一直未有解決的長期服務金和遣散費與公積金對沖的問題。但商界的反應是令人失望的，例如因結業或企業合併而裁減人員時，對被遣散的工人作出合理賠償並不是一個太過分的要求，為什麼可以用長期服務金來對沖？長期服務金是給予工作人士退休後的保障。此外，政府慢慢地明白外判工作對低收入人士的影響，開始認真地處理外判工作，確保外判工作人士得到更大的保障。其實整個外判制度破壞了很多良好的僱主與僱員的長期合作關係，對整個社會產生了壞影響，實在需要認真地處理和改善。外判工作，不代表外判責任。

現在，香港正正面對結構性的貧窮和意識形態的對抗。結構性貧窮是指一些貧窮人士在現有制度下，就算他們長時間或超時工作，仍然不能脫貧。他們脫貧的向上流動力相當低，特別是有一群低技術、低學歷的人士，因為工資低和一些僱主的不合理待遇，或外判公司的謀利，令他們不可能合理地透過工作改善生活質素，需要超時和加班才可維持日常生活的基本需要，但賠上了個人的身心健康和社會的整體福祉。意識形態則是指一些僱主的營商態度，只務求賺取最大利益，沒有履行社會責任。如領展對在新市鎮商場租戶的加租，影響了社區的均衡生態。現在房價持續高企、地產商囤

積土地、一些私人會所佔用了不少政府用地，但政府採取的行動和回應力度，實在令人感到失望。政府最近幾年的派錢方案，都是沒有願景的措施，而且需要龐大的金額，不能夠產生最大成本效益的決定。資源用了，卻沒有作出整體長遠發展的構思，若果香港整體沒有認真地處理這些深層次矛盾，相信很難改變現時的貧窮困局。

在此時刻，正如國家主席習近平先生在香港回歸二十五年對特區政府的提醒：解決香港的住屋問題。歷屆特首都認為這是重中之重，因為香港人的住屋問題扭曲了整個社會生態、經濟發展和個人發展。近二十多年來，香港人的住屋面積不但沒有改善，仍然有超過一半的平均住戶居住面積是五百尺之下，還出現更多納米樓，香港的住屋情況與新加坡和內地相比，更形慚愧。令筆者感到住屋情況的怪誕，是在西環一間二百多尺的納米樓，售價竟需要一千多萬元，但住屋面積比現時的公屋面積還要小。一位五星級酒店經理向筆者訴苦，他的收入超過申請公屋的資格，但租金高企，只能住在劏房。就算是一些擁有物業的業主，雖然樓價不斷上升，但所擁有的是一種虛假的財富感，生活空間和質素根本沒有改善。

面對龐大的住屋需求，最近政府、地產商和不同團體都提出了一些建議，例如共同發展一些棕地、高爾夫球場和填海等。每個團體仍然極力排斥其他人士提出的建議，社會內充斥對立的聲音。筆者對未來土地供應不存厚望。現在有三十萬人輪候公屋，有十六萬人入表抽居屋，這已經不是站在道德高地高談闊論的時候，環保及合理開發土地不一定互相排斥，很可惜事與願違。貨櫃碼頭的改造、高爾夫球場和一些空置用地的使用，實在值得考慮。公屋的分配和濫用情況，也需要認真下工夫研究解決方案才能解決。

筆者最近有機會去澳洲參觀當地的房屋，受到不少啟發，當地

採用了不同的方法，包括對本地人士首置減免印花稅，對外地人士增加額外的印花稅和提高資本增值稅，讓樓價維持在本地人可以負擔的水平。另外，在阿姆斯特丹市區設立一些供不同入息人士居住的社會房屋（Social Housing），建立多元和共融的社區，都是一些可行的方法。香港已不能再以什麼維持簡單稅率，去回應不採取措施遏止龐大內地人士來港購買物業的壓力。還記起國家主席習近平先生說過樓房是用來居住，不是用作炒賣的。這不但適用於內地，對香港來說更是當頭棒喝。若果香港的發展和政府庫房收入偏重於炒賣樓房和股票收入，實在情何以堪。另一方面，香港低技術工人的薪水已經十分微薄，尤其是一些清潔工人或保安人員，對一些公司要求工人辭職再聘請的手法，從而達到減少工人工資和公積金計算的手法，實是值得鄙視，但這些低收入人士已是不能保護自己的一群，付出的勞力得不到合理回報。再者，長時間的工作，也為整個社會增加了不少風險，例如巴士司機人口老化，缺乏足夠的休息時間；工業意外的發生，工人安全得不到最基本的保障。對於一些不負責任的僱主採用這些不良手段，我們實在感到無奈，但政府一定要做到嚴厲監管和改善外判工作的安排，確保工人的安全和福利得到合理的保障。

香港的貧窮問題，不可能就這樣維持下去，因這對整個城市的發展十分不健康，怨氣每天增加，只會加大社會的成本。對一些囤積千頃的地產商來說，若果整個城市都充滿不安，難道樓房的價值會不受影響嗎？

書中有關拿鐵指數（Latte index）的討論，雖然數字有所變動，但是香港低收入人士的收入仍然跟不上通脹，是誰拿走我們的拿鐵呢？一些既得利益者和擁有更多資源的人士如能學習感恩，懂得與

別人分享，大家都可以開心一些。

　　自從《香港貧窮問題真相》初版和再版出版後，帶動了不少討論，不僅再版售罄，筆者亦被邀請到不同場合發表對貧窮的看法。政府投放了不少資源，貧窮的情況卻未有很大改善，尤其是在 2020 年以來新冠疫情下，更凸顯出基層勞動人士生活的困難，不但失業率上升，各行各業在疫情中也受到不同程度的影響，整個社會充斥無助和焦慮，精神健康響了警號。雖然政府已在保就業方面投放更多資源，但措施欠缺精準度，未能有效運用有限資源去達到最大的效果，大眾難免感到無奈和氣憤。因為住屋環境狹窄和網絡問題，學童在家學習受到影響。低收入在職人士也未必能「在家工作」；他們的職務，例如清潔和保安等都需要親身在現場工作。一些居住在因疫情需要被封的屋苑之在職人士更被老闆要求申請無薪假；這些都是低下層的勞動人士要面對的實際困難。同時，中小企業因為生意減少但租金不減，亦承受不少壓力。當然也有不少良心企業主動減租，與租戶共渡時艱，可見所謂社會責任、企業良心，並不是單靠捐款儀式體現，而是要在日常的經營中彰顯出來。

　　回歸二十五年，兜兜轉轉，虛耗很多時間和資源，因為政策不能落實，有些政府官員用不做不錯的心態去處理問題。經過二十五年的時間，大部分勞動人口的生活質素不但未能提升，更是原地踏步，甚至變差。當然可以歸咎以往立法會的阻撓，隨着新一任特區政府成立，既然特首李家超先生以結果為本的施政理念作為自我挑戰和對社會的承諾，希望能真真正正讓人看到有承擔的態度、有願景的領導，不是說過就算，而是實實在在解決本地貧窮人士所面對的困難。在新常態之下，期望新政府展示魄力和勇氣，迎難而上，有效回應社會中的深層次問題。筆者期盼在社會中各持份者都可

序

11

以多走一步，施比受更為有福，能夠給予別人可以將快樂加倍。不斷地積蓄財富，尤其是建基於別人的辛勞上，可以長期維持嗎？正如甘地（Gandhi）説：「貧窮是最惡劣的暴力。（Poverty is the worst form of violence.）」亞里士多德（Aristotle）説：「貧窮是社會不安和罪惡的主要原因。（Poverty is the parent of revolution and crime.）」曼德拉（Mandela）説：「貧窮不是一個意外，是一種人為，正如奴役和種族隔離政策，是可以大家合力改善的。（Poverty is not an accident. Like slavery and apartheid, it is man-made and can be removed by the actions of human beings.）」德蘭修女（Mother Teresa）也説：「貧窮已不單飢餓、赤身露體和無家可歸。更重要的是感到不受歡迎、不被愛護和不被關心。（We sometimes think that poverty is only being hungry, naked and homeless. The poverty of being unwanted, unloved and uncared for is the greatest poverty.）」解決香港貧窮的困局，需要每一個人都作出承擔，也需要各持份者為社會作出奉獻。香港的儲備仍然擁有八千多億元，但整體貧窮狀況沒有改善，因只剩下錢，這是多麼怪誕和令人心傷。香港的貧窮情況在未來可否得到改善，實有賴有效的政策和社會每一位人士的參與。一個社會怎樣關心有需要和貧窮的人士，正反映了當地社會的人口質素。若果大家都為貧窮行出一小步，那麼香港會重拾希望。最後在此多謝曾經參與本書製作的同事、學生和中華書局（香港）有限公司的鼓勵。

葉兆輝

2022 年 10 月

注釋

1   General Assembly resolution 55/2, United Nations Millennium Declaration, A/RES/55/2 (18 September 2010), retrieved from http://www.un.org/millennium/declaration/ares552e.pdf.

2   United Nations Development Programme (2011), "Human Development Report 2011 Sustainability and Equity: A Better Future for All", retrieved from http://hdr.undp.org/sites/default/files/reports/271/hdr_2011_en_complete.pdf.

3   Credit Suisse (2014), "Global Wealth Databook 2014", retrieved from https://publications.credit-suisse.com/tasks/render/file/?fileID=5521F296-D460-2B88-081889DB12817E02, pp. 125-127.

4   Forbes (2016), "HongKong's 50 Richest People", *Forbes*, retrieved from http://www.forbes.com/hong-kong-billionaires/list/#tab:overall.

5   香港特別行政區政府，《二零一六至一七財政年度政府財政預算案》，retrieved from http://www.budget.gov.hk/2016/chi/budget40.html.

6   Economist Intelligence Unit, "Worldwide Cost of Living 2016", retrieved from http://pages.eiu.com/rs/783-XMC-194/images/EIU_WCOL2016_FreeReport_FINAL_NEW.pdf?mkt_tok=3RkMMJWWfF9wsRovuK7AZKXonjHpfsX56%2B8vXqW2lMI%2F0ER3fOvrPUfGjI4JTsthI%2BSLDwEYGJlv6SgFTbjGMbht2bgMUhU%3D.

初版序一　林鄭月娥

貧窮是一個深層次的社會問題，並非單單關乎基層市民的生計，亦會影響下一代的成長和向上流動的能力。特區政府堅信發展經濟、創造就業是最有效的扶貧策略，但認同為建立關愛共融的社會，政府須作出適當的介入，通過資源再分配，加強對貧窮人士的支援。

第四屆特區政府自 2012 年上任以來，積極面對貧窮問題，並推展全面及多元化的扶貧措施，包括重設扶貧委員會、實施「長者生活津貼」與「低收入在職家庭津貼」、支援少數族裔與殘疾人士的教育和就業，以及善用「關愛基金」提供適切的援助，發揮基金「補漏拾遺」的功能。

當中，不得不提的是扶貧委員會在 2013 年首次制定官方「貧窮線」，為社會認知貧窮問題提供客觀數據和建立共識的基礎。更重要的是，「貧窮線」分析成功引發社會各界對香港貧窮問題的關注及理性討論，而研究機構及學者等亦廣泛應用「貧窮線」的數據於他們的研究報告及學術文章當中，並提出不少具建設性的政策建議。

葉兆輝教授正是其中一位熱衷於研究本港貧窮情況及人口政策的學者。本書整合了他和他的團隊過去就本港的貧窮情況所進行的多項研究，從多角度拆解貧窮數字背後的意義，以及探討貧窮問題對社會不同群組的影響。書中又載述了不少具趣味的分析，並就政府的扶貧政策提出中肯的意見和建議。

我希望讀者透過這本書能更全面了解本港的貧窮情況，並對未來扶貧政策的走向有所深思及啟發。

前香港特別行政區政府政務司司長暨
扶貧委員會主席 [1]
林鄭月娥
2017 年

注釋
1　林鄭月娥女士為本書初版撰寫序言時，尚未當選新一屆政府的行政長官。

初版序二　周永新

　　1982 年，天地圖書公司為我出版了一本小書，書名為《富裕城市中的貧窮 —— 香港貧窮現象剖析》。早於 1980 年，我受社會福利署所託，進行一項關於香港貧窮現況的調查，1982 年出版的書，正是研究報名的中譯本。在《富裕城市中的貧窮》一書的引言中，我曾引述唐代詩聖杜甫的名句：「朱門酒肉臭，路有凍死骨。」證明自古以來，貧窮是我們關心的課題，而貧富懸殊也是社會裏長久以來存在的現象。

　　我第一次對貧窮問題進行研究，距今已有三十七年；三十多年來，除了如何為貧窮定義和量計外，我還對不同年齡組別的市民進行調查，特別是年長的和工作能力有限的，發覺他們貧窮的成因各有差異。到了上世紀九十年代，我發覺個別組別的市民，他們生活所以貧窮，可能是源於特殊的因素：如新來港的移民，他們來了香港這個新環境，生活常常難免捉襟見肘；又如居住在偏遠新市鎮的居民，他們單是應付交通費用，可能已花去他們收入相當的部分。最近幾年，我發覺，生活在香港這個繁榮城市的年輕人，他們看似收入不錯，月入在一至二萬元間，但他們的生活並不輕鬆，單是租住私人樓宇，常佔去他們收入的一半，很多時候，他們只能借貸度日，怎可算不貧窮？

　　關於香港的貧窮現象，我們的認識其實仍非常缺乏。所以，當我知道同事葉兆輝教授將出版新書，以大量新數據來探討貧窮的多方面貌時，我感到十分高興。葉教授對貧窮問題素有研究，現在以他統計學上的專長，為我們分析香港的貧窮現象，包括：貧窮線的訂立、貧富兩極化的現象、貧窮的地域分佈、人口結構與貧窮、青年與在職貧窮等課題，定能幫助我們對貧窮有更深入的了解，政府也可從中確立適切的扶貧政策，更有效的紓解民困。

因此，我誠意推薦葉教授的新書。本書優勝之處，在於分析貧窮問題方面，為我們提供了非常有用和透徹的資訊，也讓我們在尋找解決方案時，有更堅實和穩固的基礎。

香港大學社會工作及社會行政學系榮休教授
周永新
2017 年

初版序三　張亮

《論語》:「不患寡而患不均,不患貧而患不安。蓋均無貧,和無寡,安無傾。」兩千年前的孔子已經認為貧富懸殊會為社會帶來不穩。

葉兆輝教授在這本著作中提到,過去二十年香港的收入差距愈來愈大,貧富懸殊愈趨嚴重,情況急不容緩。書中詳細探討了香港貧窮問題的歷史發展及現狀,從地理分佈、人口結構等角度拆解相關的資料數字,對不同社會群組,包括青年人、長者、單親家庭、少數族裔,以及殘疾人士的貧窮狀況作出細緻的分析。這與香港賽馬會慈善信託基金通過分析數據了解社會議題,制定慈善策略及選擇捐助項目的過程不謀而合。

葉教授文以載道,着眼宏觀,旨在推動政策轉變。但他的分析和建議,同時亦為非政府慈善基金及公益機構,提供了有見地的參考資料。

作為全港最大的慈善公益資助機構,香港賽馬會與時並進,一百多年來積極關注香港面對的社會挑戰;透過其慈善信託基金,與非政府機構、學界、政府及商界合作,回應社會需要,致力改善弱勢社群的生活質素。

近年來,香港賽馬會慈善信託基金積極推動長者、青年和體育三大範疇的工作,開展適時而多元化的項目,以促進社會長遠持續發展。當中的青年及長者策略,與葉教授在青年及長者貧窮的分析相輔相成,包括書中提及的「賽馬會鼓掌 · 創你程」青年生涯規劃計劃,讓年青人認清自己的能力和興趣、探索事業機遇,找到人生方向,並推動提供多元出路,增強他們勇於體驗人生的信心。

葉教授在書中亦提到,加強教育投資和人力資本發展是減貧的長期出路,這也跟香港賽馬會在教育培訓方面的工作相呼應,致力

支援貧困學童、身體有殘障或有讀寫障礙等弱勢社群，讓他們有平等學習機會。香港賽馬會慈善信託基金與葉教授一直合作無間，包括早前撥款支持教授及其團隊進行的「探討香港貧窮問題及其紓緩措施」研究項目。在葉教授的帶領下，香港大學香港賽馬會防止自殺研究中心的成績亦有目共睹。

　　我們很高興看到葉教授將他在扶貧研究方面多年來的成果結集成書，讓政策制定者、慈善基金及非政府組織領導人員、商業領袖等對香港的貧窮問題有更全面的理解。我極力推薦這本書給所有希望了解和改善香港貧窮狀況的有心人。

香港賽馬會慈善及社區事務執行總監

張亮

2017 年

初版序四　黃智偉

　　葉兆輝教授於書中深入地剖析香港貧窮現況，貧窮對社會的影響以及未來的出路，讓讀者從不同角度反思香港貧窮問題。「今天我們面對的貧窮問題，有一些是制度的問題，還有一些是個人的問題，最需要的是社會不同持份者互諒互讓，才可以突破這個困局。」結語正提醒我們要紓解貧窮問題，社會上每一個階層的關注及參與都十分重要，參與的理由只有一個：我們熱愛這片土地，彼此是密不可分的家人！

天主教南華中學老師

黃智偉

2017 年

第一章

香港貧窮的現狀

1.1
本地貧窮的歷史發展

I　香港貧窮歷史

　　獅子山精神一詞在上世紀七十年代開始出現，指的是戰後出生的香港人那種不怕艱辛、永不放棄的精神。一群身無分文的難民經歷戰火和政治動盪的洗禮後來到香港，憑着堅韌的毅力和勇氣跨越無數的困難和挑戰，最終成功把握戰後的機遇，香港在短時間內一躍成為國際金融中心。香港獨特的優勢容許不少商人大量收購土地和建立連鎖商業網絡，讓一部分人最終成為亞洲榜上有名的富豪。當然，所有優勢都可能成為雙面刃；香港獨有的地緣政治，背向祖國，面向世界，一方面成就了其驚人的經濟發展，另一方面亦因為一些牢固和結構性的問題，使經濟發展只能惠及小部分人士，而大部分則因為原地踏步而無可避免地陷入結構性貧窮。冰凍三尺非一日之寒，同樣，香港貧窮問題的出現和加深也非一日形成，而是與其歷史發展息息相關。憑藉低廉的生產成本和優質的產品，香港的輕工業在上世紀六十到七十年代蓬勃發展。輕工業的發展帶來了就業率的大幅上升，讓許多香港人逐漸從物質匱乏中走出來。但同時，工業的迅速發展也帶來了勞工和土地供應不足的問題。從七十年代開始，工資和租金的上漲導致工業生產和經商成本不斷上升。到了八十年代，隨着中國大陸改革開放政策的推進，不少商人開始將投資轉向內地。本地工廠的北移帶來香港輕工業的衰落，同時，與輕工業相關的就業職位開始大幅減少。輕工業的衰落伴隨着服務

業的興起。廠商把生產線遷向內地，同時，將在港的部門整改為向內地生產提供商業、金融等各種服務的部門。香港的就業人口也逐漸從以往的從事輕工業為主，轉型成以服務業為主，其中金融服務業是香港的重要經濟支柱之一。自七十年代起，經濟迅速發展的香港與韓國、台灣及新加坡並列為「亞洲四小龍」。但很可惜，在經濟轉型中，本地人力資源的發展卻未做出及時相應的改變，為受影響的製造業工人提供再培訓的機會，導致日後人力資源錯配的問題。

從八十年代到回歸前，香港憑藉穩定的投資環境、優越的地理位置、完善的金融機構、先進的通訊設備、優秀的人力資源，以及與內地的緊密聯繫，發展成為國際金融中心。迅速發展的金融服務業，既提高了市民管理和累積財富的機會，也增加了他們的就業機會。愈來愈多高學歷、高技術的本地人才有了更多機會投身跨國金融機構。九十年代以前，香港的失業率均呈下降趨勢（見圖 1.1）。然而，隨着去工業化的趨勢愈發明顯，社會上湧現了大量勞工失業者。1990 年開始，香港失業率開始上升，到 1994 至 1995 年驟然上升至 3.2%（見圖 1.1）。國際金融中心的大環境更令低學歷及低技術的勞工較難獲得工作，收入減少，加劇了貧富懸殊。九七回歸後，政權的轉移未能夠有效回應貧富懸殊的挑戰。香港貧窮狀況日甚一日，且整體趨近於新一代的「M 型」社會，住戶收入兩極分化，中產削弱。1997 年亞洲金融風暴與 2008 年環球金融危機，進一步衝擊了香港以金融和房地產支撐的泡沫經濟。香港的經濟兩度陷入低谷，失業率驟然大幅上升（見圖 1.1），更加劇了貧窮問題的嚴重性。

圖 1.1　1982 - 2020 年香港失業率

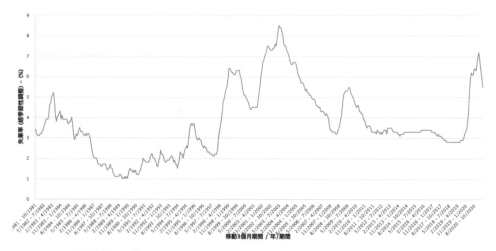

資料來源：政府統計處

　　近十年來，隨着全球化的推進和科技的發展，機器替代勞工的趨勢愈發明顯。低薪的勞工階層面臨着嚴重的「結構性失業和貧窮」問題。在經濟轉型的壓力下，香港的勞動市場逐漸被分割為兩部分：一個是以高收入、高技術，擁有知識基礎的人才組成的「優等勞動市場」（primary labour market）；另一個則是以低收入、低技術和低知識基礎的勞工組成的「次等勞動市場」（secondary labour market）。勞動力市場優等和次等的分割進一步加劇了原有的經濟二元化，令香港的貧窮問題愈加明顯。全球化帶來的利益被大部分資本家瓜分，而導致的貧窮惡果則要由這些低薪低保障的勞工承擔。如今，在老齡化日趨嚴重、生育率降低、新移民增多、貧富差距加劇、社會流動遲緩的背景下，關注香港貧窮狀況，並思考扶貧助弱的有效方法，不僅是政府的責任，也是每一位社會人士和不同持份者的責任。

　　儘管香港的 GDP 從 2001 至 2011 年增長了近 50%，至 2015 年已經大幅增至 3,073 億美元，但大部分香港人似乎並未能享受到經

濟發展的成果。現任政府的財政儲備超過了 850 億美元，但香港家庭平均收入同期只增長了 10%（從 21,000 港元到 24,810 港元）。根據 2011 年的人口普查，香港約有 10.2% 的勞動人口每月收入不足 6,000 港元，12.4% 的家庭每月收入不足 10,000 港元。同時，估計有 115 萬人（17.1%）難以維持生計。

2016 年中期人口統計的研究發現，2016 年全港最富裕的 10% 家庭的每月收入中位數（不包括外籍傭工），是最貧窮的 10% 家庭的 43.93 倍。與 2006 年比較，收入差距愈來愈大，貧富懸殊的情況加劇（見圖 1.2）。香港貧富懸殊的程度比起世界其他富裕的經濟體系都要嚴重，加上青年社會流動停滯，引發了跨代貧窮的社會問題。

但本地的貧富問題是低收入勞動人士長時間持續維持在一個極低的水平，收入不平等和嚴重傾斜的情況不斷惡化，令人感到不安。

圖 1.2　政府統計處收集的綜合住戶統計調查（2022）

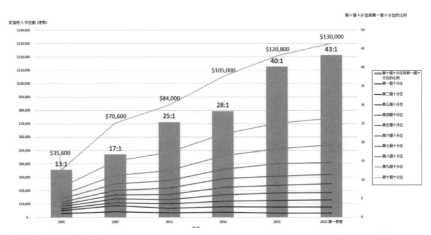

資料來源：政府統計處

根據統計處提供的最新家庭收入中位數圖 1.2 顯示，若將家庭每月收入中位數的十分位（decile）分析來看（不包括外籍家庭傭

工），第十個十分位的家庭收入中位數由 1991 年的港幣 2,800 元增加至 1997 年的 4,200 元，七年之間升幅為 85%。但很可惜，在回歸二十五年以後，2022 年的第一季只有 3,000 元，不但沒有增加，反而減少了 28%。相對而言，最高的第十個十分位的家庭收入中位數由 1991 年度的 35,600 元，增至 1997 年的 70,600 元，直至 2022 年達 130,000 元。高收入人士在回歸二十五年後，家庭收入中位數增加接近一倍。當然，經濟增長，大多數人都能分享經濟發展成果，某些人富起來是值得高興的。但本地所面對的正是聯合國 2030 可持續發展的目標（Sustainable Development Goal）所倡議的一項，需要消除貧窮問題，不要遺下任何一個（Leave No One Behind）。今天所面對的是香港在回歸二十五年後，GDP 一直以來每年都有 2% 至 10% 的增長，但這些經濟發展的成果，並沒有令到一半的勞動人口受惠。

低收入人士的收入在這二十五年來不但沒有增加，反而減少，購買力不斷減弱，而高收入人士則可以享受多一倍的增幅。

II　貧窮報告與扶貧措施

香港特區政府在 2012 年重設扶貧委員會，通過制定貧窮線及扶貧政策，協助政府達成防貧和扶貧的目標。扶貧委員會在 2013 年公佈了首條官方的貧窮線，以住戶入息中位數量度香港貧窮狀況。同年 9 月，政府公佈了第一份《香港貧窮情況報告》，至 2017 年底，總共發佈了五份官方貧窮情況報告。每份新的報告都對前一年的扶貧工作進行評估，同時更新扶貧的方向和策略。

根據政府統計處發佈的《2020 香港貧窮情況報告》統計，2020 年香港一人住戶的貧窮綫金額為 $4,400，二人金額為 $9,500，三人金額為 $16,000，四人金額為 $20,800，五人及六人金額則分別為 $20,000 和 $21,900。而現時全港住戶收入低於貧窮線的人口在政

策介入前有 165.3 萬人；政策介入後（恆常現金），貧窮線的人口則是 121.1 萬人。貧窮住戶方面，2020 年 2 人住戶的貧窮綫維持在 $10,000，結束了連續 9 年的上升，其他住戶的貧窮綫則相比 2019 年有所下降，反映出 2020 年的住戶收入相比 2019 年有所下降，但物價仍然不斷上升。

　　香港特區政府推出過許多長期與短期的扶貧措施，包括恆常性現金以及非恆常性現金項目。在過往幾年中，香港政府對貧窮人口提供的生活費用資助達到近千億元之多。根據財經事務及庫務局的資料（見圖 1.3），從 2010 年開始，政府在社會福利的經常性開支不斷上升，由 2009/10 年度約 390 億元升至 2016/17 年度近 640 億元，佔總經常開支的 18.5%。近年亦相繼推出長者生活津貼、低津等恆常現金計劃，以助紓緩貧窮情況。在 2017/18 年度，政府在社會福利的預算經常開支進一步增加至 733 億元，佔總經常開支的比例亦升至接近兩成（19.8%）。而到了 2020/21 年度，該預算更是上升至 939 億元，是 2012/13 年度的一倍多，可惜未能改善貧窮數據。政府的資助不斷增加，但整體的貧窮情況不斷惡化，反映政府回應貧窮問題時，未能精準扶貧。

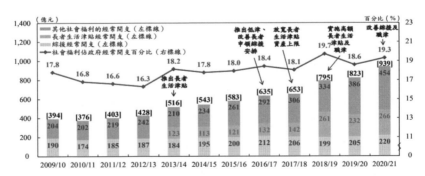

圖 1.3　2009/10－2020/21 年度政府在社會福利方面經常開支

注：（＊）2018/19 年度及之前為實際數字，2019/20 年度為修訂預算數字，2020/21 年度為預算數字。
　　〔　〕方括號內數字為合計的社會福利經常開支。
　　　　由於四捨五入關係，個別項目的數字加起來可能與總數略有出入。
資料來源：財經事務及庫務局

III　社會風波與新冠病毒的影響

　　不幸地，2019 年發生的社會事件、中美貿易摩擦，導致本港經濟在 2019 年第三及第四季分別衰退了 2.8% 及 3.0%，是自 2009 年來第一次經濟衰退。不僅勞工市場隨着零售和旅遊業陷入寒冬，失業率亦隨之飆升，其中從事低技術水平工作以及零售和旅遊相關行業的市民受到最大衝擊。除此之外，貧窮問題亦被長者人口比例及小型住戶的數目持續增長等結構性因素影響，前者由 2009 年 12.5% 上升至 2019 年的 17.6%，而整體住戶平均人數則由 2009 年的 2.85 人下跌至 2019 年的 2.66 人。

　　可惜一波未平，一波又起，2020 年 1 月開始，新冠病毒的出現使全球和香港經濟陷入前所未見的衰退，基層市民的生計因而雪上加霜。根據政府統計處的數字，本港政策介入前的貧窮率為 23.6%，失業率則由 2019 年年末的 3.4%，逐步上升至年中的 6.1%，更在該 2020 年末上升至 7.2% 的高峰。為減低市民的壓力，政府分別設立了防疫抗疫基金和繼續推動多輪紓困措施，例如保就業計劃與現金發放計劃等，使政府財政承擔總額達到 3,000 億元。有見及此，政府針對社會遇到的突發困難推出多輪非恆常措施，例如薪俸稅及差餉寬減、關愛共享計劃等，而計及所有選定項目後的貧窮率，2020 年整體貧窮率相比 2019 年大幅下降 1.3% 至 7.9%，整體貧窮住戶及貧窮人口則分別較 2019 年減少 4.5 萬戶至 24.2 萬戶，及減少 8.8 萬人至 55.4 萬人，證明這些措施有效紓減貧窮。隨着疫苗的出現，疫情在 2021 年逐漸放緩，2021 年 10 月的失業率已稍微回落到 4.3%，但仍高於香港長久以來的低失業率。社會復蘇雖然是個巨大的挑戰，但對嚮往生活重回正軌，甚至更上一層樓的香港市民，這未嘗不是一個充滿希望的新開始。

　　政府在 2020 年因應經濟衰退及應對疫情的紓困措施共花逾 3,000 億元，佔本地生產總值約 11%。這一方面反映出政府對社會

福利的承擔，另一方面亦不禁令人擔憂，畢竟錢花了就等於有效嗎？這種開支方法是否有利持續發展及可以持久呢？筆者覺得政府仍在採取一些表面和不全面的方法去處理日漸加深的貧窮差距問題。對於一些制度和結構性的問題，大家都不願意認真面對，所以情況沒有得到很大改善。2020 年的新冠肺炎更加顯示社會中的貧富懸殊問題。南非前總統曼德拉說得好，貧窮就像種族歧視一樣，不是天生的，是人為的，可以靠有效的方法改善。今日兒童所面對的貧窮問題不是因為他們犯錯而受罰，我們需要為了解決問題而作出改變，作出有效的改變。筆者正是希望透過分析本地最新的貧窮情況，有效地回應及改善貧窮人口的生活質素。

1.2
本書的目的和結構

香港的貧窮問題包括長者貧窮、在職貧窮、跨代貧窮、地區貧窮、貧富差距、社會流動等問題。它不僅影響着貧窮人士,也影響着中產人士;不僅影響着成年人,也影響着我們的下一代;它不僅關乎個人生計,也關乎着整個香港社會的發展。

政府和公眾顯然已經開始為日益增長的貧富差距而擔心,政府也推出許多長期(比如免費教育和法定最低工資)和短期政策(例如鼓勵就業交通津貼計劃、綜合社會保障援助計劃和派發現金支援)來解決貧困問題,但是我們仍然缺乏對香港貧困問題的實質分析,例如,過去幾十年香港貧窮發展的長期趨勢如何?貧窮人士的分佈以及他們是如何受益於不同類型的扶貧措施的?

香港社會服務聯會和樂施會曾推出過許多關於香港貧窮狀況的分析報告,但以往的報告中有不足之處,值得改進。例如資料證實長者貧窮問題正在不斷惡化,在職貧窮家庭的情況嚴重,以及香港某些地區的貧窮狀況更為嚴峻等。雖然之前的報告有助於我們找到貧窮的人群,卻沒有闡明這些貧困人群陷入貧窮的原因。此外,雖然之前的報告指出了當前政府扶貧策略不足以解決當今不斷惡化的貧困狀況,卻沒有探討究竟通過什麼方法來干預貧窮更為有效。

此外,不少香港本地學者也曾就香港貧窮問題撰寫著作,例如我們的同事周永新教授早年所著《富裕城市中的貧窮——香港貧窮現象剖析》(天地圖書,1982)以及《真實的貧窮面貌——綜觀香港社會 60 年》(中華書局,2014),結合了周教授在香港自身的成

長經驗，以及四十多年來在社福界工作及教學的親身經歷，圍繞香港社會的貧窮面貌，作出了比較及探討。周教授對制度缺失、結構性問題，以及由此引起的社會矛盾和衝突，給出了具體形象的描述；香港中文大學社會工作系黃洪博士的《「無窮」的盼望——香港貧窮問題探析》（中華書局，2013），基於他以往參與的香港貧窮研究及其他機構和人士的研究結果，對香港的貧窮情況做出了結合實據資料及理論的論述，亦提出解決香港貧窮問題的看法和思路；莫泰基博士的《香港貧窮與社會保障》（中華書局，1993）、《香港貧窮不同面貌研究：研究報告》（香港明愛青少年及社區服務，1993），以及《香港滅貧政策探索：社會發展的構思》（三聯書店，1999），對貧窮概念和減貧政策給出了從理念到細節的全景工筆。總的來說，這幾本著作都對香港的貧窮發展做出了實證與理論、客觀與主觀的不同描繪。

　　基於過往的研究，本書嘗試填補上述知識缺口，針對香港的貧窮狀況及各個組別的具體情況，進行更全面、深入的剖析，並提出我們對扶貧措施和方向的建議。全書一共分為以下六章。在第一章裏，我們介紹了香港本地和國際上對貧窮問題的報道、香港貧窮的歷史發展情況、2020年政府最新發佈的貧窮情況，以及本書的目標及結構。本書會沿用過往兩版的模式，但更新了當中的貧窮數據及最近有關貧窮的研究。

　　第二章「本地貧窮的定義與聚集形勢的分佈和特徵」，介紹了國際上定義貧窮線的主流方法，以及香港貧窮線的制定與其局限。我們亦從「M型社會」這一理念，探討了香港貧富兩極化的現象。此外，運用空間地理分析（spatial analysis）方法，在這一章對香港的貧窮分佈進行了分析，勾勒了香港貧窮的聚集地區及其特徵、貧窮聚集區基礎設施匱乏特徵，以及社區食物援助服務的可達性，並針對這些分佈現象做出了規劃策略的建議。

　　第三章「貧窮數字的拆解」，運用不同角度的貧窮資料指標，

對香港的貧窮狀況與扶貧工作效果進行了深入的解釋。使用分解分析（decomposition analysis），我們從人口結構的角度拆解了香港扶貧數字，又探討了貧窮數字的「闊度」和「深度」，並據此分析考察了政府政策介入的效果。《2020 年香港貧窮情況報告》發佈後，我們也針對貧窮數據的變動，更新了對貧窮率和貧窮差距的進一步分析。此外，這章還對貧窮線做出了批判性的思考，亦基於 2011 年香港人口普查的資料，對香港的「代際彈性」（Intergenerational Elasticity）做出了計算和分析。此外，2017 年堅尼系數（Gini coefficient）上升至 0.539，本章又結合人口老化和住戶數量減少的人口學現象，深入了解這個創 45 年來歷史新高的數字。最後，我們借鑒了拿鐵指數（Latte Index）和巨無霸指數（Big Mac Index），對香港的貧富差距進行了反思。

第四章「個別社會群組的貧窮情況和反思」，對不同社會群組的貧窮狀況進行深入的了解，包括在職貧窮、年輕人、長者、離婚人士和貧窮兒童。我們解釋了香港人口老化對貧困帶來的挑戰，從收入和開支狀況解釋了長者貧窮問題，並對「長者生活津貼」以及全民退休保障這兩個扶貧政策作出分析。青年人是我們社會的未來，這章中我們討論了如何通過有效投資，為年輕人創造更多向上流動的機會，以及緩解在職貧窮的方法。運用 1996 至 2016 年三次人口普查的數據，本章加入了對香港高等教育系統如何加劇貧富差距的探討。基於家事法庭的資料，本章還介紹了離婚人士的貧窮狀況及其對家庭和社會產生的深遠影響。基於最新的政府報告，我們也簡介了少數族裔人士以及殘疾人士的貧窮情況，在此多謝政府的允許。

第五章「香港貧窮對社會的影響」，我們通過資料分析闡述了自殺率和死亡率與貧窮的地域性關係，分析了貧窮對健康不平等的影響。此外，根據我們最新關於生活滿意度的研究，本章加入了貧窮如何影響港人幸福感的解析。從不同房屋類型、住戶月收入結

餘、居民健康等角度，我們闡述了公屋的扶貧作用，也探討了「公屋富戶」以及令「居者」真正「有其屋」的議題。

第六章「香港貧窮問題的出路」，首先介紹了香港政府不同時期的扶貧工作，以及現時香港政府的扶貧方向與措施。接着，我們從釋放勞動力、提升最低工資、鼓勵長者就業以及宣導各界參與的方法，探討了幫助在職貧窮的問題。我們解釋了外判工作的後果及其解決措施，加入了對近來清潔服務承辦商工潮的反思。我們亦建議通過對人力資本的長期投資，提升香港的社會向上流動性。在「一帶一路」倡議和大灣區的發展與全球化的大背景下，筆者建議香港青年當「超級聯繫人」，保持多樣性下的可持續發展。此外，筆者鼓勵加強教育的改革，使教育與勞動力市場更加配套，並增強創新性投資。最後，我們從經濟結構上，提倡香港政策制訂者從大局出發，實施惠及全民的經濟政策。

隨着人口增加速度慢慢減少和急劇老化，預計貧窮的人數仍將不斷上升。2020 年是香港人口發展的分水嶺，在出生率減少及移民人數增加的各方面影響之下，香港人口面對萎縮的情況，由 2020 年的 7,481,800 人下降至 2021 年的 7,394,700 人，減少程度為 1.2%。再加上近年往海外移民的人口中，大都是青年或是有家庭的年輕夫婦，令到香港的可持續發展和人口發展均受到很大挑戰，因為人口質素和人口年齡分佈正是本地貧窮情況的核心之一。要有效面對貧窮問題和勞動力人數減少帶來的挑戰，政府需要作出有效的資源投放、財政規劃和人才培訓，讓香港社會得以持續發展，香港市民的生活質素亦能繼續改善。自政府再次設立扶貧委員會以來，根據各個貧窮組群（青年及兒童）的情況，政府推行了如「明日之星」計劃、「中國語文課程第二語言學習架構」、「低收入在職家庭津貼」、「進一步鼓勵『自力更生綜合就業援助計劃』綜援受助人就業的獎勵計劃」、「長者生活津貼」等多項扶貧政策，為經濟上有困難的市民提供援助。政府亦向關愛基金注資 150 億元，在醫療、房屋、福

利等領域先後實施了三十項扶貧措施。針對本港人口老齡化現象，政府又引入多項加強扶貧及支援長者的措施，包括優化「長者生活津貼」（放寬現行津貼的資產限額，及增設「高額長者生活津貼」）、改善低津計劃，以及香港按揭證券有限公司將推出的終身年金計劃等。這些扶貧措施的成效仍有待評估，因為現時的數據指出，這些措施只能解決短期的困擾，對長遠扶貧的作用十分有限。

從 2013 年開始，我們的香港大學香港賽馬會防止自殺研究中心（以下簡稱「中心」）獲得香港賽馬會慈善信託基金及行政長官社區計劃的支持，開展了「探討香港貧窮問題及其紓緩措施」的研究項目。研究主要聚焦三方面：（1）檢視香港整體和跨區的長期貧窮趨勢；（2）通過香港貧窮研究追蹤調查，深入了解貧窮對健康、心理、人口及社會的影響；（3）明確窮人陷入貧窮陷阱的原因，並找到幫助他們脫離貧窮陷阱的方法。研究項目運行至今，已有許多成果，我們也不間斷地在不少媒體上發佈。

在此，筆者再次接受中華書局（香港）有限公司副總編輯黎耀強先生的邀請，將過往首版、再版和再再版的資料重新編輯和更新，並加入一些新的材料讓本書內容更豐富。希望大眾可以透過本書加深對香港貧窮現狀的認識，對貧窮資料有更多的理解，讓各組別的貧窮狀況可以得到更多關注，並對不同扶貧政策有更多思考。筆者希望透過深入淺出的數據分析，讓更多人參與有關貧困議題的討論和研究。在了解貧窮的基礎之上，我們可以協助政府制定更有效的扶貧政策，實現香港更美好的未來。

第二章

本地貧窮的定義與
聚集形勢的分佈和特徵

貧窮的定義

I 定義貧窮線

國際上制定貧窮線有兩個主流方法，分別是採用「絕對貧窮」和「相對貧窮」的概念。簡言之，前者以「僅足生存」或「基本生活需要」的標準來界定貧窮，例如香港政府採用「基本需要方法」訂立綜援金額標準，透過釐訂食物及非食物清單，計算不同類別綜援人士的標準金額。後者則把生活水準低於普羅大眾視為貧窮，這樣設定的扶貧理念，是讓不同階層的市民都可以分享整體經濟發展成果。

具體來說，「絕對貧窮」（Absolute Poverty）以「僅足生存」為界定貧窮的原則，如住戶未能滿足基本生活需要，便屬於貧窮。國際上通常以每日收入 1.25 美元作為貧窮線，但這標準通常只適用於發展中國家，而發達國家則需按當地的「基本生活開支」來訂立相應的貧窮線。國際間普遍採用標準預演算法（Budget Standards Method），即根據「僅足生存」原則來定出一籃子基本生活必需品的清單（包括：食品、房屋、衣服、燃料、社交活動等），然後計算購買這些必需品的所需金額，並將此訂為「基本生活開支線」，住戶的收入若低於「基本生活開支線」，便被界定為貧窮戶。「標準預演算法」的優點是較客觀，「僅足生存」原則能被量化為一籃子的基本生活必需品。然而，除了食物外，釐訂一籃子非食物的必需品並不容易。鑒於此限制，美國經濟學家莫莉・歐桑斯基（Mollie

Orshansky）為美國制定官方貧窮線時，採用「食物預算」（Food Budget Method）方法，[1] 只計算購買最基本食物的開支，再應用「恩格爾定律」（Engel's Law），來估算基本生活開支及制定貧窮線。這種方法綜合了絕對貧窮及相對貧窮兩套量度方法，且食物普遍被社會認為是日常生活必需品，不需額外釐訂一籃子的必需品，減少社會爭議。

相對貧窮（Relative Poverty）是以同一地區的住戶收入或消費作為指標，將收入相對較低者界定為貧窮，通常相對貧窮線以住戶每月收入中位數的某一百分比（如 40% 至 60%）來界定。用「相對貧窮」概念來界定貧窮線比較簡單，易於量度且容易理解。如今，大部分發達經濟體均採用「相對貧窮」的概念來制定貧窮線，如經濟合作與發展組織（OECD）及香港特區政府均以住戶入息中位數的 50% 作為貧窮線；[2] 歐盟則以住戶入息中位數的 60% 為貧窮線。[3] 此外，香港本地團體如樂施會、香港社會服務聯會（社聯）亦一直有以「相對貧窮」概念制定的貧窮線為基礎，以估算香港的貧窮情況。

但是，用收入量度的相對貧窮線也面臨一些問題，例如這種方法通常將貧窮線訂於入息中位數的一定百分比（國際間普遍訂在 40% 至 60% 之間），但對於定在哪個百分比最為合適，卻缺乏共識。同時，這種制定方法傾向於低估一、二人家庭的貧窮線水準。以一人住戶的貧窮線為例，2020 年的貧窮線為 $4,400，假設有一基層人士賺取 $4,800，雖然他的收入稍高於現時的貧窮線，卻未必能應付基本的生活開支。以現時租住 40 至 80 平方呎的板間房或套房來計，租金大約由 2,300 至 4,200 元不等，再扣除水電等必要開支，他每月就僅剩千餘元來應付食物、交通等開支。在百物騰貴的香港，一人住戶貧窮線水準顯然不足以應付基本生活開支。[4] 因此，以此種方法制定的貧困線，可能並不能滿足一些市民的實際需要。

II 香港貧窮線的制定與貧窮狀況的趨勢

2012 年，為了更好地掌握香港的貧富情況和更有效地制定扶貧措施，香港特區政府重設扶貧委員會（委員會）。委員會的重要工作之一，是根據香港的實際情況訂立「貧窮線」。經過 2012 年 12 月至 2013 年 5 月的數輪會議，委員會及其轄下的社會保障和退休保障專責小組（專責小組），就貧窮線的功能、制定原則及各項細節達成共識——貧窮線須符合三個功能：了解貧窮情況、協助制定政策及審視政策成效，以及五個基本原則：易於量度、具國際可比性、足夠資料支援、具成本效益和容易整理及解讀。[5]

委員會參考了國際經驗，並聽取不同學者、非政府組織和社會人士的意見，經多番討論後，就制定貧窮線的方案大致達成共識，並於 2013 年 9 月 28 日對外公佈：採納「相對貧窮」概念，以政策介入前住戶收入為量度基礎，將不同住戶人數每月收入中位數的 50% 作為香港首條貧窮線。「政策介入前」，是指稅前及假設沒有任何政策介入下住戶收入的原貌，只計算住戶本身的就業、投資收入以及其非福利轉移的現金收入。以此收入為基礎訂立貧窮線的門檻，可反映住戶的最根本情況，亦令貧窮線免受任何政策措施所影響。「政策介入後」是指在政策介入前的收入之上，扣除稅項及回發所有恆常現金福利（例如綜合社會保障援助「綜援」、高齡津貼、長者生活津貼、傷殘津貼、鼓勵就業交通津貼、現金教育福利、其他現金社會福利等），此金額能更準確地反映住戶每月「口袋」裏的可用現金。

在分析貧窮和收入分佈時，依據國際慣例，通常會把政府的現金福利計入住戶收入之中。例如，歐盟界定住戶的「可動用收入」時，便包括政府的現金福利。此外，近年政府推出不少非恆常現金項目（例如公屋免租、關愛基金下的現金津貼、一次性措施等），牽涉金額不少，能直接令基層市民受惠。但考慮到這些措施並非恆

常化，如果直接計入貧窮的估算，可能會引起資料的波動，帶來不必要的混淆。因此，扶貧委員會認為主要的分析框架應只涵蓋恆常現金，而非恆常現金措施對貧窮情況的影響，應分開處理，只作為了解政策成效的補充參考（見圖 2.1）。

圖 2.1　政策介入前後的住戶收入示意圖

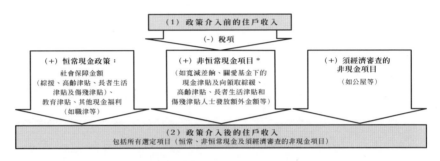

圖片來源：政府統計處《2020 年香港貧窮情況報告》
注：(＊) 非恆常現金項目包括一次性措施

根據政府的《2020 年香港貧窮情況報告》，[6] 整體而言，由 2009 年到 2020 年，政策介入後的貧窮人口和貧窮率總體稍微下降。政策介入前，整體貧窮住戶數目增加 162,000 戶，貧窮人口增加 305,000 人，貧窮率上升 3.0 個百分點。政策介入後（恆常現金），三者的升幅分別為下降 11,000 戶、90,000 人及 2.0 個百分點（見圖 2.2）。具體來看，2020 年經濟並不理想，勞工市場下半年明顯轉弱，失業率回升。在這背景下，住戶收入中位數出現明顯下跌，但不同住戶人數的貧窮線門檻也有下降。由 2009 年起，一人至四人以及六人及以上住戶的貧窮線跌幅介乎 1.8% 至 5.0%，五人住戶的貧窮線更顯著下跌 9.5%（圖 2.3），其門檻水平甚至略低於四人住戶（雖然兩者相差僅 800 元）。五人住戶的貧窮線門檻的下跌幅度較其他住戶人數明顯，主要歸因於其在職住戶佔比跌幅非常顯著的同時，在職住戶當中有兩名及以上在職成員的住戶佔比大幅下降。

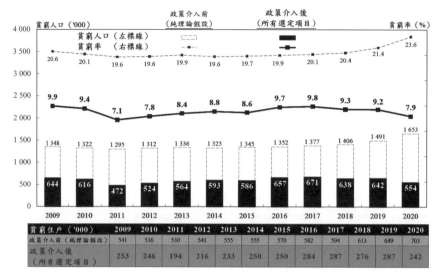

圖 2.2　2009－2020 年貧窮人口及貧窮率

圖片來源：《2020 年香港貧窮情況報告》

圖 2.3　2009－2020 年貧窮線，按住戶人數劃分

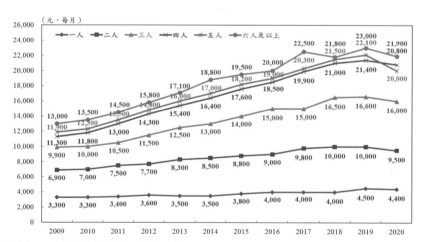

圖片來源：政府統計處《綜合住戶統計調查》

再者，2019 年發生的社會事件，中美貿易摩擦，導致本港經濟在 2020 年第三及第四季分別衰退了 2.8% 及 3.0%，是自 2009 年來第一次經濟衰退。此時，貧窮問題被長者人口比例及小型住戶的數目持續增長等結構性因素影響；前者由 2009 年 12.5% 上升至 2020 年的 18.5%，整體住戶平均人數則由 2009 年的 2.85 人下跌至 2020 年的 2.65 人。有見及此，政府推出多輪非恆常現金措施，例如薪俸稅及差餉寬減、關愛共享計劃等，而計及所有選定項目後的貧窮率，相對 2018 年的確有所下降，證明這些措施有起到一定作用，但這些作用都不會持久，且背後成本極其高昂。

Ⅲ　貧窮線的局限

「貧窮線」之所以能夠逐漸被大眾接納，是因為它為香港貧窮問題的討論提供了一個客觀的指標和共同的基礎。貧困人口從 2009 至 2020 年的減少雖然令人欣喜，但「貧窮線」本身是有其局限性的。因此，在解讀官方貧窮線時，有五點需要注意：[7]

ⅰ）貧窮線沒有計算個人資產，不夠全面。與堅尼系數相同，官方貧窮線以收入為單一指標，並沒有考慮個人資產情況，導致「低收入、高資產」人士（如有可觀儲蓄或持有物業的退休長者）被界定為貧窮人口，這誇大了貧困情況。目前，評估政府政策介入的扶貧成效時，只包括了恆常現金措施，未能全面反映其他政策的成效。例如，獲政府高度資助的公共房屋計劃未被包括在內。

ⅱ）政策介入前後的貧窮人口升跌結果有別。由於「政策介入前」的計算方法扣除了稅項和福利轉移，因而「政策介入前」的貧窮人口數字自然比「政策介入後」的貧窮數字高出很多。例如政府經常提到 2020 年的貧窮人口減至 55.4 萬人，就是用了「政策介入後」的住戶入息去計算，要是用「政策介入前」的方法，總貧窮人

口高達 165.3 萬。過往，政策介入前與介入後貧窮人口升跌結果不同的情況也時有發生。2019 至 2020 年期間，「政策介入前」的總貧窮人口數由 149.1 萬增加至 165.3 萬人。只有以「政策介入後」的方法來衡量時，貧窮人數才從 64.2 萬減至 55.4 萬人（圖 2.2）。

iii）貧窮線未能真實反映生活匱乏狀況。香港官方貧窮線以入息作為量度指標，至於生活質素和匱乏情況則不在估量之列。於是，社會上仍然存在着一些與官方所評定不一樣的「貧窮」家庭。表面上，不少香港家庭每年收入均有增長，可以運用的金錢多了，但他們要承受供樓、養兒等沉重負擔。扣除必要的開支後，他們的入息是否足以支付生活所需，提供舒適而快樂的環境給家人，以及培養兒女成長與發展等，統統未能反映在官方貧窮線上。一些國家或地區不僅僅以住戶收入去訂定貧窮指標。例如美國按當地的「基本生活開支」計算市民最基本需要的食物分量及營養成分、餐單的開支，再加上其他必需品的開支作為最低入息，然後訂立貧窮線；而英國除了關注收入外，更關注實際生活的各種匱乏，例如衣服、住屋、醫療、教育等，去訂定貧窮指標。

iv）貧窮線並不等於「扶貧線」。由於並未考慮住戶資產，貧窮線不適合代表任何扶貧措施的受助資格，政府因此亦難以為收入低於貧窮線的個人或住戶自動提供補貼。事實上，現時大部分福利項目的申領準則相比貧困線的標準都較為寬鬆。貧窮線是一個分析工具，它讓我們能識別貧窮人口，制定切合他們需要的扶貧措施；系統地觀察各貧窮組別的變化，並量度政府介入的成效。因此，貧窮線與設有入息／資產審查的社會援助計劃不能直接掛鈎。

v）由於採用相對貧窮的概念，統計上的貧窮人口永遠存在。即使所有住戶的收入都因經濟繁榮而有所增長，如果那些生活在貧困線以下的住戶的收入增長速度不及整體住戶收入增長的速度，貧困人口仍有可能增加，這也是本地的貧窮現況。

2.2
收入 M 型社會和貧富兩極化的浮現

I　M 型社會與香港現狀

「M 型社會」是由日本趨勢策略大師大前研一於 2006 年在日本出版的《M 型社會：中產階級消失的危機與商機》[8]一書中提出的。他認為，普遍來說，一個社會的財富分配是接近鐘型或 U 型的。但在全球化經濟運作趨勢下，整個社會的財富會分配成三塊，佔勞動人口大多數的中產階級將向兩邊移動，導致右邊的富人和左邊的窮人（新貧階級）都變多，而原本佔多數的中產階級逐漸減少。這種財富分配形態，就跟英文字母「M」的一樣，故稱為「M 型社會」。那麼，香港是這樣的社會嗎？

判斷自己是否中產階級，大前研一給了三個問題：一、房屋貸款造成你很大的生活壓力嗎（或是你根本不敢購置房產）？二、你打算生兒育女嗎（或是你連結婚也不敢）？三、孩子未來的教育費用讓你憂心忡忡嗎（或是你連生孩子也不敢）？這三個問題，如果有一個答案是肯定的，那就不再是中產階級。

一直以來，公眾討論的命題皆環繞所謂的收入 M 型社會。「M 型社會」生動的描繪了收入不均的社會問題，有利公眾討論。但以「M 型社會」為研究問題的核心，卻並不清晰，定義不明確，大前研一著作中所指的三個條件也未必一定適用於香港。或許我們需要在此重申，以下我們探討的課題，是從香港過去二十年的收入分佈情況或變化，審視貧窮及中低收入階層的社會流動情況。

　　根據統計處 2011 年提供的數據，我們發現在過去二十年香港的收入差距愈來愈大，這不單反映在住戶中位入息的絕對值及百分段值（percentile）的比例之上，更在於低入息和高入息階層的住戶數字二十年來大幅增加，遠超整體住戶增長。這裏要稍作解釋的是為什麼要採用百分段值為分析單位。一個收入處於 25 百分段值（percentile）的家庭，意指在當時香港有 75% 的住戶收入比他們高，有 25% 的家庭收入比他們低。採用百分段值來計算，一來簡單易明（如上述的例子），二來最能反映數值的分佈情況，適用於比較不同年份的收入分佈。

　　2011 年（以 2011 年物價調整算）10% 百分段值的住戶收入中位數與 1991 年相比，下降了 26.4%，結果可參看表 2.1。換言之，考慮了物價因素後，香港最低收入 10% 住戶的收入中位數，下跌超過了兩成，就算再計入其他因素如每戶人數下跌及強積金（不多於 5%）等，結果也依然類似。值得注意的是，我們這裏採用的是甲類物價消費指數，因為我們關注的主要是中下階層的收入差距，而計算甲類物價消費指數的開支範圍佔全港住戶 50%（收入介乎港幣 4,000 至 15,499 元），因而更能反映市民的日常生活所需。

　　若高收入和低收入住戶數目同時增加，僅用收入中位數作比較時，將無法如實反映收入差距不斷擴大的情況，所以我們亦比較了最高收入 10% 與最低收入 10% 住戶的收入中位數比例。我們發現，比例從 7.3 增加至 15.1，是過去 25 年最高；而最高收入的 10% 與 50% 的中位數比例，亦從 1.8 升至 2.2，也是過去 25 年最高的。

　　或許有人會認為，最低收入的 10% 住戶收入中位數下跌，並不一定代表香港人比以前窮了，原因可能是來自內地新移民的加入，拉低了收入中位數；另一可能是每戶家庭人數的改變，引致住戶收入減少。不過，當我們仔細看清數字，兩者皆不足以完全解釋住戶中位數下跌和百分段值比例增加的事實。先談前者，根據民政事務總署網頁的數據，1991 至 2011 年單程證持有人大都以未成年學童

表 2.1　按百分段分住戶每月家庭收入中位數（以 2011 年物價調整算）

住戶收入的百分段值	住戶每月家庭收入中位數（以 2011 年物價調整算）		
	1991	2011	2011 vs 1991
第十個百分位	5,483	4,035	-26.4%
第二十個百分位	8,307	8,300	-0.1%
第三十個百分位	10,799	12,000	11.1%
第四十個百分位	13,292	16,000	20.4%
第五十個百分位	16,282	20,035	23.0%
第六十個百分位	19,937	26,000	30.4%
第七十個百分位	24,506	32,500	32.6%
第八十個百分位	31,567	43,116	36.6%
第九十個百分位	45,690	65,000	42.3%

數據來源：政府統計處《香港 2011 年人口普查》

和中年婦女為主。這些新來港人士大多是以與在港家人或親友團聚及同住為主要來港目的，因此來港後大都不會另立新家庭，所以就算他們日後從事低收入的工作，也只會增加而非減少其住戶收入。

再論後者，1991 年最低收入 10% 住戶的數目（以 1991 年市價計算）有 15.8 萬戶，2011 年有 30.7 萬戶，二十年增加 14.9 萬戶，升幅達 94%；2001 年 6,000 元以下住戶的數目（以 2011 年 6 月市價計算）有約 30.0 萬戶，2011 年有 61.5 萬戶，二十年增加 31.5 萬戶，升幅達 105%；2001 年獨居人數只有 289,032 名，而到了 2011 年有 404,088 名，十年間大幅上升了約 40%。這些增長的住戶主要來自 45 至 64 歲的中年人士，這批人士既然能獨力支持整個住戶的所有開支，其收入理應不會太差，所以從此觀之，每戶家庭人數的改變不能完全解釋上述收入中位數的下跌。

　　從圖 2.4，我們能清楚地看到以百分段值計算的住戶收入分佈情況。在過去二十年，本港住戶數目上升 55%，最低 20% 收入百分段值的住戶數目大幅上升，而 20% 至 50% 的住戶數目下降，從此來看，香港似乎有不少住戶的收入比二十年前差了。同時，最高 10% 收入群的住戶數目也在上升，印證了香港的住戶收入差距拉得愈來愈大的事實。

　　圖 2.5 顯示的是以住戶收入的百分段值為依據的住戶增長數目情況。香港按住戶收入百分段值增長的住戶數目在過去的十年中呈現「U 型」，即最高和最低收入的住戶數目增長，遠遠超過了中等收入的住戶數目增長。

　　香港收入差距大的問題，有很大一部分原因是由於部分市民跟不上經濟轉型的步伐，造成深層次的就業問題。在過往十年，中低技術工種的工資只有 10% 至 20% 的增加，政府不斷外判很多低技術的工種，在外判工資沒有任何保障的情況下，有很多清潔和保安類工種的工資與五年前相比，收入大幅減少。以往政府願意支付 10,000 元的工種，外判公司只願意支付 7,000 元。雖然外判工作有利於精簡公務員編制，減輕政府財政負擔，但外判工作究竟為政府節省了多少開支並沒有公開，同時也影響了低技術工人的收入。因為勞工的供求失衡，有大量人力補充，失去議價能力的他們因此受到不合理的待遇。他們生活在貧窮之中，而他們的後代也面臨着跨代貧窮（Intergenerational poverty）的威脅。這些弱勢群體為社會發展默默耕耘，卻在社會上缺乏議價能力。這與政府所宣導建立的和諧社會大相逕庭。針對此狀況，2011 年 5 月 1 日，香港《最低工資條例》正式實施，首個最低工資定於時薪 28 港元；2013 年調升至時薪 30 港元；2015 年 5 月 1 日起調升至時薪 32.5 港元；2017 年 5 月 1 日起調升至時薪 34.5 港元；2019 年 5 月 1 日起再調升至時薪 37.5 港元。此外，政府亦不斷注重檢討其監管制度，審查外判商給予外判員工的薪酬待遇的合理性。但最低工資每兩年才調整，生活

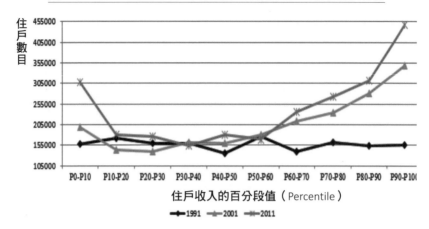

圖 2.4　1991，2001，2011 年香港按百分段值收入的住戶數目分佈

住戶收入的百分段值（Percentile）

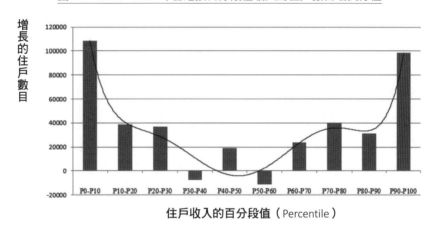

圖 2.5　2001－2011 年香港按百分段值收入的住戶數目增長分值

住戶收入的百分段值（Percentile）

成本又是否每兩年才調整一次？長遠來看，低收入工人的生活質素只會逐步下降。

II　皮凱提的建議或能適用於香港

　　皮凱提的《21 世紀資本論》一書直指在資本主義體制下，資本的回報率經常大於經濟成長率，財富的增加並沒有轉為工資的成

長，無可避免地導致貧富差異的擴大。這與香港目前的處境非常相似。雖然近來有評論指出皮凱提書中的若干資料需要進一步確認，但香港的官方資料已明確顯示過去四十年來貧富差異的惡化。在2006至2016的十年間，香港的 GDP 增長近 66%，但每月家庭收入中位數只增加了不到 5%（經考慮價格變動後），且反映貧富差異的堅尼系數也從 0.533 增加到 0.539，與非洲國家贊比亞、蘇利南等一樣嚴重。將時光推回至 1971 年，香港的堅尼系數僅是 0.430。瑞信研究院最近發表的報告顯示，在香港，少數大亨的資產富可敵國，同時卻有三成市民的資產值不足 8 萬港元。我們正在進行的貧窮專項研究亦初步發現，本港的在職低收入家庭，如果沒有得到公屋福利，基本上處於入不敷出的窘境。

有趣的是，《21 世紀資本論》提出的對策，包括加強福利、提高最低工資、加強累進入息稅、與全球政府徵求一致的財富稅等等，在香港均受到批駁。與以往涉及這些議題的討論一樣，本地主流媒體與意見領袖的普遍反應是：「香港得以吸引資金來投資是由於自由港以及低稅率，這是根本大法，不可隨便改動」、「香港在稅務方面變動的空間不大、政府無法挹注資金於社會福利」。

與此形成對比的是，此書在全球引起的討論方興未艾，進一步推動了各界對自由主義經濟的反思。諾貝爾經濟學獎得主史迪格里茲 2013 年出版的專著《不公平的代價》，大力批判日益擴大的貧富差距對經濟的不良影響，指出財團總會想盡辦法，藉着政治遊說、壟斷等手法來扭曲市場，將其利潤最大化。因此他主張，要改變「市場失靈、政治失能」的困境，政府必須以財稅政策和法令規定來鼓勵創造新財富，而非輔助既得利益者不斷從他人處榨取財富，這與皮凱提的觀點接近。另一位諾貝爾經濟學獎得主克魯明也說，皮凱提的著作「將是今年、且可能是十年內最重要的經濟學著作」。

因此，在皮凱提的建議被認為不適用於香港時，作為關心這一議題的公民，我們想多追問幾個問題。我們無意介入經濟學者間的

學派之爭，只是希望更開放地思考皮凱提著作對香港的啟發，傾聽社會不同層面有理有據的討論，並希望藉此契機總結出有效策略，為香港的扶貧解困注入新的活力。

首先，低稅率真的是香港吸引投資不可動搖的要素嗎？香港除了低稅率之外，再無其他商業吸引力了嗎？那麼在全球已有多個避稅天堂的情況下，為什麼投資者仍然願意投資香港？又或者在上海成立自貿區之後，香港的競爭優勢何在？另一方面，歐洲很多國家的稅收高過香港，為什麼仍有資金願意投入到那裏？近期本港從政府到企業都在倡議要鼓勵創新，那麼香港的經濟模式除了用低稅制留住富豪們之外，能否有更多的想像力？最近，美國主動倡議全球最低稅制的協議，令低稅率對投資者的吸引力相對減少。

其次，香港目前所實施的，真的是有效率的自由市場嗎？在2014 年 3 月英國《經濟學人》發佈的「裙帶資本主義指數」中，香港位居二十三個經濟體之首。香港整體生產總值的 60% 是由那些經營高度依賴政府管制的產業（例如房地產、銀行、能源）的富豪貢獻的。排行第二的俄羅斯，這個比例只有 18% 左右。在此高度壟斷，富豪與政府關係密切的體系下，香港是否實現了自由主義經濟透過充分競爭達到最高效率的許諾？抑或只是保護了富有階層的資產可持續自由增長？

財富不均非僅抽象公義問題

再者，經濟學、公共衛生學、社會學等領域的研究都指出，嚴重的財富不均不僅是抽象的公義問題，也會帶來沉重的疾病負擔、心理創傷，並給整個社會的未來蒙上陰影。根據香港大學公共衛生學院的分析，過去三十年間，香港的健康不平等明顯增加。在 1976年，住在富裕區與低收入區的香港居民，其死亡風險並無明顯差異，但到了 2006 年，低收入區的死亡率遠高於富裕區。本書第五章中的一項分析也發現，香港相對匱乏區域的自殺率是相對富裕區

域的兩倍，在 65 歲以下的男性中，這種貧富差異甚至高達 3.5 倍，可見不平等有其嚴峻的生命代價。請問本地決策者們如何看待這不平等的代價？誰又將為這些代價埋單？

增財富稅必然令富豪流失？

增加財富稅真的必然會令香港的富豪流失嗎？幾年前，股神巴菲特曾投書《紐約時報》，「抱怨」自己的繳稅比例還不及他的秘書多，太不公平。因為他的財富大多來自分紅，而在美國分紅的繳稅比例遠不及工資（香港同樣）。他因此建議聯邦政府應對類似他這樣靠錢生錢的超級富人增加稅收。這與皮凱提的建議遙相呼應。本港富豪不乏樂善好施者，也常常在接受訪問時強調社會責任感，評論者們憑什麼就假設他們不會有巴菲特這份心胸呢？為什麼倫敦和紐約的高稅率仍然可以吸引精英和富豪長駐？

今日的香港已是富過三代、窮亦過三代的僵局，社會怨氣沸騰。明天的香港是否還要繼續強化這一趨勢，成為富豪的天堂和普羅大眾的地獄呢？我們不是倡議一個平均分配的制度，而是一個兼具公平和人文精神的社會，透過調高最低工資和精準扶貧，為社會的弱勢社群提供適切有效的支援，方能回應社會不公的情況。決策者與執政者需開闊思維為大眾謀福祉，謹記「為民所有，為民所治，為民所享」，而非如《不公平的代價》裏所批判的，「為 1% 的人所有，為 1% 的人所治，為 1% 的人所享」。

Ⅲ　以收入論中產定義差之毫釐

「誰屬中產」這類問題的爭論，幾乎在每次的《施政報告》、財政預算案、特首選舉政綱及立法會參選議員政綱中都會出現，這是由於市民、傳媒、政府對「中產」有不同的定義。自十九世紀以來，社會學家和統計學家在分析現代階級分類時，主要考慮的

因素包括：身份、權力、工作的自主權、工作要求的技能高低（常
反映於學歷要求）、技術分工、職業在社會的認受性、勞動市場和
生產單位的關係；這些變項一般又可由職業（occupation）反映，
例如自 2002 年開始每兩年一度的歐洲社會調查（European Social
Survey），歐盟運用的歐洲社經分類（European Socio-economic
Classification，ESeC），本質上便與國際標準職業分類（International
Standard Classification of Occupations, ISCO）相通。

薪酬釐定同樣難明

　　香港的傳媒或市民都傾向以收入來釐定階級，但在實際操作
上，不可能把一個固定收入點定為分辨中產的條件，例如某人每
月收入 25,000 元時可劃分為中產，當減薪一元，即每月收入變為
24,999 元後，他便馬上「脫離」中產行列。這種階級分類按常理來
說，也是匪夷所思的。現代資本社會的階級分類是一個錯綜複雜的
光譜，階級的分野比過去的年代更模糊，難有清晰界線。不過，香
港大眾對階級分類總有一點概念，至少不會有人認為大牌檔的清潔
工人跟高官巨賈一樣同屬「中產」；但若以職業為界線，不論在學
術或大眾認知層面上，經理、高級行政人員、專業人員、輔助專業
人員這類職業的從業員，較能清晰地納入「中產」一類。

　　2001 至 2021 年期間，普羅大眾對「中間」的階級感覺模糊
化，很大程度是由於接受高等教育的機會和生活水準不斷提高，
而香港的工種結構與大部分市民薪金回報沒有大變化所致。若以上
述 ISCO 分類計算，把一般人認定為中產的行政人員、專業人員和
輔助專業人員歸類為「上層白領」，把文書支援、服務工作和銷售
等歸類為「普通白領」，餘下的勞動職業歸入「藍領」類別，則可
見香港過去十多年以來，三組人士大概各佔全港勞動力約三分之一
（見表 2.2），「上層白領」中只有專業人員和輔助專業人員在比例上
有少許增長。

表 2.2　政府統計處人口月入中位數及職業佔人口分佈（2001－2021）

年份	2001		2006		2011		2016		2021	
	佔總人口（％）	中位數	佔總人口（％）	中位數	佔總人口（％）	中位數	佔總人口（％）	中位數	佔總人口（％）	中位數
1. 經理及行政級人員	10.7	26,000	10.8	26,000	10.1	36,250	10.1	43,000	11.0	45,000
2. 專業人員	5.5	30,000	6.1	25,000	6.5	32,160	7.0	36,000	8.1	50,000
3. 輔助專業人員	15.3	16,000	16.2	15,000	19.6	18,000	20.5	21,250	21.8	24,100
4. 文書支援人員	16.3	10,000	16.9	9,500	15.6	10,000	14.1	14,000	12.8	16,000
5. 服務工作及銷售人員	15.0	9,110	16.4	8,500	16.2	9,000	17.2	12,000	14.4	13,700
6. 工藝及有關人員	9.9	10,000	8.5	10,000	7.4	10,500	5.6	15,000	6.4	18,000
7. 機台及機器操作員及裝配員	7.3	10,000	6.2	9,500	5.0	10,000	4.3	13,000	4.3	15,000
8. 非技術工人	19.5	5,300	18.8	4,900	19.5	5,000	20.9	7,000	21.1	7,000
9. 其他	0.3	10,000	0.3	10,000	0.1	11,000	0.1	11,000	0.1	11,000
整體	100	11,000	100	10,000	100	12,000	100	15,000	100	18,000

數據來源：政府統計處

中間階層較受忽視

　　另一方面，2001 至 2021 年香港總體收入增加，都只集中在「上層白領」（見表 2.2），其他職業的月入中位數，僅可追回沙士前的水準。須要更為注意的是，在香港整體堅尼系數由 2001 年的 0.53 上升至 2016 年的 0.54 時，各類職業的堅尼系數卻在下降（見表 2.3），這反映出同職業內（within）的薪金回報差異收窄，職業與職業之間（between）的回報差異卻正在增加。

表 2.3　政府統計處職業收入堅尼系數（2001 - 2016）

年份	2001	2006	2011	2016
1. 經理及行政級人員	0.521	0.528	0.485	0.480
2. 專業人員	0.454	0.466	0.419	0.427
3. 輔助專業人員	0.340	0.357	0.315	0.335
4. 文書支援人員	0.256	0.272	0.258	0.244
5. 服務工作及銷售人員	0.332	0.346	0.329	0.307
6. 工藝及有關人員	0.268	0.264	0.235	0.236
7. 機台及機器操作員及裝配員	0.260	0.251	0.225	0.192
8. 非技術工人	0.288	0.283	0.269	0.291
9. 其他	0.488	0.500	0.509	0.488
整體	0.525	0.533	0.537	0.539

數據來源：《香港 2016 年中期人口統計——主題性報告：香港的住戶收入分佈》

注 1：數字不包括無酬家庭從業員

注 2：2011 年及 2016 年的數字是根據 2011 年人口普查所採用的職業分類編制。該職業分類大致上是以「國際標準職業分類法 2008 年版」為藍本而編定

注 3：2006 年的統計數字是根據舊職業分類編制。舊職業分類是以「國際標準職業分類 1988 年版」為藍本而編定。由於「國際標準職業分類 2008 年版」與「國際標準職業分類 1988 年版」在上列的最高層次上只有相對輕微的改動，因此本統計表內的 2006 年、2011 年及 2016 年的統計數字大致可作比較

這個情況意味「上層白領」薪酬回報與「普通白領」薪酬差距在 2001 至 2016 年期間正在拉開。年輕一輩把青春和金錢投放於三年或四年的大學後，若未能成為專業或輔助專業人士，而只成為「普通白領」階層，那麼他們一直相信學歷可以換取中產生活的夢想也就破滅了。

「六大產業」是否繼續

　　政制中人或官員皆偏向把民間傳出「中產不滿」的聲音詮釋成「上層白領」的怨氣，因此不論房屋政策、稅務優惠，甚至平日對中產的論述，都是較傾向於月入稍高的「上層白領」組別；但這類人士的收入增幅，本身已受惠於經濟增長。

　　民間和傳媒常指的中產怨氣，例如無法供樓、家庭經濟負擔沉重、年輕人找不到合適工作等問題，有時則傾向是講述「普通白領」或上述的「中間階層」，只不過用了一個泛意詞「中產」去概括。因此若真的要處理民生不滿，回應傳媒或民間的所謂「中產訴求」（如「買唔起樓」這一類），政府應多關注「普通白領」而非「上層白領」。若要解決「中產不滿」的問題，政府需要讓接受高等教育的人群成為「上層白領」，而非流入「中間階層」之中。同時，需要多創造一些具有合理薪資的職位。要達到此目的，需要倚靠產業多樣化來刺激職位供應。例如，過去數年一直討論的「六大產業」中，教育、醫療、環保工業等產業是較有潛力增加對專業或輔助專業人員的需求的。

　　另一方面，「中間階級」的工資或福利也須要改善，例如最低工資、最高工時等，都有助改善這類人士的生活質素。一些工商界的代表對最低工資、最高工時的反應令人失望。如果工人的福祉未能得到充分的考慮和照顧，他們個人的生產力和對公司的歸屬感也會相對減少，這將造成雙輸的局面。政府要創造一個對經商有利的環境，而企業也需要對工人多些同理心（Empathy）。筆者認為對中

產的界定，除非作為學術用途或這些界線確有法定地位，其實在普羅大眾討論時，未必須要太過拘泥於制定一條確實的中產界線。

即使要界定社會組別，都不應過分執着於「一刀切」式、以月入來釐定階級的做法。政府考慮政策時，亦可效法一些市場研究的人口分類方式，把人口或家庭按不同條件或因素，劃分成不同的細小聚群（clusters），能夠更有效估計政策的受眾多寡。例如英國的 ACORN（A Classification of Residential Neighbourhood）和 MOSAIC 人口分類法。在這種微細分類下，福利和房屋政策也可以嘗試避免「有或全無」（All-or-Nothing）的思維。正如現時實行多年的專上學生資助計劃，雖然有入息和資產上限，但助學金和貸款比例也可依據不同家庭月入和資產總值作出調整，使月入稍高的家庭也能得到一定的支援。同樣道理，樓宇措施方面，政府未必有意願重新啟動首次置業貸款，但亦可以對不同類型聚群人士有不同的豁免或資助。

2.3
香港貧窮的聚集地區及特徵

　　自 2013 年香港政府公佈貧窮線以來，香港的貧窮情況受到社會各界的廣泛關注，《2019 年香港貧窮情況報告》（以下簡稱《報告》）也隨之公開發表，《報告》應用《綜合住戶統計調查》資料對全港的貧窮情況進行了分析，政府也提出了相應的減貧策略。然而，在制定策略的過程中，涉及幾個重要的問題：貧窮人口分佈於何處？貧窮人口是否聚集於特定區域？貧窮聚集區是否有顯著特徵？這些都是制定減貧策略時需考慮的重要議題。為了將資源作出最有效率的分配與利用，深入了解貧窮的聚集區是必要的。由於議會分區的地理範圍過於廣闊，並不能很好地體現貧窮的分佈狀況，因此我們應用 2011 年的人口普查資料，以更小的地理分區研究貧窮的地理分佈。普查資料包含了 1,620 個街段，平均每街段涵蓋 4,200 人，讓我們可以對香港的貧窮聚集位置和特徵進行精準和深入的研究。

I　貧窮的地理分佈及特徵

　　《報告》中公佈了 2020 年的貧窮線為 1 人戶 4,400 港元、2 人戶 9,500 港元、3 人戶 16,000 港元、4 人戶 20,800 港元、5 人戶 20,000 港元、6 人及 6 人以上戶 21,900 港元，以此為標準，應用 2011 年人口普查資料所計算出的全港整體貧窮率為 17.1%。普查資料中對於住戶收入的定義，與官方制定貧窮線的住戶收入定義存在着少許差

異，除了就業及其他現金收入外，還包含了福利收入，所以計算出整體貧窮率較《報告》中 2011 年的 19.6% 稍低。所有街段可以按照貧窮率的高低分為四大類別：非常貧窮街段（貧窮率最高的 10% 街段）、貧窮街段（低於全港貧窮率的街段）、非貧窮街段（高於全港貧窮率的街段）、富裕街段（貧窮率最低的 10% 街段）。

　　將個別街段的貧窮率，與街段的社會經濟指標進行相關性分析時，發現貧窮率與低教育程度人口比例、低技能工作人口比例等特徵高度相關，並且與以下比例也有較高的相關性：長者、單親家庭、大陸新移民、非勞動人口、失業人口、公屋住戶等，可見高貧窮率的社區同時也呈現多面向的社會經濟弱勢。因此扶助貧窮社區，要有整體的觀照與策略。

II　貧窮聚集區

　　我們進一步使用地理空間分析技術，探測出全港的貧窮聚集區。它們分別是：觀塘、葵青、黃大仙、北區、深水埗、屯門及元朗。政府介入前，這七大區向來是貧窮情況相對比較嚴重的地區。可是，由於這些地區中的貧窮住戶受政府各項扶貧助弱措施的比例相對較其他地區為高，因此在政府介入後（計及恆常現金、非恆常現金及須經濟審查非現金福利的全方位成效），這七區貧窮率的下降幅度非常明顯，部分甚至因而低於整體貧窮率（見圖 2.6、圖 2.7、圖 2.8）。

圖 2.6　香港貧窮地圖，按區議會分區劃分（政府介入前）

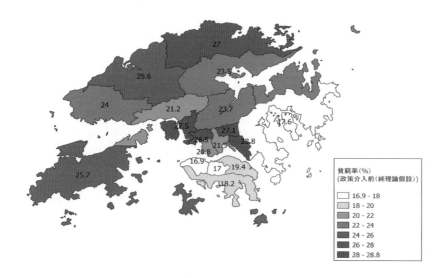

貧窮率(%)
(政策介入前（純理論假設）)

- ☐ 16.9 - 18
- 18 - 20
- 20 - 22
- 22 - 24
- 24 - 26
- 26 - 28
- 28 - 28.8

圖 2.7　香港貧窮地圖，按區議會分區劃分（政府介入後）

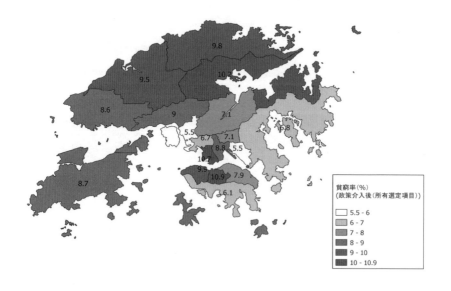

貧窮率(%)
(政策介入後（所有選定項目）)

- ☐ 5.5 - 6
- 6 - 7
- 7 - 8
- 8 - 9
- 9 - 10
- 10 - 10.9

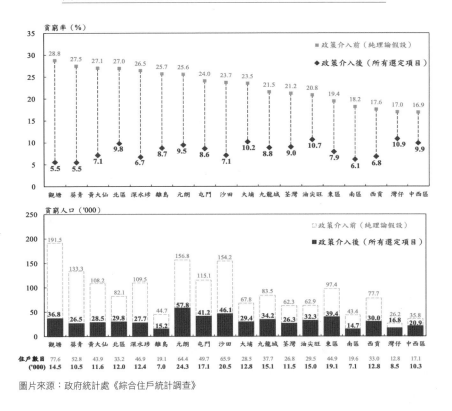

圖 2.8　2020 年香港各區貧窮率及貧窮人口，按區議會分區劃分

圖片來源：政府統計處《綜合住戶統計調查》

III　貧窮聚集區的特徵

《2020 年香港貧窮情況報告》在對每個聚集區的街段特徵進行詳細分析後發現，七大聚集區的公屋比例均較高，然而除了公屋因素外，各個貧窮聚集區有其他不同的社區特性：

i）觀塘的貧窮率過去數年為 18 區中最高，但貧窮率在政府介入前後的減幅達 23.3%，由 28.8% 減至 5.5%，為 18 區中最大。在所有選定政策介入後，新移民與單親貧窮住戶的比例仍然高於整體。該區的失業率和兒童及長者人口也分別高達 44.3% 和 48.5%。

ii）葵青區的貧窮率在政府介入前後的減幅僅次於觀塘區，由

27.5% 減 22.0 個百分點至 5.5%。在所有政策介入後，葵青區的貧窮住戶大多為一人至三人住戶（78.3%）。

iii）黃大仙區的貧窮率在政府介入前後的減幅由 27.1% 減 20.0 個百分點至 7.1%。在所有政策介入後，黃大仙區的兒童貧窮率、單親及新移民貧窮住戶的比例還是高於整體。

iv）北區在政策介入前後的貧窮率減幅為 17.2 個百分點，由 27.0% 跌至 9.8%，但介入後的貧窮率（9.8%）仍比整體貧窮率（7.9%）要高。所有選定政策介入後，除在職及失業貧窮人士比例，長者貧窮率及兒童貧窮率仍較整體為高。

v）深水埗在政策介入前後的貧窮率減幅為 19.8 個百分點，由 26.5% 跌至 6.7%。在政府介入後，新移民貧窮住戶和在職貧窮人士的比例仍高於整體。12,400 個貧窮住戶中，租住私樓的比例（14.6%）為 18 區中最高，可見這些住戶亦需要承擔住屋方面的租金開支。

vi）元朗在政策介入前後的貧窮率減幅為 15.4 個百分點，由 25.6% 跌至 9.5%。在政府介入後，該區的貧窮人口（57,800）和住戶數目（24,300）為 18 區中最高。

vii）屯門在政策介入前後的貧窮率減幅為 15.4 個百分點，由 24.0% 跌至 8.6%。因為該區一直有較高比例的住戶居於公屋和領取綜緩，他們的生活水平也受到一定程度的保障。政府介入後，屯門區的在職貧窮及失業貧窮人士與兒童窮率依舊超出整體平均。

在過往十多年來，貧窮聚集區的情況沒有太大改善，相信這與城市規劃和職位空缺的分佈息息相關。現在特區政府倡議的北部發展，希望能讓每個區域的人士都可以在本區工作，這個願景雖然十分理想，但需要精心規劃才能做到。

IV　制定針對性的減貧策略

　　針對不同的聚集特徵，採取不同的減貧策略，可以優化資源配置。例如對於三個長者聚集區，長者津貼的助益較大，更應探討怎樣利用和釋放社區資源，強化本區的老人工作，發揮互助功能；對於兩個新移民聚集區，應創建更多社會融合輔助服務，提供更多諮詢和職業培訓，協助新移民融入社區與就業；對於缺乏就業機會的偏遠聚集區，可以考慮創造更多本區的工作職缺，推動就業，同時也可以採取交通津貼的方式促進當地居民外出就業；對於三個單親家庭及兒童比例較高的地區，較適合以津貼的形式進行救助，另外由於考慮到單親及有兒童的家庭的父母外出工作較為困難，也可通過創造更多兼職工作機會來提升他們的就業，或通過提升社區的兒童看護服務來促進父母的外出就業。

香港貧窮聚集區的基礎設施匱乏特徵

扶貧安老助弱一向是特區政府的主要工作之一，也佔據了政府每年 20% 的開支。若然政府希望施政有效，對貧窮情況的理解和數據分析有需要提升。關於香港貧窮聚集區的基礎設施是否充足，之前尚未有系統的研究。貧窮聚集區的基礎設施分佈情況與貧窮居民的生活息息相關，充足的基礎設施對於提升貧窮居民的生活質量具有重要意義。

我們共選取了 38 種基礎設施進行空間分佈研究，這 38 種基礎設施分別歸屬於八大基本需求類別：教育服務（包括大、中、小學和不同類型的專上學校）、緊急服務（包括消防和員警）、醫療服務（包括醫院、診所和老人院）、交換管道（包括社區會堂、青年和家庭服務中心等）、物品來源（包括熟食店舖、超級市場、便利店）、文化設施（包括博物館、圖書館、戲院等）、交通設施（包括公共巴士、火車、停車場）、運動設施（包括運動場、游泳池、遊樂場、休憩花園等）。首先分別計算了每種基礎設施在每個貧窮聚集區、所有貧窮聚集區及非貧窮聚集區中的平均每千人擁有量（對於嬰兒護理院和幼稚園，計算 0 至 4 歲人口的每千人擁有量；對於小學和中學，計算 5 至 14 歲人口的每千人擁有量；對於安老院，計算 64 歲以上人口的每千人擁有量），然後比較了每種基礎設施的每千人擁有量在貧窮聚集區與非貧窮聚集區、每個貧窮聚集區與非貧窮聚集區、不同的貧窮聚集區中的差異的統計顯著性，從而總結出香港基礎設施的空間分佈情況，以及每個貧窮聚集區的基礎

設施匱乏特徵（見圖 2.9）。

圖 2.9　香港七大貧窮聚集區的基礎設施匱乏特徵

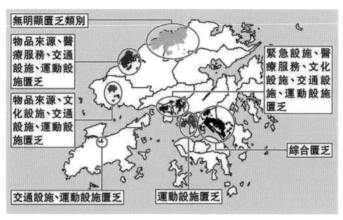

圖片來源：《明報》製圖

I　基礎設施的空間分佈特徵

通過比較 38 種基礎設施在貧窮聚集區和非貧窮聚集區中的差異發現：有 9 種基礎設施（嬰兒護理院、警崗、郵政局、協會／會所、社區會堂、鄉事委員會／青年中心／福利中心、社區服務中心、家庭服務中心、熟食檔、圖書館）在貧窮聚集區和非貧窮聚集區中的分佈差異並無統計顯著性，即分佈密度較相似；有 29 種基礎設施在兩類地區中的分佈差異具有統計顯著性，其中 27 種基礎設施（小學、中學、專上學院、職業訓練學校、消防局、警署、診所／健康中心／門診部、醫院、安老院、郵箱、垃圾收集中心、超級市場、便利店、商場／購物中心／商業中心、博物館／美術館／展覽中心／表演藝術、劇院／戲院、巴士總站／綠色小巴總站、室內停車場／多層停車場、輕鐵站／鐵路站、室內體育館／康樂中心／體育中心、運動場／公園內的運動場、休憩公園／公園、泳

池、草地滾球場、網球場、高爾夫球場、遊樂場）在貧窮聚集區
中的分佈密度，顯著低於在非貧窮聚集區中的分佈密度，即是貧
窮聚集區在這些資源比較匱乏，僅有 2 種基礎設施（幼稚園、自修
室）在貧窮聚集區的分佈密度，顯著高於在非貧窮聚集區中的分
佈密度。

值得注意的是，在所選擇的基礎設施中，醫療服務類別、交通
設施類別以及運動設施類別中的所有設施，在貧窮聚集區中的分佈
密度均顯著低於在非貧窮聚集區中的分佈密度；在緊急服務類別和
物品來源類別中，有一半以上的基礎設施在貧窮聚集區中的分佈密
度顯著低於在非貧窮聚集區中的分佈密度；在教育服務類別和文化
設施類別中，分別有一種基礎設施在貧窮聚集區中的分佈密度顯著
低於在非貧窮聚集區中的分佈密度；在交換管道類別中，超過三分
之二的基礎設施在貧窮聚集區與非貧窮聚集區中的分佈密度的差異
無統計顯著性。

II 貧窮聚集區的基礎設施分佈特徵

在 38 種基礎設施中，有 4 種在 7 個貧窮聚集區中均較為匱
乏，它們是：室內停車場／多層停車場、運動場／公園內的運動
場、泳池、網球場；還有 4 種除了在「元朗東北—北區西北聚集區」
中較為充足外，在其他 6 個聚集區中的分佈密度均較低，它們是：
垃圾收集中心、便利店、巴士總站／綠色小巴總站、休憩公園／公
園；另外，郵箱、博物館／美術館／展覽中心／表演藝術、遊樂場
除了在「元朗東北—北區西北聚集區」和「離島東涌聚集區」較充
足，安老院除了在「深水埗南—油尖旺北聚集區」和「離島東涌聚
集區」較充足外，這 4 類設施在其他五個聚集區中均較匱乏。

比較七大聚集區的特徵發現，「觀塘—黃大仙中—九龍城南聚
集區」的基礎設施匱乏情況最為嚴重，八類設施中除了交換管道

設施外，其他七類普遍匱乏，顯著匱乏的設施佔 26 項，尤其是消防局、診所／健康中心／門診部、安老院、輕鐵站／鐵路站的分佈密度不僅遠低於非貧窮聚集區，比起其他六個貧窮聚集區也顯著匱乏；設施匱乏第二嚴重的是葵青北—荃灣南聚集區，顯著匱乏的設施佔 19 項，以緊急服務、醫療服務、文化設施、交通設施、運動設施的匱乏為主，但本區的自修室分佈密度卻較非貧窮聚集區還要高；第三嚴重的是「元朗西北聚集區」，顯著匱乏的設施佔 17 項，以物品來源、醫療服務、交通設施、運動設施的匱乏為主，但該區的社區服務中心資源比非貧窮聚集區更充裕；「屯門中部聚集區」和「深水埗南—油尖旺北聚集區」的設施匱乏種類均為 12 項，但匱乏的特點有所不同，「屯門中部聚集區」的匱乏以物品來源、文化設施、交通設施及運動設施為主，而「深水埗南—油尖旺北聚集區」的匱乏主要體現在運動設施上，該區其他類別設施的情況顯著優於其他六大聚集區，且其協會／會所的分佈密度甚至更優於非貧窮聚集區；「離島東涌聚集區」的設施匱乏主要以交通設施和運動設施為主，其他類別的分佈密度較其他聚集區情況稍好；基礎設施分佈情況較好的是「元朗東北—北區西北聚集區」，其中警署、警崗、安老院、垃圾收集中心、運動場／公園內的運動場的分佈密度高於非貧窮聚集區，只有診所／健康中心／門診部、室內停車場／多層停車場、泳池、網球場四種設施較為匱乏。

在八類基礎設施中，醫療服務類別、交通設施類別和運動設施類別在貧窮聚集區中的匱乏程度，與其他五大類別相比較為嚴重。醫療服務和運動設施對居民的健康起着十分重要的作用，交通設施對居民的外出出行及工作也會提供更多的便利。這些資源在貧窮聚集區中的匱乏，會對貧窮居民的健康生活及與外界的聯絡造成一定影響，可能會進一步強化居民的貧窮程度，所以政府應對城市的資源進行合理的配置，尤其應加強在貧窮聚集區的醫療、交通及運動設施的投入。

2.5
社區食物援助服務的可達性分析

　　近年來，為緩解貧窮問題，不少社會服務機構在社區中提供食物援助服務，以減少低收入家庭的食物開支，從而減輕其生活重擔。這些機構開展了多種類型的食物援助計劃，包括集體購買、平價市場、食物派發、熱食服務等。服務目標主要是低收入家庭，例如清貧長者、在職貧窮家庭、面對衝突的家庭（例如失業或有病人的家庭）及不能就業或不符合申領福利資格的新移民家庭、長期病患者及露宿者等等。香港社會服務聯會於 2013 年進行了食物援助服務概況調查，了解食物援助服務的現況，並提出了相關的建議。然而關於服務的空間位置的設定是否能有效滿足貧窮人口的需求，目前尚未有詳細的探索。為了優化資源的配置，將資源做最有效的分配與利用，從空間角度對食物援助服務的分佈進行分析是十分必要的。

I　可達性指標及地理單元

　　可達性（accessibility）通常指從某一給定區位到達一定服務資源的便利程度。量度可達性的方法有很多，例如人均資源擁有量、最近距離法、基於機會累積的方法、潛能模型、兩步搜尋移動法等。在本案例中，由於大多數服務點所提供的資源量足夠大，因此服務點的容量並不能很好地衡量可達性，而這種情況下採用距離的方法更加合適。最近距離法是量度服務可達性的常用指標，其含義

清晰而易於理解，這裏採用最近距離法來衡量食物援助服務的空間可達性。

　　每五年一度的人口普查數據中包含了精細的街段地理分區資訊，2011 年的人口普查數據包含了 1,620 個街段，街段平均人口約為 4,200 人，這為我們在精細的地理層面進行食物援助服務的可達性分析提供了可能。我們基於食物援助服務位置數據（http://www.poverty.org.hk/foodmap）和人口普查數據，應用地理資訊技術，以「到達服務的最近距離」為可達性指標，從兩個空間層面進行分析，並尋找出食物援助服務較為缺乏的地區。這兩個空間層面分別為包含 29 個分區（港島 4 個區、九龍 5 個區、新界 12 個新市鎮和新界 8 個新市鎮外的其他地區）的較大空間尺度和包含 1,620 個街段的較小空間尺度。

II　平均最近距離的空間分佈

　　首先，我們以樓宇為基本單元，計算出每座樓宇的中心點距離最近食物援助服務的直線距離。然後，我們基於街段貧窮人口數和樓宇的佔地面積及高度資料，對每座樓宇的貧窮人口數進行估算。最後，我們計算出：（1）29 個分區的貧窮人口平均最近距離；（2）最近距離短於 500 米、500 米到 1,000 米、1,000 米到 2,000 米及長於 2,000 米的貧窮人口分佈；（3）1,620 個街段的貧窮人口平均最近距離，並利用雙變量局部空間自相關指數尋找出；（4）可達性低的高貧窮人口聚集區。由於四種服務的特徵不同，我們將四種服務歸為兩類進行分析，第一類為集體購買與平價市場，第二類為食物派發與熱食服務。

　　在 29 個分區層面，港島 4 區、九龍 5 區和新界 12 新市鎮的貧窮人口約佔全港貧窮總人口的 96%。如圖 2.10 所示，其中沙田（馬鞍山）的可達性情況最差，到達兩類設施的平均最近距離分別為

圖 2.10　到達服務的最近距離的貧窮人口分佈

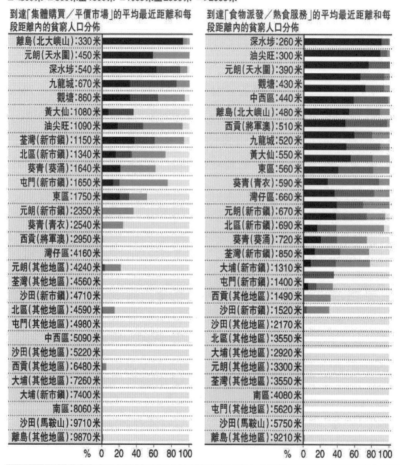

■ <500米　■ 500米至1000米　■ 1000米至2000米　▨ >2000米

到達「集體購買／平價市場」的平均最近距離和每段距離內的貧窮人口分佈

	%	0 20 40 60 80 100
離島（北大嶼山）：330米		
元朗（天水圍）：450米		
深水埗：540米		
九龍城：670米		
觀塘：860米		
黃大仙：1080米		
油尖旺：1090米		
荃灣（新市鎮）：1150米		
北區（新市鎮）：1340米		
葵青（葵涌）：1640米		
屯門（新市鎮）：1650米		
東區：1750米		
元朗（新市鎮）：2350米		
葵青（青衣）：2540米		
西貢（將軍澳）：2950米		
灣仔區：4160米		
元朗（其他地區）：4240米		
荃灣（其他地區）：4560米		
沙田（新市鎮）：4710米		
北區（其他地區）：4590米		
屯門（其他地區）：4980米		
中西區：5090米		
沙田（其他地區）：5220米		
西貢（其他地區）：6480米		
大埔（其他地區）：7260米		
大埔（新市鎮）：7400米		
南區：8060米		
沙田（馬鞍山）：9710米		
離島（其他地區）：9870米		

到達「食物派發／熱食服務」的平均最近距離和每段距離內的貧窮人口分佈

	%	0 20 40 60 80 100
深水埗：260米		
油尖旺：300米		
元朗（天水圍）：390米		
觀塘：430米		
中西區：440米		
離島（北大嶼山）：480米		
西貢（將軍澳）：510米		
九龍城：520米		
黃大仙：550米		
東區：560米		
葵青（青衣）：590米		
灣仔區：660米		
元朗（新市鎮）：670米		
北區（新市鎮）：690米		
葵青（葵涌）：720米		
荃灣（新市鎮）：850米		
大埔（新市鎮）：1310米		
屯門（新市鎮）：1400米		
西貢（其他地區）：1490米		
沙田（新市鎮）：1520米		
沙田（其他地區）：2170米		
北區（其他地區）：3550米		
大埔（其他地區）：2920米		
元朗（其他地區）：3300米		
荃灣（其他地區）：3550米		
南區：4080米		
屯門（其他地區）：5620米		
沙田（馬鞍山）：5750米		
離島（其他地區）：9210米		

9,710 米和 5,750 米，所有貧窮人口（約 2.32 萬）在 2,000 米範圍內都沒有可獲取的食物援助服務。其次是南區和大埔（新市鎮），這兩個地區到達第一類服務的平均最近距離均在 6,000 米以上，到達第二類服務的平均最近距離分別為 4,080 米和 1,310 米。兩個地區中的所有貧窮人口（分別為 3.82 萬、4.27 萬）都不能在 2,000 米之內獲取第一類服務，南區所有貧窮人口都不能在 2,000 米內獲取第二類服務，大埔（新市鎮）僅有不到 40% 的貧窮人口可以在 1,000 米

內獲取第二類服務。沙田（新市鎮）的可達性也較低，到達兩類服務的平均最近距離分別為 4,710 米和 1,520 米，所有貧窮人口（7.88萬）都不能在 2,000 米內獲取第一類服務，只有不到 40% 的貧窮人口可以在 1,000 米內獲取第二類服務。中西區的第二類服務可達性較好，將近 95% 的貧窮人口都可以在 1,000 米內獲取第二類服務，然而第一類服務的可達性較差，平均最近距離為 5,090 米，所有貧窮人口（2.85 萬）都不能在 2,000 米之內獲取第一類服務。可達性最高的地區為離島（北大嶼山）、元朗（天水圍）、深水埗、九龍城和觀塘，到達第一類設施的平均最近距離介於 330 米到 1,080 米之間，到達第二類設施的平均最近距離介於 260 米到 520 米之間。

在 1,620 個街段層面，如圖 2.10 所示，我們識別出了服務可達性較低且貧窮人口較高的地區，與 29 個分區層面的結果相似，這些街段均聚集在沙田（馬鞍山）、南區、大埔（新市鎮）、沙田（新市鎮）和中西區。這些街段中匯聚了約 8.41 萬的貧窮人口，約佔全港貧窮人口的 6%。除了中西區第二類服務情況較好外，兩類服務在其他四個地區的街段中的可達性均較低。

圖 2.11　食物援助服務缺乏的貧窮人口聚集區

圖片來源：《明報》製圖

整體而言，我們發現香港的食物援助服務在空間上存在一些熱點區域和冷點區域，有的地區服務較充裕而有的地區服務較匱乏甚至沒有（見圖 2.11）。當前的食物援助服務在上述一些貧窮人口較為聚集的地方較為缺乏，相關機構可以考慮在上述幾個地區和街段中多設置服務點，從而提升這幾個地區的服務可達性。深入了解食物援助服務的空間分佈，可以有助於服務資源的有效分配。空間分析技術可以具體地呈現服務資源的空間分配，是我們中心進行香港貧窮研究與政策分析的重要工具。

2.6
小結

　　我們發現香港的貧窮有高度的地理聚集性，且每個聚集區有不同的特徵，深入了解這些特徵，對於制定切合社區特性的減貧策略，以及資源的有效分配，具有重要意義。通過對香港基礎設施的空間分佈進行分析，我們發現有多種類別的基礎設施在貧窮聚集區的分佈密度，顯著低於在非貧窮聚集區中的分佈密度，基礎設施的空間分佈存在着一定程度的不平等。當然，由於本研究目前僅以平均每千人擁有量為指標進行分析，所以尚存在一定的局限，我們將引入更多的資源可達性指標進行持續性的探索。另外，由於本研究目前僅從基礎設施的分佈數量着手分析，尚不能全面展現基礎設施服務的方方面面，例如基礎設施的應用程度、服務品質及居民對基礎設施服務的滿意程度等等，我們也將通過調查訪談等方式進行更細緻的探索。從空間的角度探索城市資源的分配，有助於城市的合理規劃以及城市資源的優化配置，地理空間分析技術可以更具體地呈現基礎設施的空間分佈特徵，並且更深入地探究每個貧窮聚集區的匱乏特徵。近日筆者進行的居住環境研究發現，原來居住環境綠化與否會影響到貧窮人士的感受；居住在較多綠化的環境的貧窮人士，在主觀上的生活滿足感比那些居住在較少綠化環境的貧窮人士為高。由此可見，我們可以利用城市規劃政策和公共空間設計來彌補房屋私人空間的不足，因此一個有效的城市設計是可以減低貧窮帶來的困擾，亦可以拉近貧富懸殊的問題。

　　深入探究基礎設施的空間分佈，有助於城市的合理規劃及社會

福利資源的有效配置，對政策的制定具有一定參考作用，對怎樣在地區上建立社會資本（social capital）去改善居民生活尤為重要。因此我們應用城市地理資訊資料對香港的基礎設施分佈情況進行了初步探索，倡議證據為本（evidence based）的社會及公共政策討論和實踐，相信這也是智慧城市（smart city）應採用的方法，以制定社會及公安政策。現在政府容許外界利用政府數據的安排，卻有很大的改善空間，官員很多時候錯誤理解私人條例或過分保守，成為有效使用數據的障礙。

注釋

1 Orshansky, M. (1963), "Children of the poor", *Social Security Bulletin*, 26(7), pp. 3-13; Orshansky, M. (1965), "Counting the poor: Another look at the poverty profile", *Social Security Bulletin*, 28(1), pp. 3-29.

2 OECD (2016), Poverty rate (indicator). doi: 10.1787/0fe1315d-en (Accessed on 23 August 2016); OECD (2013), The OECD approach to measure and monitor income poverty across countries (Working Paper 17). United Nations Economic Commission for Europe: Conference of European Statistician.

3 European Union. (2010), "Poverty in europe: The current situation", retrieved from http://www.inequalitywatch.eu/spip.php?article99&lang=en; Eurostat.(2013). The measurement of poverty and social inclusion in the EU: Achievements and further improvements (Working Paper 25). United Nations Economic Commission for Europe: Conference of European Statisticians.

4 〈香港樂施會，如何量度貧窮？〉，http://povertyline.oxfam.org.hk/tc/poverty.php?mid=1。

5 扶貧委員會，《2012 年香港貧窮情況報告》，http://www.povertyrelief.gov.hk/pdf/2012_Poverty_Situation_Chi.pdf。

6 扶貧委員會，《2015 年香港貧窮情況報告》，http://www.povertyrelief.gov.hk/pdf/poverty_report_2015_c.pdf。

7 扶貧委員會，《2015 年香港貧窮情況報告》，http://www.povertyrelief.gov.hk/pdf/poverty_report_2015_c.pdf。

8 大前研一（2006），《M 型社會：中產階級消失的危機與商機》（原著：《ロウアーミドルの衝擊》），台北：商周出版。

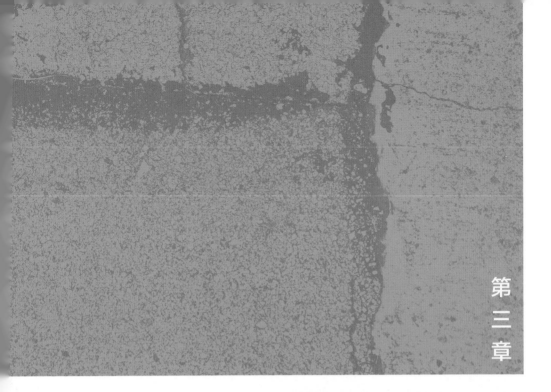

第 三 章

貧窮數字的拆解

3.1
從人口結構深入拆解香港扶貧數字

根據政府的貧窮情況報告，2020 年的貧窮率在政策介入前是 23.6%，人數 165.3 萬；政策介入後人數減少至 121.1 萬，貧窮率下降至 17.3%。「政策介入」是指由政府發放的恆常現金福利（例如綜援、高齡津貼、長者生活津貼、傷殘津貼及鼓勵就業交通津貼等）。在 2020 年，本地十八歲或以上的市民收到政府所發放的一萬元現金，從表面看，政策介入令貧窮率下降 6.3 個百分點，但如果我們深入拆解貧窮人口的構成，會發現如果剔除人口結構改變因素，政府扶貧的效果甚至高於這個數值。

I 人口結構因素削弱扶貧政策成效

為了幫助社會大眾更全面了解貧窮真實的面貌，也為了讓貧窮政策更有效，我們從人口結構的改變出發，多角度分析不同的貧窮指標。2009 至 2020 年間，香港的總人口由 2009 年的 700.83 萬增長至 2020 年的 747.42 萬。由於老年人口增多、離婚個案增加以及整體人口增長等原因，本港人口年齡結構改變，家庭平均住戶人數減少。在使用統計數學的分解分析（decomposition analysis，作用是量化每個個別因素對整體貧窮率轉變的影響）作深入研究時，我們發現年齡結構和家庭住戶結構這兩項人口因素，為整體貧窮人數和貧窮比率帶來了上升的壓力。同時，我們在關注貧窮問題時，不僅要關注它的「闊度」（即貧窮率及貧窮人數多寡），也要關注它的「深

度」（即貧窮差距［poverty gap］的大小）。

　　參考表 3.1，2009 年的貧窮率在「政策」介入之前是 20.6%，在介入之後是 16.0%。相比起 2009 年，2020 年的貧窮情況在「政策」介入前由 20.6% 上升至 23.6%，在「政策」介入後由 16.0% 升至 17.3%。假設於 2009 至 2020 年間，本港的其他情況照常，且人口結構（即年齡結構和家庭住戶結構）維持不變，政策介入後的貧窮率應下降 0.50%。但由於人口老化令貧窮率增加了 1.22%，家庭住戶結構減少又增加了 0.61%，造成政策介入後的貧窮率在這十一年間「實際上」增加了 1.3 個百分點。由於人口結構的趨勢不是短期政策能夠改變的，所以其變化亦可視為不可抗拒的力量。因此，有一部分整體貧窮人口的增加是受到人口結構變化的影響而無可避免地跌入了貧窮區，真正脫貧的人理應更多。

表 3.1　2009–2020 年香港貧窮率的分解分析

		政策介入前	政策介入後
2009 年		20.6%	16.0%
2020 年		23.6%	17.3%
貧窮率變化（2020 年減去 2009 年）		+2.95 個百分點	+1.32 個百分點
分解分析	年齡結構的作用	+1.52 個百分點	+1.22 個百分點
	（年齡結構變化對整體貧窮率改變所佔百分比）	51.53%	92.42%
	住戶人數的作用	+0.70 個百分點	+0.61 個百分點
	（住戶人數變化對整體貧窮率改變所佔百分比）	23.73%	46.21%
	各組別貧窮情況變化的作用	+0.73 個百分點	-0.50 個百分點
	（各組別貧窮情況變化對整體貧窮率改變所佔百分比）	24.75%	-37.88%

資料來源：政府統計處《綜合住戶統計調查》

如果用貧窮人數來做比較，也能看到人口結構因素變化的影響。如表 3.2 顯示，政策介入後，貧窮人數從 2009 到 2020 年增加了 167,500 人。如果我們同樣以分解分析來看，在其他因素不變的情況下，僅僅人口老化一個因素就已經導致貧窮人數增加了 82,300 人。單身或小住戶人數家庭的增加也導致貧窮人數增加了 41,000 人，而總體人數的增加也導致貧窮人數增加了 78,900 人。如果扣除這三方面因素的作用，2009 到 2019 年的貧窮人數在政策介入後應該減少 34,700 人，但由於受到以上三個人口結構因素變化的影響，扶貧效果被抵消而貧窮人數甚至增加了（見表 3.2）。

表 3.2　2009 - 2020 年香港貧窮人數的分解分析

	政策介入前（人）	政策介入後（人）
2009	1,348,400	1,043,400
2020	1,652,500	1,210,900
貧窮人數變化（2020 年減去 2009 年）	304,100	167,500
分解分析		
年齡結構的作用	102,900	82,300
（年齡結構變化對整體貧窮人數改變所佔百分比）	（33.84%）	（49.13%）
住戶人數的作用	47,500	41,000
（住戶人數變化對整體貧窮人數改變所佔百分比）	（15.62%）	（24.48%）
整體人數的作用	105,100	78,900
（整體人數變化對整體貧窮人數改變所佔百分比）	（34.56%）	（47.10%）
各組別貧窮情況變化的作用	48,700	-34,700
（各組別貧窮情況變化所佔的百分比）	（16.01%）	（-20.72%）

資料來源：政府統計處《綜合住戶統計調查》

II 人口老化及住戶人數的影響

之所以會出現以上分析結果，是因為本港貧窮率與人口年齡和住戶人數有很大關係。在人口年齡方面，老年貧窮率（65 歲以上）遠比整體貧窮率高一倍：在「政策」介入後，2020 年 65 歲及以上的老人貧窮率為 14.5%，比整體貧窮（17.3%）要低。在住戶人數方面，就不同住戶人數的貧窮率分析解讀，單身或者小住戶人數家庭的貧窮率都比大住戶人數家庭的貧窮率高：「政策」介入後，整體貧窮住戶中的 1 人住戶佔 27.3%，2 人住戶佔 37.0%，3 人住戶則為 19.5%，而四人以上的較大住戶人數家庭只佔 16.1%。至於根據 2011 年全港人口普查的結果，本港的單人住戶裏有大約 29.5% 為獨居長者。這說明老齡化、離婚、單身都可能對本港的貧窮問題造成影響。從政府的報告裏，我們只能看到整體貧窮率或貧窮人口的減少；而當我們用分解分析去拆解貧窮率和貧窮人數時，便能知道各方面原因對整體貧窮情況的影響。政府一方面應該投放更多資源協助有需要的長者、獨居人士、單親家庭，另一方面也應該嘗試推出政策和服務，協助年輕人成家立室。再者，協助在職人士維持工作與家庭的平衡十分重要，尤其是近年來本地結婚人數不斷減少，維持單身的數字不斷上升。

同時，值得注意的是，老年貧窮率較高的情況與本港貧窮線的界定方法有一定關係。目前的貧窮線以收入為主要指標，但長者中存在擁有不少資產但收入貧窮的情況。根據 2020 年的政府數據，在政策介入後的 18.8 萬貧窮長者中，有超過九成沒有從事經濟活動，而有超過七成居於沒有按揭自置物業。由此可見，政策介入後有近半收入貧窮的長者可被界定為「收入貧窮、但有一定價值的物業」，顯示長者貧窮數字未必能全面反映貧窮長者的經濟狀況及生活水平。採用怎樣的衡量指標才能更精準地篩選出有需要的長者，有效地投放資源去改善有真正需要的人士的生活，是一個十分值得

關注的問題。有關當局嘗試提供逆按揭用現金幫助長者生活，可惜市場回應不足。但未來隨着人口改變，沒有子女的長者增加，他們的反應亦可能有所不同。

根據政府統計處分析，未來人口老化、住戶人數減少，以及整體人數的增加都會愈加嚴重，這都將為扶貧帶來更大的困難。因此，當社會在評估政府的扶貧效果時，需要注意到有一部分扶貧效果受到了人口老化、住戶人數減少和整體人口增加這三個人口結構因素的影響。

3.2
從「闊度」和「深度」拆解扶貧數字

上一節我們對 2009 至 2020 年的貧窮率及貧窮人數變化進行了分解分析，發現雖然兩項貧窮指標在這十年間均呈現下降，但同期內的人口老化、單身或小住戶人數家庭的增加、總體人口增長這些人口結構的趨勢，其實對該兩項貧窮指標的減少都造成了一定程度的阻力。為了更深入地理解本地貧窮結構問題，除了解貧窮的「闊度」（即貧窮率及貧窮人數多寡）外，現在特別探討貧窮的「深度」（即貧窮差距〔poverty gap〕的大小）。

I 貧窮人數減 貧窮差距增

貧窮差距是扶貧委員會所採用的另一項貧窮指標，以估算將貧窮住戶拉回貧窮線所需的理論金額。表 3.3 羅列了 2009 至 2020 年間，各個貧窮指標於政府政策（下稱「政策」，主要形式為恆常現金福利）介入前後的轉變。從表中數字可見，不論政策介入前後，雖然貧窮率在這十一年間都有減少，但同期貧窮差距卻擴大了，在介入後每月的貧窮差距變化仍增加了 1,314.1 百萬元。如果按年齡組別及家庭住戶人數劃分整體及貧窮人口，政策介入前和政策介入後清晰的呈現出以下兩個特徵：一、各人口組別（包括年齡結構和住戶人數改變）均面對著貧窮率減低或改變不大，但平均差距卻上升的情況。二、家庭人數愈少，每月平均貧窮差距（下稱「平均差距」）愈大。

表 3.3 2009–2020 年香港每月貧窮差距（百萬港元）的分解分析

	政策介入前	政策介入後
2009 年	2,118.7	1,065.8
2020 年	4,461.8	2,379.9
每月貧窮差距變化（2020 年減去 2009 年）	2,343.1	1,314.1
分解分析		
貧窮人口年齡結構的作用	69.5	29.4
（貧窮人口年齡結構變化對貧窮差距改變所佔百分比）	（2.97%）	（2.24%）
貧窮家庭住戶人數的作用	43.0	40.4
（貧窮家庭住戶人數變化對貧窮差距改變所佔百分比）	（1.84%）	（3.07%）
總體貧窮人數的作用	648.2	249.8
（總體貧窮人數變化對貧窮差距改變所佔百分比）	（27.66%）	（19.01%）
每月平均貧窮差距的作用	1,582.5	994.6
（每月平均貧窮差距對貧窮差距改變所佔百分比）	（67.54%）	（75.69%）

資料來源：政府統計處《綜合住戶統計調查》

II 影響貧窮差距的因素

現在探討政策介入前後，不同因素如何影響 2009 至 2020 年間每月貧窮差距的變化。政策介入前，2020 年的整體平均差距比 2009 年高 2,343.1 百萬元（見表 3.3）。對這 2343.1 百萬元的升幅進行分解分析，結果顯示在貧窮人口結構維持不變的情況下，接近七成（67.54%）的升幅來自各貧窮人口組別平均差距的轉變；相反，假設所有貧窮人口組別的平均差距均沒有改變，剩餘的升幅則自然

來自貧窮人口結構的轉變。其中，貧窮人口老化現象只佔了 69.5 百萬元（2.97%）、貧窮住戶中家庭住戶數目減少的現象佔了 43.0 百萬元（1.84%），而貧窮人數則佔了 648.2 百萬元（27.66）的平均差距。政策介入後，整體平均差距為 1,314.1 百萬元。其中，各貧窮人口組別平均差距對整體平均差距的影響非常大。各貧困人口組別平均差距的增加導致整體平均差距增加了 994.6 百萬元，佔整體的 75.69%，因此在貧窮差距方面，2020 年的情況比 2019 更為嚴重。

政策介入後，各個因素所貢獻的貧窮差距都比政策介入前低，這足以證明政策介入的重要性。與此同時，我們注意到各貧困人口組別平均差距的轉變，是政策介入前後貧窮差距上升的主要因素。在過去十年，每一個組別的貧窮人口的平均差距都有不同程度的上升，其中尤以小家庭（1 人和 2 人）的升幅最為顯著。

總體來說，香港貧窮的「闊度」（即貧窮率及貧窮人數多寡）改善了，但貧窮的「深度」仍是一大挑戰。這與滅火的情況十分相似，雖然範圍縮小，但還未完全控制火場，一些地方火勢仍然猛烈。同時，這也反映香港存在着一些結構性的貧窮群組。

我們只有認清貧窮率和貧窮人數與貧窮差距呈現着不同走勢的事實，才能有效地梳理貧窮問題。為更準確、全面了解香港的貧窮情況，在前兩節我們先後拆解了 2009 至 2020 年間本港貧窮率（rate）、貧窮人數（size）的變化和貧窮差距（poverty gap）的變化。我們意在強調對於本港貧窮狀況的量度，需同時考察貧窮的闊度（即貧窮率及貧窮人數）和深度（即貧窮差距）。我們聚焦扶貧政策，從闊度和深度兩個角度考察政府政策介入的效果。

政策介入後的貧窮數字，是基於原住戶收入，扣除稅項、增加所有恆常現金項目後計算而得，其中稅項包括薪俸稅、物業稅、住戶所繳納的差餉和地租，恆常現金項目包括社會保障金和其他現金福利（如綜援、高齡津貼、長者生活津貼、鼓勵就業交通津貼等）。政策介入前，2020 年的貧窮人數為 165.3 萬人，貧窮率為 23.6%，

每月總體貧窮差距（即將貧窮住戶拉回至貧窮線所需的理論金額）為 4,461.8 百萬港元；政策介入後，貧窮人數大幅下降至 121.1 萬人，貧窮率減至 17.3%，貧窮差距縮至 2,379.9 百萬港元。總體來看，不管是在縮減貧窮闊度還是深度上，扶貧政策的效果表面上是顯著的。但需要注意的是，2020 年的扶貧措施大部分都是因應社會需要而推出的一次性現金支援，因此效果短暫且成本高昂。

III 扶貧政策有效干預貧窮率最高群體

現在，我們進一步考察政策介入在各年齡住戶組的效果。圖 3.1 清楚地展現了 2020 年政策介入前後各組的貧窮率和每月平均貧窮差距（即 average poverty gap）的變動，而表 3.4 顯示了政府介入後對不同年齡與住戶人數的成效。就貧窮的闊度而言，政策介入有效地降低了各組的貧窮率。其中，老年組（即 65 歲以上）貧窮率的降低相對較大。比較各類家庭住戶，政策對一人、二人住戶組的效果更為顯著。值得一提的是，這些老年和獨身人士或小住戶組的貧窮率也是最高的。由此看出，現時政府對老年、獨身和單親人士的現金支援扶貧政策，強而有效地干預了貧窮率最高的群體。

IV 需深入了解單身貧窮者的情況

另外，就貧窮的深度而言，政策介入後，幾乎所有組別的平均貧窮差距都有顯著降低（見圖 3.1）。住戶組的平均貧窮差距縮減的幅度更大。值得注意的是 0 至 14 歲的一人住戶組在政策介入之後，雖然其貧窮率或多或少都有所降低，但貧窮差距卻增加了。而 15 至 24 歲的一人住戶組在政策介入之後，雖然貧窮差距或多或少都有所降低，但其貧窮率卻增加了。而政府介入對不同年齡與住戶人數的成效，有一部分貧窮人士非常接近貧窮線，以致給予少量

圖 3.1　2020 年政策介入前後的貧窮情況

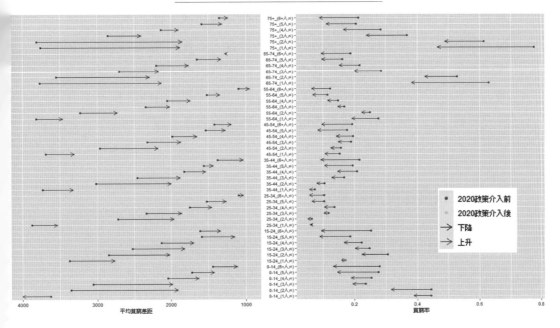

平均貧窮差距 / 貧窮率

- 2020政策介入前
- 2020政策介入後
- → 下降
- → 上升

表 3.4　政府介入後對不同年齡與住戶人數的成效

組別	貧窮率	貧窮差距	年齡組別	住戶人數	政策介入金額（百萬元）	政策介入前貧窮人口數	政策介入後貧窮人口數	人均受惠金額（元）
同時有效地降低闊度和深度	改善多	改善多	0-14	2	1048 (50%)	514300 (31%)	375500 (31%)	2038 (40%)
			15-24	2				
			65-74	1,2,3				
			75+	1,2				
有效地降低闊度	改善多	改善少	0-14	5,6+	256 (12%)	244400 (15%)	135000 (11%)	1047 (21%)
			15-24	5,6+				
			35-44	5,6+				
			45-54	5,6+				
			55-64	1				
			65-74	6+				
			75+	3,4,5,6+				
有效地降低深度	改善少	改善多	0-14	3	260 (12%)	218800 (13%)	175900 (15%)	1186 (24%)
			15-24	1,3				
			25-34	2				
			35-44	2,3				
			45-54	2				
未能有效地降低闊度和深度	改善少	改善少	0-14	1,4	519 (25%)	675000 (41%)	524600 (43%)	768 (15%)
			15-24	4				
			25-34	1,3,4,5,6+				
			35-44	1,4				
			45-54	1,3,4				
			55-64	2,3,4,5,6+				
			65-74	4,5				

資料來源：政府統計處《綜合住戶統計調查》

現金福利，就可使他們擺脫貧窮；同時亦存在另一部分深度貧窮人士，他們離貧窮線還有相當距離，政府現金支援扶貧，對他們沒有很大的影響（見表 3.4）。這部分人士大多單身、離婚或喪偶，教育程度不高，多數失業或不從事經濟活動。之所以出現這種情況，是因為這些組別存在很大的異質性（heterogeneity）。對於這些群體，政府需要深入了解他們的實際情況，明白他們的需要，提供多元性的支援，才可以有效的針對和干預。

V　需在闊度深度同時發力

應對貧窮問題的挑戰，就如同進行一場游泳比賽，需在「闊度」和「深度」的賽道上同時發力。在扶貧政策介入後，儘管速度參差不齊，但大多數組別紛紛向兩道的終點靠近；只是個別組雖在「闊度」道上逼近終點，但在「深度」道上卻反向而行。此外，無論從貧窮率還是平均貧窮差距來看，相比大住戶家庭，小住戶組更得益於政策的介入。扶貧效果顯著，令人欣慰，但仍需兼顧各類貧窮人士，以全面改善本港貧窮問題。尤其是對於那些與孩子同住的單親家長，若果企業能夠提供彈性的工作安排，社區可以提供適切和大眾負擔得起的託兒服務，便能幫助他們兼顧工作與照顧子女的雙重任務。南韓的前朴槿惠政府已經投入了數十億美元，將為家長提供的託兒服務的年齡上限由兩歲增加到五歲，以提高生育率和婦女勞動參與率。使用託兒服務的南韓家長從 2004 年的 18.3％ 增加到 2014 年的 66.1％，但是總和生育率和婦女勞動參與率卻幾乎沒有改善，兩者還是保持 1.2％ 和 66.1％ 不變。顯然單憑託兒服務，未必能夠逆轉生育率下降或增加婦女的勞動參與率。南韓的經驗提醒我們，託兒服務的增加和婦女勞動參與率提升未能完全劃上等號，還需要其他政策的配合和改變工作安排，例如，通過營造家庭友善的工作文化，來解決需要照顧子女的母親憂慮，才可以鼓勵婦女重投勞工市場。

3.3

解構 2019 至 2020 年間貧窮率的變動

　　政府於 2021 年 11 月 10 日發佈了《2020 年香港貧窮情況報告》（下稱《報告》），這節會就 2019 年與 2020 年的比較作分析，嘗試探討本港最新的貧窮概況和走勢。《報告》數字顯示 2020 年政策介入前的貧窮人口較 2019 年增加 161,800 人，更錄得自 2009 年的新高；另一方面，政策介入後的整體貧窮率，本從 2009 年 16% 逐步下跌至 2015 年 14.3%，但在 2016 年回升至 14.7%，在 2020 年更是上升至 17.3% 的高峰。上述情況或引起公眾不少關注，然而這些數據對政府近年扶貧政策的方針和方向帶來了什麼啟示？基於從政府統計處收集的 2019 年及 2020 年貧窮數據，本節將再次通過拆解貧窮數字，從這一年間貧窮率（貧窮問題的「闊度」）和貧窮差距（poverty gap，貧窮問題的「深度」）的變動來探討這個問題，以掌握貧窮狀況全貌。

I 「真正」貧窮率顯示更多人陷貧窮

　　貧窮的成因並非單一，我們一般觀察到的貧窮數據實質為綜合不同因素影響下的結果，包括人口及經濟環境因素等。運用數學的分解分析，我們可撤除人口老齡化和家庭小型化這些不可抗力的人口結構因素對貧窮率的自然推升效應，勾畫出貧窮情況的「真正」變化，結果如表 3.5 所示。政策介入前，2019 至 2020 年間表面的貧窮率變幅為 + 2.14 個百分點（由 21.4% 升至 23.6%），人口結構變

化使貧窮率自然推升了 0.18 個百分點，而住戶人數使貧窮率自然下降了 0.02 個百分點。將同樣的分析應用於政策介入後的數字，2019 至 2020 年間表面的貧窮率變幅為 + 1.50 個百分點（由 15.8% 升至 17.3%），人口結構變化使貧窮率自然推升了 0.13 個百分點，而住戶人數使貧窮率自然下降了 0.02 個百分點。整體而言，人口結構改變令貧窮有所改善的效果減少，住戶人數在貧窮率的增加中起了放緩作用，但這兩個因素相對來說，對貧窮率轉壞只佔很少影響。貧窮率的增長，主要還是來自整體和個別貧窮率的上升。撇除人口結構和住戶人數因素後，「真正」的貧窮率變幅在政府介入前（+1.98）和介入後（+1.38）仍是正數，顯示的確有更多人陷於貧窮。表 3.5 中的兩套指標（政策介入前與後）得出不同結果，箇中原因需要深究，但筆者認為，即使政策介入後的「真正」貧窮率變幅在整體上是正數，並非社會上每個群組的貧窮情況都在惡化。

II　多人住戶及青年受影響較大

運用現有數據，我們將表 3.5 中「真正」的貧窮率變幅，按年齡組別及家庭住戶人數的貧窮率分佈加以分析，以進一步揭示哪些群組情況轉好、哪些情況轉壞。2019 至 2020 年，貧窮情況惡化受影響相對較大的群組包括六人或以上的住戶：+5.2%、18 至 24 歲的青年：+3.6% 及四人住戶：+2.9%。另一受影響最大的群組是 18 至 24 歲的青年的二人住戶：+9.1%。這或許是因為 4 人住戶貧窮線下跌 600 元和 6 人住戶貧窮線下跌 1,100 元，處於貧窮線邊緣的家庭的收入未必能跟隨相關增幅，加上政府的低收入在職家庭津貼（下稱「低津」）只涵蓋有 15 歲以下或現時正就讀全日制學校（但不包括專上教育）的 15 至 21 歲子女的家庭，導致一定數目家庭由 2019 年的「不貧窮」變成 2020 年的「貧窮」。

表 3.5　解構 2019 至 2020 年間貧窮率變動

	政策介入前 （純理論假設）	恆常現金 政策介入後
2019 年貧窮率	21.4%	15.8%
2020 年貧窮率	23.6%	17.3%
貧窮率變化（2020 年減去 2019 年）	+2.14 個百分點	+1.50 個百分點
解構貧窮率變動		
A. 人口年齡結構 （人口老化致整體貧窮率上升）	+0.18 個百分點	+0.13 個百分點
B. 住戶人數 （小型家庭增加致整體貧窮率上升）	-0.02 個百分點	-0.02 個百分點
A+B 合計	+0.16 個百分點	+0.11 個百分點
C. 其他因素 （涵蓋 A 及 B 以外的影響）	+1.98 個百分點	+1.38 個百分點

注：數字為個別項目的影響，是根據未經四捨五入的數字計算；由於進位關係，個別項目相加未必等於
　　總數；貧窮率的變幅是根據四捨五入的數字計算
資料來源：政府統計處《綜合住戶統計調查》

除了解貧窮人口的流動外，政策介入後的扶貧效益相信亦是公眾關注的項目，以確保公帑得以有效並聚焦地運用。分解分析貧窮差距的變動，有助量化政策介入針對貧窮人口的成效，結果見表3.6。政策介入前，2019 至 2020 年間每月總貧窮差距增加了 441.3百萬元，因貧窮人口年齡結構、住戶人數、貧窮人口規模變動而自然推升的量僅為當中的 84.44%（約 372.6 百萬元），其餘的 15.56%（約 68.8 百萬元）是來自各住戶組別自身貧窮深度上的惡化。政策介入後，來自各住戶組別自身貧窮深度上的惡化所佔的比率，則增加至總差距變動（137.4 百萬元）的 40.13%。這比率較政策介入前的高，意味着減貧並非完全受到不可抗力的人口因素造成的自然影響，而的確與相關政策帶動產生的效果有關。

表 3.6　解構 2019 至 2020 年間每月總貧窮差距變動

	政策介入前 （純理論假設） （百萬元）	恆常現金 政策介入後 （百萬元）
2019 年每月總貧窮差距	4,020	2,040
2020 年每月總貧窮差距	4,461.3	2,382.4
每月總貧窮差距變動	+441.3	+342.4
解構每月總貧窮差距變動		
A. 貧窮人口年齡結構 （貧窮人口老化致恆常現金政策介入後每月總貧窮差距上升）	-18.4	+2.5
B. 住戶人數 （貧窮小型家庭增加致恆常現金政策介入後每月總貧窮差距上升）	-45.7	-13.4
C. 貧窮人口規模 （整體貧窮人口增加致恆常現金政策介入後每月總貧窮差距上升）	+436.7	+215.9
A＋B＋C 合計	+372.6	+205
D. 其他因素 （涵蓋 A、B 及 C 以外的影響）	+68.8	+137.4

注：數字是根據未經四捨五入的數字計算；由於進位關係，個別項目相加未必等於總數
資料來源：政府統計處《綜合住戶統計調查》

III　值得深思的三點

2020 年的《報告》有幾點值得我們深思。（1）因應人口老齡化，長者人數不斷增加，但由於現時貧窮率的計算只計收入，不計資產，所以看到長者貧窮人口不斷增加時，需要小心處理，不應太過惶恐。但對有需要的長者，尤其是獨居和貧窮人士，實在需要增加援助。（2）居於 3 人或 4 人家庭的 15 至 24 歲青年貧窮率的上升，是否由於在職貧窮家庭數目的增加、年輕人的就業問題，又或

是由於離婚個案上升而引致與年幼子女同住而產生的貧窮現象，需要進一步了解。（3）每年政府投放了數百億元作為社會福利開支，究竟是否用於最有需要的人身上呢？政策介入後，每月總貧窮差額仍然是 23.8 億元，即政府原則上只需要 285 億元（23.8 億元 × 12 個月）便可消除此差距，將政策介入後仍然貧窮的人拉到貧窮線的收入上。對政府來說，相信這並沒有什麼難度；但這又是否意味香港的貧窮情況得以完全解決呢？整體市民的生活變得滿意嗎？

因本地沿用相對貧窮（relative poverty）釐定貧窮線，所以無論收入怎樣改變，一定會有相當人口的百分比在入息中位數 50% 之下。就算組別貧窮率沒有改變，隨着人口增加、人口老化和住戶人數減少，都會推高貧窮人數。重要的是認識數據、了解情況、對症下藥，改善整體人口的生活質素，尤其是在分析中發現的有需要人士，作出有力和到位的支援。

3.4
貧窮問題的測量與考察

I 諾貝爾經濟學獎對本港扶貧工作的啟示

在政府的 2015 年扶貧高峰會召開後兩天，當年的諾貝爾經濟學獎頒給了普林斯頓大學的迪頓教授（Angus Deaton），特別表彰他對消費、貧窮、福利的研究。兩者的時間是巧合，但也反映對縮減貧富差距的關注不僅是本港，也是全球公共政策研究的重點。

財閥壟斷難保障市民權益

諾貝爾經濟學獎曾一度偏愛褒揚自由主義經濟學的芝加哥學派，但在近年數次頒給對自由主義持批判態度的經濟學家，令大眾感受到全球經濟學界的範式調整。迪頓本身即認為政府須對貧困問題負責，要有作為，保障民主法制的良好運作，保護創意能夠得以轉化為生產力，並得到合理的收益回報，才能夠有效地應對貧困問題。此觀點對香港亦有啟發意義。本港一向為自由港的身份而自豪，也確實曾從此制度中獲得收益。在周邊地區包括內地仍處於較封鎖的上世紀七八十年代，自由貿易的優勢令香港迅速起飛，成為國際都會。但現在周邊地區逐漸開放，內地創立了不少自貿區，單純的自由市場是否仍是香港的競爭優勢？近年來，大灣區的快速發展促使香港高官為本港尋找新的定位。明白本身的優勢，才能更有效地發揮這個城市在大政策底下的作用。另一方面，本港在法制完善、司法獨立公正方面仍處於相對優勢，如果能進一步加強，或許

仍然可以令香港保持魅力。此外，曾令香港獲得活力的自由市場，在積年累月之後，逐漸發展為財閥壟斷。從地產、超市到食肆、街道清潔，都由幾家大公司掌控，現下的香港是否仍是真正意義上的自由市場？在這樣的環境下，普通市民除了給大老闆打工之外，很難自謀出路，與老闆的議價能力很低，權益自然難以得到保障。近年來社會上不斷有人倡議設立反壟斷法，確實值得決策者們考慮。

圖 3.2　1999/2000 至 2009/2010 年
香港住戶收入與開支變化

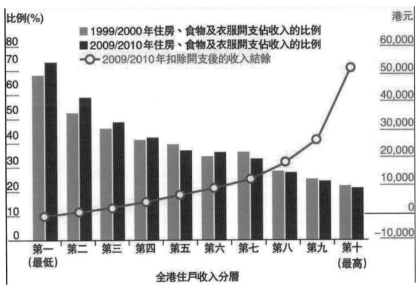

圖片來源：《明報》製圖

另外，迪頓的另一重要觀點是衡量貧窮問題不僅應看收入，更要看消費支出。扶貧高峰會發佈的《2014 年香港貧窮情況報告》顯示，2014 年的貧窮率較往年有所下降，但總貧窮差距卻加深（詳細分析見本章第二節）。這顯示處於相對貧窮線之下的人數減少了，但這些人以及靠近貧窮線人士的生活卻更加艱難了。利用政府統計處 1999/2000 年及 2009/2010 年的住戶開支統計調查數據進行了初

步分析，如圖 3.2 的橫軸顯示，我們將全港住戶（不包括綜援住戶）平均分成十層。若我們將住房、食物及衣服的消費作為人們的剛性需求的話，會發現較低三層的住戶需將半數甚至 70% 的收入花費在這些方面，而且這個比例在最近十年間呈上升趨勢。對於處於最底層的住戶來講，甚至存在總體入不敷支的情況。如果這些家庭再存在教育、醫療等開支，其景況必然雪上加霜。需要指出的是，住戶開支統計調查在測量住房開支時只詢問房租，而沒有詢問房貸的數額。在此我們的分析不得不將私樓業主的住房開支設為零，其實際開銷壓力很可能更大。在 2020 年新冠疫情之下，更加突顯出本地的貧窮問題。低收入人士在疫情中更容易失去工作；同時，這些家庭的學童在學校停課期間可能因為家中資源不足（例如缺乏電子設備和不理想的居住環境），令成長和學習受到影響。

反思發展與分配的關係

這些數據在一定程度上解釋了民間對目前貧窮線的批評聲音。單純以收入來界定貧窮線、顯示貧窮情況的變化，很可能低估了基層民眾的實際生活壓力。圖 3.2 表示，處於最低收入 30% 的家庭，他們用於住房、食物及衣服的開支，佔收入的比例每年不斷增加，最高收入 30% 的家庭則不斷減少，財政資源的運用對低收入家庭來說，實是入不敷支。在職貧窮問題逐漸引起社會關注，到底為什麼還有 14.8 萬個非綜援在職住戶（共有 48 萬人）處於貧窮線之下，實在值得我們反思發展與分配之間的關係，社會是否在不斷發展的過程中忽略了一些弱勢社群？在經濟總體繁榮、失業率極低的情況下，基層員工的收入表面上有所增加，但能否抵消日常開支的壓力？而日常衣食住行的供應很大程度上由財團壟斷，普通打工仔左手從財團手中掙得工資，右手又交還給財團，自身還能剩下什麼？雖然政府通過津貼、援助的形式派發一些現金福利（如一次性現金發放計劃），但這些做法不但耗費極高，且成果短暫；因此，社會

更需要的是能從制度和根本上保障基層在職人士的勞動尊嚴及生活所需，尤其是外判工作的制度對低收入勞動參與者層壓式的剝削。

無可否認，經濟發展、增加就業機會，對解決社會貧窮有重要的作用。政府這幾年在社會福利開支上的急劇增長，佔了整個政府經常開支約 20%，需要整體經濟發展才可以支援。但在多元的經濟發展下，一個合理和合情保障基層在職人士的薪津水準更為重要。

II　代際流動驚醒香港夢

近年來，港人對貧富差距的不滿日益加深。以判斷收入分配公平程度的「堅尼系數」（Gini coefficient）為例，[1]1971 年香港的堅尼系數為 0.43，之後香港的堅尼系數一直穩步攀升，在 2017 年達到 0.54。也就是說，在過去四十多年，香港的堅尼系數一直處於超過警戒線的高水準。然而，為什麼年輕一代對於貧富差距的抱怨似乎比父輩們強烈？有人說是因為代際流動性減慢了。

對父輩們而言，無論出身如何，只要努力奮鬥都能獲得更好的生活，他們對收入不均的容忍度大，因為有「香港夢」的支撐；但對年輕一代而言，他們的成就似乎愈來愈受到家庭出身的影響，例如很多年輕人置業需要父母的支持，從而令很多人失去實現「香港夢」的可能。究竟香港的代際流動性如何？富人還是窮人的代際固化更嚴重？教育在代際流動中起着多大作用？本節將會探討這些問題。

代際流動性較低

經濟學家以「代際彈性」（Intergenerational Elasticity）量度社會的代際流動性，它衡量的是父輩收入每上升一個百分點，子女的收入相對應上升多少個百分點。「代際彈性」愈高，父輩的收入水準對子女的收入水準影響愈大，代際流動也愈低。

我們以 2011 年人口普查的數據計算 25 至 35 歲（出生於 1976 至 1986 年之間）的年輕人的「代際彈性」，結果發現 2016 年的「代際彈性」為 0.23。依據過往研究，得出的數值可能比真實的為低，那是由於研究只能關聯到與父母同住的子女，無法關聯到不與父母同住的子女。有研究指出，只包含與父母同住子女的樣本可能比真實系數低 30%。

其次，因與父母同住的機率會隨年齡的增加而減少，所以樣本中子女的年齡較年輕。用年輕子女的樣本估算，也可能低估真實系數。因此，香港真實的「代際彈性」約為 0.4 左右。

與其他國家相比，北歐國家的「代際彈性」保持在 0.15 至 0.3 之間；美國和英國的分別是 0.25 至 0.27 和 0.3 至 0.5；德國、西班牙、法國和義大利的，則處於高流動性的北歐國家與低流動性的美國和英國之間。如果認為香港真實的「代際彈性」約在 0.4，那麼與西方國家相比，香港的流動性水準應處於中下游，優於美國和英國，劣於北歐國家和加拿大。若與「亞洲四小龍」、日本和中國大陸比較，香港的代際流動性似乎低於「亞洲四小龍」中的另外三個國家及地區（台灣、新加坡和韓國），而與日本和中國大陸更為接近。

代際固化的關鍵原因是高收入群體的固化

我們不僅關心整個社會的代際流動水準，還關心代際流動在不同收入群體之間是否存在差異。

首先，「代際彈性」是否因父親收入的不同而有分別？也就是說，究竟是那些來自貧困家庭的孩子與父親收入的相關性更高，還是那些來自富裕家庭的孩子與父親收入的相關性更高？我們採用多項式回歸的分析方法，發現來自富裕家庭的孩子，比來自貧困家庭的孩子擁有更高的「代際彈性」。

圖 3.3 的縱坐標是「代際彈性」，橫坐標是父親收入的十分位

數，0.1 代表父親收入最低的 10%，0.9 代表父親收入最高的 10%。
對於父親收入在最低 10% 的孩子，「代際彈性」是 0.079；對於父親
收入在最高 10% 的孩子，「代際彈性」是 0.285。來自貧困家庭的
孩子，他們的收入與父親的收入相關性較小，脫離貧困的可能性較
高；來自富裕家庭的孩子，他們的收入與父親的收入相關性較高，
成為富裕階層的可能性也較高。

圖 3.3　「代際彈性」在父親收入分位數上的比較

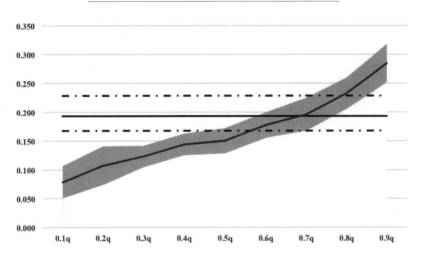

其次，「代際彈性」是否因孩子收入的不同而有分別？也就是
說，究竟是那些高收入的孩子與他們父親的收入的相關性更高，還
是那些低收入的孩子與他們父親的收入的相關性更高？採用分位數
回歸方法，發現高收入的孩子比低收入的孩子擁有更高的「代際彈
性」。圖 3.4 的縱坐標是「代際彈性」，橫坐標是孩子收入的十分
位數，0.1 代表孩子收入最低的 10%，0.9 則代表孩子收入最高的
10%。收入前 10% 的孩子的「代際彈性」是 0.150，而收入後 10%
的孩子的「代際彈性」是 0.238。低收入的孩子，來自低收入家庭
的可能性較低，而高收入的孩子，來自高收入家庭的可能性較高。
　　所以，無論從父親收入的角度，還是從孩子收入的角度看，我

們發現，香港代際固化最重要的原因，不是因為窮人的孩子攀爬社會階梯的機會較少，而是因為富人的孩子始終佔據最高階梯的可能性很大。

圖 3.4 「代際彈性」在孩子收入分位數上的比較

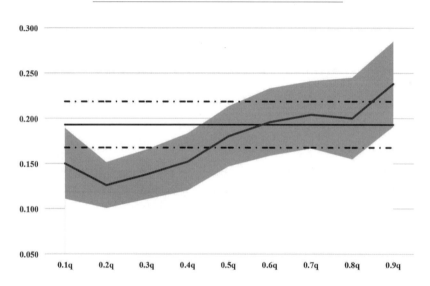

教育是代際傳遞的重要機制

教育在收入的代際傳遞中起着重要作用。香港在過去幾十年經歷了多次重要的教育變革，1971 年實行小學普及教育，1978 年實行中學普及教育，1989 年增加政府資助的大學學位，2001 年增加自資副學士學位。年輕的一代正是經歷了香港高等教育擴招的一代。究竟教育在香港收入的代際傳遞中扮演了怎樣的角色？

我們在計算「代際彈性」的回歸中加入「孩子的教育程度」這一變量後，發現孩子的教育程度解釋了約一半（53%）的代際傳遞。也就是說，在香港，父親收入對孩子收入的影響，很大一部分是通過孩子所獲得的教育實現的。

教育在代際傳遞中的作用，似乎在亞洲國家比在西方國家更為重要。在英國、美國、瑞典和義大利，教育解釋力不到三分之一的

代際傳遞，而在新加坡和香港，教育的解釋力都超過一半。教育在代際傳遞中的作用，對不同收入群體的孩子也不同。

圖 3.5 中的縱坐標代表教育解釋力，橫座標代表孩子收入的十分位數。大致上，收入愈高的群體，教育在代際傳遞的解釋力愈小。對低收入孩子來說，他們與父親收入的相關性有 75% 可以由教育解釋。控制了教育變量後，「代際彈性」變得非常小（0.037）。對高收入的孩子來說，他們與父親收入的相關性只有 48% 由教育解釋。控制了教育的變量後，「代際彈性」仍較大（0.123）。

圖 3.5　教育在代際傳遞中的作用（孩子收入分位數上的比較）

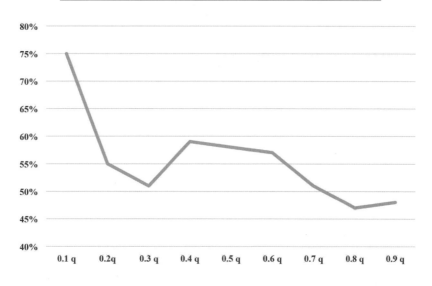

對香港代際流動的反思

我們的研究發現，年輕一代對貧富分化和社會流動低的抱怨並非空穴來風。香港的代際流動與其他國家相比，的確處於較低水準，孩子的收入與父母收入有很大的關係。高收入群體的固化比低收入群體的固化更嚴重，而生於貧困家庭的孩子仍有很大機會脫離貧困，這或許歸功於香港較為完善和高質量的普及教育。它能夠保障低收入家庭的孩子接受最基本的教育，並獲得一份足以脫離貧困

的工作，但他們通常也只能止步於貧困線之上，難以往更高的社會階梯攀爬，因為高收入的群體絕大多數來自富裕家庭。對低收入群體來說，教育幾乎完全解釋了代際之間的收入傳遞，但教育在高收入群體間代際傳遞的作用比較低。

這說明一些教育以外的因素（包括高收入父母的人際關係和網絡）影響着高收入群體之間的代際傳遞。因此，政府不應只致力於減緩貧困，還應該提供機會平等的環境，讓無論窮爸爸還是富爸爸的孩子，都有同等的機會，向更高的社會階梯攀爬。教育是香港代際傳遞中的重要機制，更重要的是，創造更多有質素和高薪的職位，那麼「香港夢」就可以在社會中重新出現。

現在我們建議：首先，向低收入家庭的年輕人提供接受專上學院或技能培訓的資助，令他們不會因經濟考慮而放棄自我改善的機會，因為教育仍是改善收入流動的主要原因；其次，擴闊香港的經濟和就業機會，創造高質素和高收入的職位，讓不同興趣和能力的年輕人都能擁有自由發展的空間，實踐理想。最後，改善居住問題，減輕年輕人對住屋的經濟負擔，製造更多的生活空間，增加生活機會（Life Chance），從而提高向上流動性。

另外，在 2019 年社會運動中，很多年青朋友的生命歷程都或多或少受到影響，一些被判入獄的大專生更要面對出獄後的前途問題。筆者所認識的幾位年青人都是有熱誠和有能力的，而他們都了解到自己的參與所帶來的後果，希望能夠重新出發，如能幫助這些年輕人找到他們的前路，這也是對大家毫無損害的，整個社會也需要尋找出路。

III　堅尼系數的迷思

政府統計處於 2017 年中出版的《主題性報告：香港的住戶收入分佈》內發表香港 2016 年住戶收入分佈的研究結果，整體入息分析

的量數，堅尼系數（Gini coefficient）上升至 0.539，不少媒體都以 45 年歷史新高來形容這個數字，但同樣地，香港人口老化的幅度和速度都是有史以來的新高，一二人住戶的數目也是歷史新高。所以要正確地解讀堅尼系數，一定須明白和清楚了解這兩個群體對堅尼系數的影響，才可以真實、精準地釐定有效的政策降低堅尼系數。

香港人口老化的情況，65 歲以上的人數佔整體 17.6%。隨着本地人口壽命不斷改善，現在男士 83 歲和女士 87 歲已是全球最長壽命的地方之一，所以本地老年人口的數目一定會繼續不斷增加，但老人的貧窮問題須客觀處理，例如在 100 萬餘的 65 歲年老人口中，有多少是收入低但資產高的人士？有需要的要多給，是應該的；沒有需要的，可否有效地調配這些資源來產生更大的效果？怎樣有效地運用有限資源促使所有老年人口都能夠安享晚年，是社會的一大挑戰。

創造就業方能治本

至於一二人住戶人數增加，相信也是本地人口不斷轉變和發展的結果。香港離婚個案、單身人士及沒有子女的夫婦人數不斷增加，每年有多達 20,000 多宗離婚個案，不但對兒童的成長有負面影響，更會擴大整體入息分佈不均的情況。原本一個並不貧窮的住戶，可在離婚後變成一個甚至兩個貧窮家庭；現在的離婚情況，是在不同收入水平的家庭都會發生。單親離婚家庭的貧窮率是 31.7%，遠比整體貧窮率 14.3% 為高。

筆者最近有機會與著名奧地利人口學家盧茨教授（Wolfgang Lutz）討論怎樣面對人口老化的挑戰，按一般傳統人口理論的撫養率（Dependency ratio）計算，即是年齡 14 歲以下和 65 歲以上與 15 歲至 64 歲的數目比例，只是一個人口年齡組別的分佈而已，而所謂的人口紅利（Demographic dividend）是人口撫養率下降時，可以把餘下的資源好好地利用，使整個人口可以持續發展。

撫養率增加是隨着人口壽命延長的自然現象，但撫養率增加不一定代表人口情況必然惡化。人口的質素是更加重要的因素，只要在教育和健康上打好基礎，在人口老化的社會中也可以開發不少機會，例如：銀髮市場的開發。至於希望提升生育率去改善人口老化的情況，也是遠水不能救近火。

最低工資有改善空間

另一方面，市民的健康十分重要，做好身心健康預防，減少住院人數，有效管理醫療需求，那麼整體醫療財政的承擔，不會把整個政府的開支拉倒。

其實，最有效降低堅尼系數的方法是創造就業機會，使有工作能力的人士能自力更新，有各樣的工種、合理的工資和向上流動機會的職位，才是有效降低堅尼系數的方法。

根據政府的報告，10% 低收入人士的薪資增幅都因為最低工資提升了 46%，遠比整體 29% 為高。同時，最低工資的實施也沒有令企業關閉，若與其他收入相近的國家相比，香港的最低工資應有進一步調高和改善的空間。當然，對中小企業來說，一些政府政策的支援也是需要的。在疫情下，舖租仍然是中小企業面對的一大挑戰，生意不景，但舖租不減對他們來說實在是致命傷，所幸的是香港亦不乏有心的業主為租戶減租，共度難關。

無論如何，只有把握香港人口的走勢和改變，對症下藥，才可以使這個城市健康地發展。其實香港在很多方面，與其他城市相比時並不差。香港的整體營商環境、高等教育的學術水平都達到世界級別，需要的是強化共享經濟成果的觀念和實踐，建立一個互利互贏的局面。政府對有需要人士的支援是應該的，而且可以做得更好，要進一步改善教育和健康及經濟環境，使到整個社會充滿希望，那時候堅尼系數必定能有所改善。

IV 拿鐵指數（Latte Index）

澳洲在人口政策和解決貧窮問題上，有不少值得本地參考的經驗。咖啡在澳洲的消耗量很大，而且唾手可得，到處都有不同類型的銷售點。在筆者的母校墨爾本大學校園裏的不同角落，都可以找到一些年輕人所經營的咖啡車，反而大型的咖啡連鎖店在墨爾本市中心不是那麼普遍，也體驗到當地營商環境的多元化和給予年輕人不同類型的機會。根據筆者的理解，這種經營咖啡車的生意有可觀的收入。這裏的拿鐵咖啡（Latte）是十分高水準的，套用一句廣告口號：「可能是世界最好的」。在 2022 年，一杯拿鐵咖啡賣 4 元澳幣，而澳洲的最低工資為時薪 21.38 元澳幣。在香港，一杯拿鐵咖啡要價 32 元港幣，最低工資卻是時薪 37.5 港元。為什麼香港工人的時薪相對澳洲那麼低，但是本地拿鐵的價錢卻不比澳洲的便宜？是僱主要賺取最大利潤，抑或是租金昂貴，或兩者皆有份，還是有

表 3.7　2014－2020 年本港法定最低工資及每小時工資水準分佈（港元）

	2014 年	2015 年	2016 年	2017 年	2018 年	2019 年	2020 年	增加額（港元）
最低工資	30	32.5	32.5	34.5	34.5	37.5	37.5	7.5
5th	32.1	34.3	35.6	37.3	39.1	41.0	41.0	8.9
10th	34.5	36.5	38.1	40.0	41.9	43.9	44.0	9.5
25th	42	44.2	46.2	48.1	50.0	52.2	52.8	10.8
50th（中位數）	60	62.9	65.4	68.0	70.5	73.0	74.4	14.4
75th	94.7	100.0	103.9	107.5	114.9	114.9	117.6	22.9
90th	160.5	167.2	172.7	178.6	181.6	186.2	190.8	30.3

數據來源：政府統計處《收入及工時投按年統計調查報告》（2014－2020）

其他因素？最後是香港的工人賠上代價；付出了汗水，卻未能得到合理的報酬。利潤為何那麼不對稱的分薄了？

香港於 2011 年開始實施法定最低工資，規定每小時 28 元港幣，而由 2019 年 5 月 1 日起達至每小時 37.5 元港幣。當前，本港小時工資結構，高低差異懸殊。

表 3.7 顯示了 2014 至 2020 年每小時的工資分佈及變動。從絕對增加額來看，工資水準愈高，增加額也愈大。工資水準由低到高排序，第 5 個百分位數的每小時工資，在七年裏僅增加了 8.9 港元；而第 90 個百分位數的小時工資卻增加了 30.3 港元。本港法定最低工資的設立及變動，受其影響最大是收入最低的 10% 的勞工。

一般而言，名義工資水準的調整，是對勞動力供需變動、對生產力水準提高及通脹的反應。因此，很多國家如韓國、日本、法國、澳洲，每年會根據通脹狀況和經濟狀況對最低工資進行調整，以保障底層工人的福利。香港作為亞太地區發達經濟體之一，2016 年人均 GDP 達到 46,323 美元。同時，其生活費用也十分昂貴，房價之高更是令人驚歎。根據 Demographia 調查公司 2018 年最新調查指出，香港的房價中位數是其家戶所得中位數的 19.4 倍，這是該公司所調查過的房價負擔能力比值最糟的紀錄。一般而言，負擔能力比值在 3 或以下被視為可負擔的範圍，可見，香港的生活質素在過往十多年已被高房價、高通脹和低工資所侵蝕。在這樣一個繁華的香港，僅 37.5 港元的最低工資，與其發達的經濟和昂貴的生活成本相比，顯得十分微薄。再者，最低工資每兩年調整一次，但生活成本是否同樣每兩年才調整一次呢？而同樣發達的日本，最低工資卻是香港的 1.69 倍；韓國的最低工資是香港的 1.55 倍；西方發達國家的最低工資更是高出香港許多。這是因為這些國家的生活成本遠高於香港，以致需要更高的最低工資來維生呢？還是因為它們擁有更合理的收入分配制度，使低收入群體也能分享到經濟發展的成果？

我們創建了一個拿鐵指數（Latte Index），並通過國際比較，來反思本港的收入分配問題。

　　拿鐵指數是測量一小時的最低工資可以買多少杯拿鐵咖啡（簡稱「拿鐵」），用最低小時工資除以拿鐵的價格即可算得。雖然各地拿鐵的價格各不相同，並且在一定程度上取決於當地的供求狀況和居民對拿鐵的偏好，但是拿鐵作為眾多消費品種的一種，其價格仍舊可以反映當地居民的生活成本和商戶的生產成本，也可以作為一種符號來衡量名義收入的實際購買力。現在我們通過拿鐵指數來量度最低工資的實際購買力，即考慮各國生活成本之後，比較各國最低工資帶給底層工人的實際福利。

圖 3.6　世界主要城市拿鐵指數

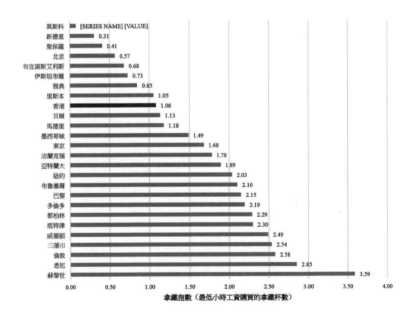

拿鐵指數（最低小時工資購買的拿鐵杯數）

　　拿鐵價格的數據來源於 2013 年《華爾街日報》（*The Wall Street Journal*）公佈的星巴克大杯拿鐵咖啡（Grande Latte）的價格，即同一款星巴克咖啡在各國大城市銷售的美元價格。這樣消除了由於

商品差異而對價格造成的影響。各國 2015 年法定最低工資的數據
來源於 Wage Indicator Foundation 的網站及各國勞工處官方網站。
通過 2015 年 1 月份的匯率，將各國以當地貨幣計價的最低工資轉
化為美元計價的最低工資。匯率數據來源於 The Economists 網站。
雖然最低工資和拿鐵價格的數據年份不統一，但是由此算得的拿鐵
指數，仍舊可以在一定程度上反映出最低工資的實際購買力狀況。

　　圖 3.6 顯示了我們測算的拿鐵指數。香港 2015 年的拿鐵指數為
1.08，即最低小時工資能買 1.08 杯的拿鐵。首爾和東京的拿鐵指數
分別為 1.13 和 1.68，悉尼的拿鐵指數高達 2.85。歐美發達國家的拿
鐵指數更是高出本港許多：紐約為 2.03，巴黎為 2.15，倫敦為 2.58，
而蘇黎世最高，為 3.59。本港的最低小時工資實際購買力如此之
低，是因為拿鐵太貴嗎，還是因為最低工資設定太低？或許兩方面
都有關係？

圖 3.7　最低工資與拿鐵價格：以香港為參照系

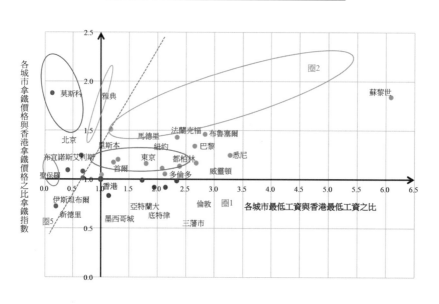

為分析背後原因，我們建立了一個以香港為坐標原點的坐標系（如圖 3.7），橫軸表示各城市最低工資與香港最低工資的比值，縱軸表示各城市拿鐵價格與香港拿鐵價格的比值。基於各城市在該坐標系上的分佈，我們劃分了五個聚集（cluster），即圈 1 至圈 5。其中虛線將各城市分成兩大組，即拿鐵指數遠高於香港的一組，以及拿鐵指數低於香港的一組。

拿鐵指數和堅尼系數、快樂指數的關係

我們創建的拿鐵指數雖然簡單，卻能在一定程度反映社會的貧富差距及居民快樂程度的狀況。拿鐵指數在一定程度上量度了一個社會內底層工人的實際福利狀況：作為分子的最低工資，反映了社會對低收入群體的關注和支持；作為分母的拿鐵價格，亦在一定程度上反映了居民的生活成本和廠商的生產成本。因此它與堅尼系數、快樂指數存在着一定的相關性。

堅尼系數可用來測量財富的差異，其數值從 0 到 1，0 代表完全平等，表示社會中每個人擁有相同的收入，1 代表完全不平等，表示社會中某個人擁有所有的收入。圖 3.8 顯示了拿鐵指數和堅尼系數的相關性。拿鐵指數愈高的城市，其堅尼系數卻愈低，收入分配愈平等。根據圖 3.8，我們發現香港是高收入國家及地區中收入最不平等的地區：香港 2015 年的拿鐵指數僅為 1.08，而堅尼系數卻高至 0.537，這與非洲某些最貧窮的國家類似；澳洲悉尼的拿鐵指數高達 2.85，其堅尼系數只有 0.303。因此，相比起來，雖然澳洲的入息稅相對香港為高，但澳洲人的一般購買能力高出香港人許多。此外，雖然澳洲各主要城市的生活費也不少，但整體澳洲勞動工人仍然比香港勞工多出許多可支配的收入（disposable income）。

圖 3.8　拿鐵指數與堅尼系數的相關性

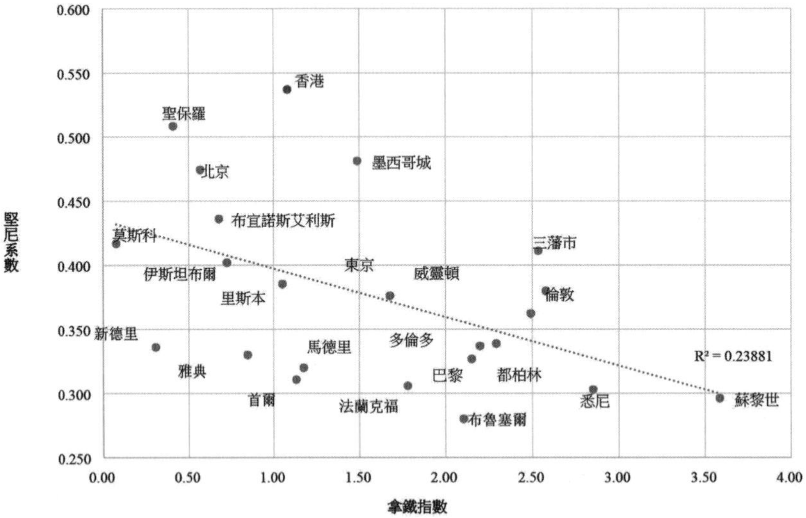

數據來源：堅尼系數來源於 CIA 和 World Bank 最新評估

圖 3.9 顯示了拿鐵指數和快樂指數的相關性。拿鐵指數愈高的城市，其快樂指數也愈高，居民的幸福感愈強。拿鐵指數對於快樂指數的差異有 56% 的解釋力，這在一定程度上反映了一國的收入分配狀況、生活成本及營商環境對其居民的幸福感都有重要影響。同樣身為國際金融中心的倫敦、東京、巴黎、法蘭克福和蘇黎世，它們的拿鐵指數和快樂指數都比本港高出許多。例如倫敦，其拿鐵價格略低於本港的同時，法定最低工資卻是本港的兩倍多（6.5 英鎊，約 78 港元），拿鐵指數為 2.58，快樂指數也遠超本港。另外，據悉倫敦市市長更鼓勵僱主支付「倫敦市維生工資」（the London Living Wage）——每小時約 110 港元（9.15 英鎊）。現今已有四百多家僱主自願實行這種維生工資。

圖 3.9　拿鐵指數與快樂指數的相關性

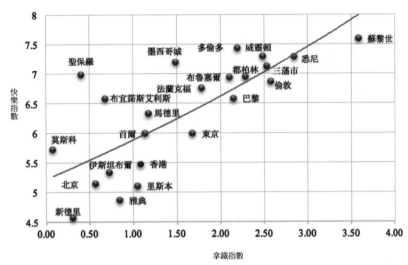

數據來源：快樂指數來源於《世界快樂報告 2015》(*World Happiness Report 2015*)

V　巨無霸指數（Big Mac Index）

　　瑞士銀行於 2015 年公佈的《價格與收入》(*Price and Earning*)
研究報告，比較了全球七十一個城市的物價和工資，從衣、食、
住、行的角度，全方位考察受薪人士的購買力，以生動有趣的方式
呈現了他們的研究結果。報告顯示，在所有亞洲城市中，香港人的
工資水準排名亞洲第二，僅次於日本的東京。另一方面，香港物價
也在飆升，如計入租金，香港是全球物價第六高的城市。從購買力
來看，香港人平均工作約 9 分鐘就可以買到一個麥當勞的巨無霸、
13 分鐘就可以買到一公斤的大米、18 分鐘就可以買到一公斤的麵
包、51.9 小時就可以買到一部 16GB 的 iPhone6，各種表現遠超全
球平均水準。

　　然而，平均工資以及用平均工資計算的購買力，並不能全面反
映本港各收入群體的生活狀況，特別是低收入階層。因此，基於
瑞銀七十一個城市的數據，我們蒐集並整理了其中五十三個城市在

2015 年的最低小時工資。基於《經濟學人》（*The Economist*）期刊提供的 2015 年「巨無霸指數」（Big Mac Index），我們用各地巨無霸價格除以當地最低小時工資，測算出各城市拿最低工資的基層員工為購買一個巨無霸漢堡所需的工作時間（簡稱「基層時間」）。如表 3.8 顯示，在香港，最低工資員工需工作 35.4 分鐘才能賺夠一個巨無霸，所花時間是社會平均水準的四倍左右。而在蘇黎世、日內瓦、悉尼，最低工資員工需工作約 18 分鐘，只比社會平均所需時間多出 7 分鐘左右。

表 3.8　各地購買一個漢堡所需工作時間

城市	社會平均需工作時間（分鐘）	基層工人需工作時間（分鐘）	排名（平均）	排名（基層）	排名變動
香港	8.7	35.4	1	21	2
東京	10.4	24.5	2	7	5
蘇黎世	10.6	17.7	3	1	2
邁阿密	10.7	35.7	4	22	18
日內瓦	10.8	17.7	5	2	3
悉尼	10.9	18.4	6	3	3
芝加哥	11.2	28.7	7	16	9
洛杉磯	11.2	31.9	8	18	10
紐約	11.2	31.9	9	19	10
維也納	12.1	23.5	10	4	6
倫敦	12.3	25.9	11	15	4
慕尼黑	12.5	25.3	12	9	3
奧克蘭	12.8	24.0	13	6	7
法蘭克福	12.8	25.3	12	9	3
蒙特利爾	12.9	33.3	15	20	5

資料來源：瑞銀 2015 年《價格與收入》研究報告，《經濟學人》（*The Economist*）網站

基層購買力較低

　　工資在社會平均水準的員工賺夠一個漢堡的時間（簡稱「平均時間」）與基層時間兩者之間的差距，在一定程度上可以反映一個地區的收入分配狀況。如按平均時間排名（見表 3.8），香港在這 53 個城市中排名第 1，東京第 2。如按基層時間排名，香港僅排第 21，東京排名第 7，雖有下滑，卻仍列入前十。而蘇黎世、日內瓦、悉尼、維也納在兩個排名上都穩居前茅。相比這些城市，本地受薪人士的平均購買力較高，而基層員工的購買力卻較低。

收入分配較不平等

　　那麼改善收入分配與保持經濟增長，兩者魚與熊掌不可兼得嗎？我們以平均時間與基層時間的比值來反映各城市的收入分配狀況，用平均時間來度量社會平均的購買力，以人均 GDP（PPP [purchasing power parity] 計算）來衡量各地的經濟發展狀況（見圖 3.10），顯示了三者之間的關係（圓圈的大小反映各地人均 GDP 的高低）。相比其餘五十多個城市，香港的社會平均購買力和人均 GDP 都較高，但收入分配卻較為不平等。然而如倫敦、巴黎、法蘭克福、慕尼黑、蘇黎世、日內瓦等城市，其社會平均購買力和人均 GDP 都與香港處於相近的水準，卻能同時兼顧對低收入員工的保障。又如奧克蘭、多倫多、維也納等城市，其人均 GDP 雖低於香港，但收入分配較香港更為平衡，居民生活質素也更高，都被列入了 2015 年全球十大宜居城市的榜單。這正正反映本地經濟發展未能惠及整體市民。

　　最近政府提出修改有關外判的招標制度，政府部門在招標時，必須考慮外判非技術工人的薪酬水準，薪金愈高，得分將愈高。政府鼓勵外判商提升低技術工人工資，相信有助紓緩本地低收入和低技術的在職貧窮問題。雖然新政策對政府財政構成一些壓力，但對於受僱於外判商為政府部門提供服務的近 6 萬名工人來說，相信可

以提升他們的薪酬水準，從而改善生活質素。當下本地年輕人和家庭的很多問題，都與低收入和貧窮有很大關係；父母因工作時間長、缺少休息和與家人溝通而引起的社會問題十分普遍。工人工資被壓低，當然營商者可以賺取更高利潤，但工人卻要申請低收入補助。工人因長時間工作以致身體支撐不下病倒、青年人與家長缺乏互相支持引起社會問題，這些情況都需要政府作出額外的承擔。所以現在政府改動外判指引，可能是多方共贏的方案，工人受益，政府財政影響有限。重要的是政府亦應盡快修改相關招標準則，加強監察實施的情況，確保中標商真正提高工人工資水準，特別要防止有人利用灰色地帶削減福利，從中牟利，令工人真正享受新政策帶來的好處。

図 3.10　各地購買一個漢堡所需工作時間和購買力差距

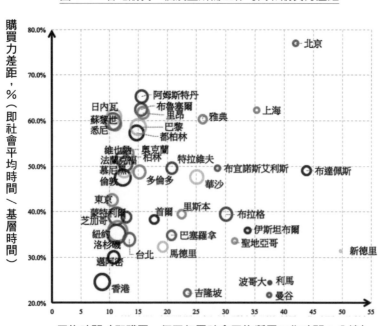

平均時間（即購買一個巨無霸社會平均所需工作時間；分鐘）

＊ 蘇黎世、日內瓦最低小時工資指家庭用工的最低工資；最低工資因行業而不同時，取行業中最低者。
資料來源：瑞銀 2015 年《價格與收入》研究報告，《經濟學人》(The Economist) 網站，各城市人均 GDP
　　　　（PPP 計算）來源於 Brookings Institute 的網站.

更平衡收入分配可與經濟發展並行

環顧其他城市的表現，讓我們看到了香港可以進步的空間和可以做得更好的可能，也讓我們看清了所面對的不是「能與不能」的問題，而是「做與不做」的決心。以港鐵聘請外判清潔工人為例，雖然政府擁有該公司 75% 的股份，卻沒有樹立良好僱主的榜樣，任由港鐵以最低工資來聘請員工。香港政府的財政情況一直都保持充裕，若政府可以向低收入的工人做出一些有效的干預，改善對低收入者的保障，使他們成為香港經濟繁榮的受益者，而不是發展中的犧牲者；更平衡的收入分配亦可以跟經濟發展相互並行，而不是此消彼長。

自 2002 年，政府雷厲風行全面實施外判工作，減少政府公務員的人數，節省資源。但若從整個社會發展來看，過往十二年的外判安排的後果，造成了巨大和全面的傷害。外判工作、外判責任，低技術工人得不到應有的勞工福利保障，造成社會中結構性的貧窮，增加跨代貧窮的牢固性，阻礙社會流動，這些代價遠比因外判所省回的金錢更大。盼望政府的改例造成漣漪效應，讓低收入工人的收入可以得到實質改善，而外判工作對社會整體造成的負面影響，需要一個有系統的研究和調整。

3.5
小結

　　其實我們一直討論的都是相對貧窮，也就是一個收入數字的分佈，無論怎樣都會有或多或少的人落入貧窮線以下。因此，在評估扶貧效果時，不能着眼於數字的改變，而要更深入探討內在的因素，從而制定更聚焦的扶貧干預措施。我們不希望見到政府單單依靠恆常現金資助作為扶貧，而是希望社會的不同群體能更活躍地加入經濟活動。在工作方面，工人能得到合理的薪酬，令他們毋須跌落在職貧窮之列。當貧窮老人增加的時候，也應該收集更多資料和數據，重新檢視有多少是資產富有、收入貧窮的老人。

　　另外，目前本港以開支為指標的貧富調查仍欠缺，以現在我們使用的住戶開支統計調查為例，其原本設計目的是為政府估測消費物價指數，而未能全面涵蓋各種開支，不能有效地解答有關民眾開支壓力的問題。建議政府在未來的統計調查時，考慮此方面研究及政策制定的需求，修訂問卷內容。

　　政府設立相對貧窮線，從無到有，開始正視貧富差距問題，是一大進步，但單一的貧窮線也顯示出不足之處。期盼政府可以考慮吸納不同觀點，豐富對貧窮問題的測量和考察，更靈敏地感測到民間的實際壓力，並作出對應的政策調整。

　　一直以來，我們堅持的原則是讓數據說話。基於此信念，本書中我們也重新檢視了貧窮數字、對貧窮的闊度和深度進行了更深入的拆解分析、對貧窮人口的支出情況（開支與營養、健康、社交等狀況）做出更多的了解、對不同貧窮人口組別的特質做出更貼近的

探討。希望通過這些數據分析，提出一些可行的建議，讓政府的扶貧政策能更聚焦、更到位，令香港公眾受益於學界的數據分析和政府的扶貧政策。社會不斷地發展，一部分人士跌入貧窮是不可避免的。重要的是，給予每一位人士足夠的機會和支援，建立一個進步和文明的社會，增加社會的流動性，促使香港成為一個有機會、有生氣和有愛心的宜居城市。

注釋

1　堅尼系數的實際數值分佈在 0 至 1 之間，數值愈小，意味收入分配愈公平。國際上把 0.4 作為收入分配的警戒線，高於這條警戒線，意味貧富分化容易引起社會階層的對立。

第四章

個別社會群組的
貧窮情況和反思

4.1
在職貧窮

近年香港有關在職貧窮的各項研究，相信已加深社會各界對這一貧窮組別人士的了解及關注。然而，以往的研究卻少有特別分析貧窮組別內的青年及長者。同時，對於在職貧窮家庭、離婚人士、殘疾人士和少數族裔的貧窮狀況的研究也非常有限。我們希望透過較長時序的數據，了解有關個別社會群組貧窮情況的走勢，並嘗試以現實社會情況及社會政策，解釋當中出現的趨勢。

I 在職貧窮的定義及趨勢

香港貧富懸殊嚴重，堅尼系數近年來長期處於高位，2017 年香港堅尼系數更加上升到 0.54，比 5 年前上升 0.002，創 45 年來新高。即使最低工資法例已於 2011 年實施，亦在 2019 年上調為 37.5 港幣，香港的在職貧窮問題仍在持續惡化，當中不少家庭的每月收入仍然低於綜援水平，情況值得關注。在職貧窮，指貧窮家庭住戶內除外傭外至少有一名成員為就業人士。如表 4.1 所示，2019 年相比 2009 年，政策介入前，香港在職貧窮住戶、人口、貧窮差距均有增加。政策介入後，雖然在職貧窮住戶和人口有所減少，貧窮差距卻在這十年上升了 27.72 億，可見在職貧窮的貧富懸殊不斷擴大。

表 4.1 2009－2019 年間在職貧窮住戶、貧窮人口、貧窮率及貧窮差距趨勢

貧窮數字	2009	2010	2011	2012	2013	2014	2015	2016	2017	2018	2019	2019 年相比 2009 年 增減	2019 年相比 2009 年 增減率
						政策介入前							
住戶數目（萬）	21.32	20.18	19.90	20.57	21.70	20.80	20.73	20.07	21.06	21.24	22.67	+1.35	+6.3
貧窮人口（萬）	72.52	69.43	68.57	70.21	72.91	70.55	70.47	68.08	70.64	71.36	75.77	+3.24	+4.5
貧窮率（%）	12.6	12	11.7	11.9	12.3	11.9	11.8	11.5	11.8	11.9	12.6	＊	-
貧窮差距（百萬）	7,254.4	7,062.2	7,295.8	7,881.9	8,849.9	9,285.8	9,798.8	10,455.6	11,179.9	11,826.6	13,031.5	+5,777.05	+79.6
						政策介入後							
住戶數目（萬）	16.04	15.46	14.75	15.67	15.47	14.56	14.11	14.39	14.51	14.46	15.42	-0.61	-3.8
貧窮人口（萬）	54.33	52.75	50.94	53.75	51.71	49.17	47.74	47.52	48.08	47.56	50.19	-4.14	-7.6
貧窮率（%）	9.4	9.1	8.7	9.1	8.7	8.3	8	8	8.1	8.0	8.4	-1.0	-
貧窮差距（百萬）	4,259.4	4,005.2	4,149.1	4,720.6	4,744.5	4,592.3	5,096.4	5,550.0	5,916.7	6,368.6	7,031.7	+2,772.25	+65.1

注：＊ 變動少於 ±0.05 個百分點
資料來源：政府統計處《綜合住戶統計調查》

II　有兒童的在職貧窮家庭

　　針對有兒童的在職住戶（即住戶中有 14 歲或以下的兒童，且除外籍家庭傭工外至少有一名成員為就業人士），筆者在分析 2011 年人口普查的樣本數據時發現，在家庭人數相同的情況下，家中成年人口（15－64 歲）愈多則貧窮率愈低；在家庭總人數及家中成年人人數都相同的情況下，非從事經濟活動人士（全職學生除外）數目愈多則貧窮率愈高（詳見表 4.2）。以 4 人家庭中有 1 個成年人口為例，當沒有非從事經濟活動人士時，貧窮率仍然為 37.8%。這些家庭就算有一人工作，住戶貧窮率依舊維持於高水平，因為即使有一個非從事經濟活動人士，貧窮率也相差不大（40.9%）。

　　在有兒童在職住戶中，成年女性不從事經濟活動的人數明顯高於男性。儘管香港的女性成年人口工作參與率，由 2019 年的 48% 上升到 2020 年的 54.2%，但仍低於本港男性的 66.2%。相比之下，法國女性成年人口的工作參與率超過 70%，而且她們的總和生育率（平均每位婦女一生中所生育之子女數）在 2019 年達到 1.87。而根據政府統計處 1981 至 2019 年香港生育趨勢報告，香港 2019 年的總和生育率只有 1.05。雖然香港的生育率相對較低，一個合理的推測是這些女性有很大部分是因為選擇照顧幼童，或因沒有選擇而必須照顧幼童，放棄就業。雖然無法排除部分人是因客觀限制（比如殘障）而難以就業，但這一部分人口中仍包含大量可被釋放的勞動力。

表 4.2　2019 年按住戶人數及選定住戶結構劃分，
有兒童在職住戶恆常現金政策介入後的貧窮率

有兒童在職住戶的貧窮率（恆常現金政策介入後）	沒有非從事經濟活動成年人士	有一個非從事經濟活動成年人士	有兩個非從事經濟活動成年人士	有三個非從事經濟活動成年人士	有四個非從事經濟活動成年人士
2 人住戶					
有 1 個成年人士	10.8%	@	不適用	不適用	不適用
3 人住戶					
有 1 個成年人士	23.9%	37.2%	不適用	不適用	不適用
有 2 個成年人士	3.1%	18.1%	@	不適用	不適用
4 人住戶					
有 1 個成年人士	37.8%	40.9%	不適用	不適用	不適用
有 2 個成年人士	4.6%	26.5%	@	不適用	不適用
有 3 個成年人士	7.1%	18.1%	43.1%	@	不適用
5 人住戶					
有 1 個成年人士	17.5%	57.9%	不適用	不適用	不適用
有 2 個成年人士	2.1%	20.7%	74.8%	不適用	不適用
有 3 個成年人士	4.0%	7.0%	36.6%	@	不適用
有 4 個成年人士	@	1.9%	6.9%	25.6%	@

注 1：兒童指 18 歲以下人士，成年指 18 至 64 歲人士
注 2：非從事經濟活動人士不包括學生
注 3：6 人及以上住戶結果未有列出
注 4：不包括外籍家庭傭工
@ 由於抽樣誤差甚大，數目少於 250 的估計或基於這些估計而編製的相關統計數字（如百分比、比率和中位數），在表內不予公佈。
資料來源：政府統計處《綜合住戶統計調查》

　　聯合國兒童基金會（UNICEF）在 2013 年發表的其中一期兒童貧困報告（"Child Poverty Insights—Does Money affect children's outcomes? Are view of evidence on causal links"），探討家庭經濟

資源與兒童發展成果的因果關係，並提出疑問：究竟增加家庭收入對兒童發展成果影響更大？還是投資學校、提升家長育兒技巧更有幫助？

報告通過系統研習，排除與兒童發展成果相關的其他因素（父母在兒童發展與教育願意付出的時間和金錢、父母對兒童的期待和要求等相關因素），探討家庭經濟狀況這一因素對兒童發展成果的影響。

報告表明，家庭經濟狀況確實會直接影響兒童的發展成果。相對貧困的兒童在智力發育和學業成果上有明顯弱勢，同時，家庭經濟狀況還在一定程度上影響兒童的社交和行為發展。報告進一步探究家庭收入會在多大程度上影響兒童發展的成果，結果發現每1,000美元的收入增長，對兒童智力發展的成果帶來5%至27%的提升，對兒童社交和行為發展的成果則提升9%至24%，並預計可減輕孕婦14%至15%的抑鬱。研究表示，家庭收入的增長雖無法消除貧困兒童與其他兒童的差別，卻能很大程度上減少兩者差別。為何家庭收入對兒童發展會產生那麼大的影響？報告發現：一、低收入將帶來心理壓力和焦慮情緒；二、家庭收入與父母在兒童發展上的投資直接相關。此外，家庭收入的增長對貧窮線以下家庭的兒童發展有顯著影響，對貧窮線以上家庭（美國）的兒童發展是否有影響，則眾說紛紜。

金錢是否對特定成長階段的兒童有更大影響？有證據顯示，在智力發展上，金錢對幼兒的影響最大，在行為發展上，則對大齡兒童和青少年影響最為顯著。持續低收入被認為是另一個重要的影響因素。長期貧困家庭的兒童發展成果，明顯低於暫時貧困家庭的兒童。

報告最後提出，即使很小程度上的家庭收入增長，也可以給兒童發展帶來較大的變化。它不僅可以改善家長育兒方法、家庭客觀環境、孕婦抑鬱和吸煙等不良情況，更可促進兒童自身的健康成

長。相反，家庭收入減少，將帶來損害兒童的成長環境等多方面的負面效應，更有可能減少兒童接受社會公共服務的管道。

　　報告的大多數數據均來自美國，結論是否適用於其他地區，包括平均收入較低的國家，則尚待研究。受此研究報告啟發，筆者建議在香港進行相關課題探究，作出切合本地經濟狀況、文化背景及發展趨勢的實地研究，例如補貼多少現金最適合？不同類別家庭是否可給予不同金額、不同形式的補助？對有特定年齡段小孩的家庭可有特殊補助？長期處於貧窮線下的家庭，是否應較暫時處於貧窮線下家庭獲得更多補助？終審法院已裁定新來港成年人士毋須住滿七年才可申領綜緩，相信這會間接改善那些貧窮家庭兒童的生活。長遠來說，雖然我們增加了一些財政負擔，但對孩童的成長實在有很正面的影響。筆者相信，只有把適用於本地扶貧的各方面細節研究做好，才能更好地制定和推行精準和有效的扶貧政策。

III　非綜援在職住戶

　　2013 年，當政府公佈首條官方貧窮線及分析本地貧窮情況時，識別出沒有申領綜援的低收入在職家庭為最需要優先關顧的群組，並在後續的香港貧窮報告中持續檢視該群組的貧窮情況。根據《2019年香港貧窮情況報告》，2019 年在政策介入前的非綜援在職貧窮住戶數目及貧窮人口分別為 20.1 萬戶及 66.4 萬人，貧窮率為 11.3%，較 2015 年分別大幅增加 15,000 戶、42,000 人及 0.7 個百分點。

　　計及所有恆常現金政策介入後，非綜援在職貧窮住戶數目及貧窮人口為 14.8 萬戶及 47.9 萬人，較 2018 年分別增加 10,000 戶及24,000 人，而三者與 2009 年相比分別稍微增加 2,000 戶，但顯著減少 17,000 人及 0.8 個百分點（見表 4.3），反映這些住戶過去八年的貧窮情況在勞工市場向好的環境下得以改善，在疫情的影響下仍然保持原來的水平甚至繼續進步。

表 4.3　2009－2019 年非綜援在職住戶的政策介入後貧窮數字

貧窮數字	2009	2010	2011	2012	2013	2014	2015	2016	2017	2018	2019
住戶數目（萬）	14.6	14.1	13.4	14.4	14.1	13.6	13.3	13.6	13.9	13.8	14.8
貧窮率（％）	8.9	8.6	8.2	8.6	8.1	7.9	7.7	7.7	7.8	7.7	8.1
人口（萬）	49.6	48.1	46.3	49.32	47.0	45.9	44.8	44.9	45.9	45.5	47.9

資料來源：政府統計處《綜合住戶統計調查》

　　聚焦 2019 年非綜援在職貧窮住戶的社會經濟特徵，可見其大多數為三人及以上家庭（78.1%），且差不多一半為有兒童住戶（見圖 4.1）。這些住戶的在職人士大都從事較低技術工作（83.86%）；大多數每月工時不少於 144 小時（69.4%）；有 40.5% 僅達初中及以下學歷；亦有 29.5% 只從事兼職工作或就業不足。可見，學歷和技術水平偏低是非綜援在職貧窮住戶的多數經濟特徵。

圖 4.1　2019 年非綜援在職貧窮住戶、整體貧窮住戶和整體住戶的特徵

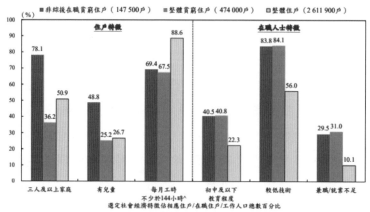

注：貧窮數字為恆常現金政策介入後的數字。
資料來源：政府統計處《綜合住戶統計調查》

IV 針對在職貧窮的福利政策

2015 年底，政府為落實「低收入在職家庭津貼計劃」（下稱「低津」）推出時間表。該計劃的主要對象是在職貧窮而有兒童的家庭，目的是鼓勵自力更生，亦為家中合資格的兒童／青年成員發放額外的兒童津貼，紓緩跨代貧窮。2016 年 5 月政府開始接受低津申請，截至 2017 年 9 月底已接獲九萬多宗申請，惠及 3.6 萬個低收入在職家庭。根據《2019 年香港貧窮報告》，職津計劃在該年已令 4.8 萬人脫貧（當中包括 9,500 個兒童），相應貧窮率降低 0.6 個百分點。低津的扶貧成效對有兒童及單親貧窮家庭更顯著，分別減少 0.8 及 0.9 個百分點。此外職津亦令香港兒童貧窮率下跌 2.0 個百分點。

值得注意的是，相比 2015 年，在政策介入前，2016 年沒有兒童及工時較短（每週少於 40 小時）的貧窮住戶增加了 4,200 戶，而有兒童的在職貧窮住戶普遍工時較長，受惠於勞工市場較好而減少 3,600 戶（見圖 4.2）。前者可能未能符合工時或未能領取兒童津貼而沒有領取低津。恆常現金政策介入後，未領取任何福利的貧窮住戶增加 5,300 戶，其中七成居於自置居所。可見，儘管低津的實施已令 5,600 個住戶脫貧，仍未能抵消上述因素的影響，因此 2016 年政策介入後貧窮住戶數目有所上升。

現今低津計劃易名為「在職家庭津貼」計劃。政府在 2020 年 7 月起實施一系列改善措施，大幅調高計劃的津貼金額和擴展受惠的在職住戶。截至 2020 年 10 月底，累計約 76,700 個住戶受惠於職津計劃。

圖 4.2　2015－2016 年非綜援在職貧窮住戶數目按年變幅，
按選定社會經濟特徵劃分

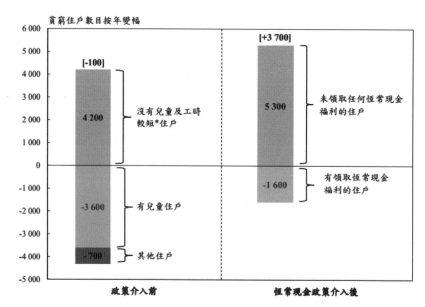

注：貧窮數字為恆常現金政策介入後的數字。
資料來源：政府統計處《綜合住戶統計調查》

　　職津的推出反映出政府改善貧窮狀況的決心，對於有需求的家
庭是一個及時的幫助。然而長遠來看，單靠職津對扶貧未必能有大
的成效。如何釋放潛在勞動力以及改善基層勞工報酬，亦是決定扶
貧工作成敗的核心因素。

青年貧窮

I　青年收入低於貧窮線趨增

　　當我們進一步按年齡組別劃分在職貧窮人口，發現青年（15－24 歲）與較年長（60 歲以上）人士組別均呈現明顯不同的趨勢。以在職貧窮率分析，青年人士組別的在職貧窮率自 1981 年的 3.9%一直上升至 1991 年的 5.2%，雖一度回落至 1996 年的 4.9%，及後卻又持續增長至 2011 年的 8.2%，此比率甚至比同年整體在職貧窮率（7.6%）還要高（見表 4.4）。

　　另一方面，較年長人士組別的在職貧窮率，則從 1981 年的12.6% 一直上升至 1996 年的 19.6%，及後持續下跌至 2011 年的10.1%，從 1996 年到 2011 年的顯著下降，很有可能受惠於最低工資的設立。然而，此組別三十年間的在職貧窮率卻始終高於相應年度的整體在職貧窮率，反而 25 至 59 歲年齡組別的在職貧窮率沒有很大的改變。此節專門針對青年貧窮及促進青年上流進行討論，下一節則着重分析長者貧窮的挑戰。

　　自 1996 年起，愈來愈多青年人的收入低於相應年度的貧窮線，這與近年學額數目急升的各類自負盈虧的專上課程（即各種副學士、文憑和高級文憑課程）有着密不可分的關係。這些專上課程種類非常廣泛，受到不少未能升讀八大院校政府資助學位的年輕人歡迎。縱使如此，不少有關此類專上課程的設計卻隱藏了以下兩項主要問題：一是課程的質素，近日有分析顯示非學位教育（對比

表 4.4　1981 - 2011 年間整體及按年齡組別劃分的在職貧窮率

年份	1981	1986	1991	1996	2001	2006	2011
15-24 歲	3.9	4.8	5.2	4.9	5.2	7.3	8.2
25-59 歲	6.3	6.2	8	8.8	7.5	7.9	7.4
60 歲以上	12.6	13.2	17.6	19.6	15.7	14.6	10.1
整體	6	6.3	8	8.7	7.5	8.1	7.6

數據來源：1981 - 2011 年人口普查的樣本數據

中五或以下學歷人士）無助提升年輕人的收入水準，反映出有關課程未必能夠真正滿足市場的需求和提升學員的技能，甚至可能與市場脫節。二是學生財政負擔的問題，一般來說自負盈虧的專上課程學費甚為高昂。即使近年部分課程獲得政府資助，但那些專上課程學費卻順應加價，學生需要承擔的學費不減反增。政府提供資助的本意是為了輔助經濟困難的學生，但由於缺乏監管，政府資助卻變成專上課程的額外利潤，轉到了辦學團體的口袋裏。關於高等教育系統與貧富差距的關聯，我們將會在後兩節中詳細討論。

II　同代工資差距擴大　青年上流更感無望

如上節的討論，現時年輕人的學歷水準雖有提升，但平均收入卻在下跌，晉升中產職位也有困難。過去數十年，同一世代之間的工資增長差距已愈來愈大，這將使下一代年輕人對實現向上的社會流動倍感無望。

我們以 2001 年及 2011 年香港人口普查的 5% 樣本，抽取樣本中的部分職業，並按照類似英國國家統計署（Office for National Statistics）的社經地位分類法，分為五大類：一、高級專業人士、行政及管理人員；二、次級專業人士、行政及管理人員、高級技

術人員;三、非勞動僱員;四、技術性勞動工人;五、非技術性勞動工人。此外,還把樣本分為五個大世代(出生年份)人士:甲、1974－1978 年;乙、1969－1973 年;丙、1964－1968 年;丁、1959－1963 年;戊、1954－1958 年(見表 4.5)。

按上述社經地位和大世代分類,比較各人口組別於 2001 至 2011 年間入息中位數的增長幅度;入息以 2011 年為基線,並根據綜合物價指數作調整,以顯示增長的百分比。

從表 4.5 中所見,在同一世代裏,不同社經地位組別從 2001 至 2011 年十年間的入息增長可謂大相逕庭。以主要包括醫生、律師等專業人士或從事高級管理工作的類別(一)為例,對 1974 至 1978 年出生的世代而言(即 2011 年為 33 至 37 歲),其工資的增幅在十年間高達 61.8%,幾乎是類別(二)人士(33.5%)的一倍。

同期的類別(三)和(四),人工增幅只有 4.6% 和 2.4%,類別(五)更是負增長(－12.4%);而且愈年輕的世代組別,工資增幅差別便愈大。

除了同一世代的分野,我們也看到同一職業在不同世代的工資增幅差別,在五大類別職業中,只有類別(一)的人在 2001 至 2011 年間、不同世代的收入有所增長。雖然類別(二)也包含了像醫護人員、教師這類學歷較高、擁有一定專業知識的人士,但在調

表 4.5 各大世代及社經地位 2001 至 2011 年入息中位數增長百分比(%)

	出生時代	年齡	一	二	三	四	五
甲	1974－1978	33－37	61.8	33.5	4.6	2.4	－12.4
乙	1969－1973	38－42	42.4	7.4	－6.2	－2.9	11.3
丙	1964－1968	43－47	18.7	－8.7	－11.0	－11.0	3.9
丁	1959－1963	48－52	14.0	－8.8	－15.2	－7.1	－0.7
戊	1954－1958	53－57	18.7	－11.0	－11.0	－6.7	－5.0

整通脹因素後，類別（二）的老一輩實質收入並無增加，遑論類別（三）、（四）、（五）這幾類職業人士了。

以上數據雖然只局限於大概三十多歲以上的人，但從中亦可探討現時年輕人對未來的看法。首先，如果畢業後不能晉升類別（一）的職業，基本上已可預見自己的工資將與類別（一）的同輩相差愈來愈大，也就是說不同工種的工資，會隨着年紀的增長而差距愈來愈大。

中產職位（類別一和二）本身已經減少，如果一位大學生寒窗苦讀多年，「不幸」地只能找到類別（二）的輔助專業職位，即使工作性質勉強稱得上是中產，但從中可見，隨着年紀增長，工資增長的放緩情況非常嚴重。這種情況在類別（三）尤其顯著。不過，大學畢業後從事類別（三）（如文員、銷售人員等）工作的人數比例正在上升。

總括而言，除了非常專業的職位或管理階層，大部分工作的工資並不會隨着工作經驗的上升而得到顯著改善。隨着年資的增長，一部分人雖然會在職位上升職，但工資在扣除通脹後，其實並無明顯增幅。加上近年通脹加劇和樓價高昂，完全與收入脫節，就算屬於中產的年輕人，生活也不如老一輩中產的豐裕。

III　投資教育促進青年上流

我們的中心曾進行過一項有關香港青年人處境和訴求的研究。在焦點組訪談中，我們沒有聽說過任何一位青年人會投訴連「點點」上位機會也沒有，我們聽到的回應多是「比較難升」和「上邊始終有一班人喺度」等。也就是說，除非所有人死掉，否則沒有可能一點流動機會也沒有吧？因此，我們關鍵的研究問題應該是社會流動「有幾難？」、「是否愈來愈難？」、「誰比誰會更難？」等，分析這些才有助了解目下香港社會的一些不滿。

引用一項最新的研究結果來回答上述的問題。原港大經濟系的 James Vere 博士在 2010 年發表的報告[1]中指出，2008 年香港的就業人口在十年來的收入流動變化中偏低，近五年來的情況更甚。若與過往同樣的調查結果比較，他的結論是香港人的收入流動變化持續減少。

另外，他的研究結果指出，在收入分佈最底層的 20% 就業人口中，有 54%一直「被困」在最底層（雖然這比例已經較上次的同類研究下降，1996 至 2005 年的比例是 58%，近期最底層向上收入流動的情況已逐漸改善）。若工資在十年內沒有顯著增加，物價卻上升，「被困」的就業人口生活便十分艱難。相反，在收入分佈最頂層 20% 的人口中，75% 的人一直維持收入處於最頂層的地位（見表4.6）。

表 4.6　1998 - 2008 年就業人口的收入流動變化

年份		2008				
		最底層	第二層	第三層	第四層	最頂層
1998	最底層	54.1%	29.8%	12.2%	3.4%	0.6%
	第二層	16.5%	32.9%	35.0%	12.6%	3.0%
	第三層	10.7%	16.8%	39.9%	27.5%	5.2%
	第四層	4.1%	7.7%	19.5%	43.0%	25.7%
	最頂層	3.3%	3.6%	4.2%	14.4%	74.5%

來源：Vere, J.(2011), "Earnings Mobility in Hong Kong".

人口擠壓

時下年輕人面對的環境，在主觀上、客觀上也與十年前、二十年前同齡的年輕人並不相同。我們在焦點組討論中，聽到不少認為「上位難」的聲音。以下轉錄一個當銷售員的個案：「……我見

到我身邊嘅朋友，佢哋真係比較難升喎，始終⋯⋯位就係得咁多，你上面始終有一班人喺度⋯⋯。」另一個在職場工作數年的年輕人這樣說：「出嚟做咗幾年，你一個二十幾歲，你對上又已經幾個，一個三十幾一個四十幾一個五十幾，你永遠都上唔到位⋯⋯全部都係四十幾歲嗰啲阿姐嚟嘅，因為佢哋未到退休年齡嗎⋯⋯你唯一嘅出路就係可能你自己轉工⋯⋯如果唔係你成世做到四十歲可能先至升⋯⋯。」

筆者上述的轉錄可能只是部分年輕人的主觀感受，但與客觀的人口學分析出現的人口擠壓（population squeeze）現象吻合。這個人口擠壓現象，源於 1980 年以後香港的生育率下降，而八十年代以前出生的人口（簡稱「八十前」）卻愈來愈長壽，由於八十前的人口高於八十年代以後出生的人口（簡稱「八十後」），導致八十後希望向上流動時，受到了人數龐大的八十前所「擠壓」。這情況或許要等到八十前人口陸續退休才會稍告紓緩，但也許會是十五至二十年後的事，屆時的環境對年輕人或許會比較有利，但屆時現在的八十後已到中年，錯過了事業發展的最佳時機。

IV　教育機會

香港的教育制度向來崇尚精英制，使愈來愈多小孩子在本應快樂奔跑的年紀被困在書桌前埋頭苦幹。面對堆積如山的功課，年復一年的考試，不少學生便這樣度過了他們寶貴的童年和青春期，而且最讓人感慨的，是當他們拼了命地在考試中力爭上游時，最終仍然只有 37.5% 的文憑試考生能達到大學聯招的最低要求，只有 18% 的學生能考上大學。當然，香港作為一個知識型經濟，精英教育的存在確實能夠輸送一群有用的人，但就像我們不能要求海魚爬樹一樣，我們怎麼可能單憑一個考試的成績來判斷一個學生的價值呢？或許大部分人都會同意，透過普及和平等的教育，來獲得向上流動

的機會乃是王道，Vere博士的研究亦指較高學歷有助避免收入向下流動。不過，我們的社會在讓市民得到教育進修向上爬的機會同時，也要避免因政策和制度失誤而造成不同階層的機會不平等，換句話說：人人生而平等接受教育，但有些人比其他人更平等。

政府視教育為創富的產業，卻愈來愈傾向於減少非主流、大中小學以外的教育資助，這導致了市民透過其他進修途徑向上流動的門檻被提高。例如副學士政策，不少中學畢業生雖然符合進入大學的最低資格，但因學位有限，被大學拒之門外，只好轉向副學士學位。但副學士的學費高且未受到政府資助，很多學生需要貸款唸書，而借貸的利息又比受資助大專學生高出許多。若將來接駁不上大學，副學士畢業後就要面臨學歷不廣被承認、就業前景不太明朗的困難。同時，他們在初入社會工作時，就背負着銀行的貸款。

另外，政府撤銷對八大院校修課式研究院課程的資助，更取消資助兼讀制研究生課程，大大增加了有志工餘進修的市民的負擔；幾經爭取，政府早前才願意稍稍放寬對中學夜校生的資助。此等做法皆在顯示，政府不少教育政策處處為有意進修者設限，這豈非與鼓勵大眾持續進修、終生學習、保持社會流動順暢的原則背道而馳？如今，貧富差距加大，青年向社會上流攀登的難度變大，我們應該如何投資人力資本，來提高整體的生活水準呢？以下將作詳細探討。也許我們可以從德國或澳洲的例子借鑒，為天賦不同的青年人提供各種出路，同時為辛勤工作的藍領工人提供合理的薪水。

V　學歷與就業的迷思和出路

不少人深信大學畢業生較非學位畢業生更為能幹，兩者在就業能力上更是天壤之別。但事實是否如此？根據統計處在2001年及2009年的數據（見表4.7），大學畢業生與非學位（如副學士、高級文憑）畢業生，非學位畢業生與中學畢業生，在就業能力上的差距

正在逐漸收窄。

　　雖然學歷愈高，找到工作的機會仍然較大，但我們可以見到學歷的差異對就業能力的影響力，已在這八年中開始減弱。根據表4.8的數據，2001年大學畢業生的失業率（2.2%）比非學位畢業生的失業率（3.6%）低39%。但到了2009年，大學畢業生的失業率（3.4%）比非學位畢業生的失業率（4.9%）只是低31%。在2001年非學位畢業的失業率（3.6%）比中學畢業生的（4.9%）低27%，而到了2009年，非學位畢業的失業率（4.9%）比中學畢業生的（5.7%）更只是低了11%。雖然學歷愈高，找到工作的機會仍然較大，但我們可以見到，學歷的差異對就業能力的影響力已在這八年中開始遞減。

　　當然，求學問不是純粹為了找工作，但相信大部分人亦認為，

表 4.7　按教育程度劃分的就業人口（單位：千人）

	初中	中學／預科	非學位	學位	整體
2001	572	2,004	302	514	3,421
2009	600	1,495	339	809	3,690
比率的變動	+4.9	-25.4	+12.3	+57.4	+7.8

* 資料來源：政府統計處（因政府在 2005 年推出副學士的課程，所以採用 2001 年下半年與 2009 年下半年的資料作出比較）

表 4.8　按教育程度劃分的失業率（單位：%）

	初中	中學／預科	非學位	學位	整體
2001	5.7	4.9	3.6	2.2	4.6
2009	7.6	5.7	4.9	3.4	5.5
比率的變動	+33.3	+16.3	+36.1	+54.5	+19.6

* 資料來源：政府統計處（因政府在 2005 年推出副學士的課程，所以採用 2001 年下半年與 2009 年下半年的資料作出比較）

大學生應透過工作來回饋社會，閒賦在家並不是一個值得鼓勵的現象。為何專上學歷的優勢逐漸減退，在就業市場上出現學位副學士化，副學士中學化的現象？沒有副學士之前，升不到預科或大學的中學畢業生會選擇直接投身社會，而只有成績較好的學生才可晉身大學。僱主亦清楚明白兩者的分別，所以不同學歷面對的是不同的就業市場。

　　但在副學士出現之後，這個情況就有所改變。因為有副學士課程，有些競爭力較高的高中畢業生會選擇升讀副學士，以致只有中學或預科學歷的勞動人口在 2009 年比 2001 年大幅減少了 25.4%。雖然此等學歷的勞動人口供應少了，但剩下來的勞動人口的競爭力可能較弱，因此找工作仍然十分困難。他們的失業率是 5.7%，仍較整體的（5.5%）為高。副學士的出現，雖然為高中畢業生另闢一條升讀大學的途徑，但很多副學士課程缺乏認受性，令僱主質疑副學士畢業生的質素，使很多升不了大學的副學士畢業生在求職時碰壁。

　　再者，副學士增加了非學位的勞動人口，於 2001 至 2009 年其間，非學位勞動人口上升了 12.3%。但由於市場未有增加對此類學歷的需求，或在聘用條件上未有副學士學歷的考慮，使副學士的身份有點「兩頭不到岸」的感覺，導致他們的失業情況惡化。我們可以見到非學位的失業率在 2001 至 2009 年期間上升了 36.1%，超過整體失業率約 20%。

　　擁有學位的勞動人口在 2001 至 2009 年間大幅攀升了 57.4%（由51 萬增至 80 萬）。擁有大學學位的勞動人口增加，這對整個香港的人力資源是有正面的影響，但我們亦需要做好品質的監管，維持大學畢業生的水準。雖然大學畢業生的失業率仍然是最低的，在2001 至 2009 年期間的升幅竟然高達 54.5%。

　　另一方面，大學畢業生的失業率（2.2%）在 2001 年較整體的（4.6%）低 52%。不過，到了 2009 年，大學畢業生的失業率（3.4%）

較整體的（5.5%）卻只是低 38%。

VI 香港高等教育系統或加劇貧富差距

香港的高等教育系統在過去二十幾年迅速擴張，在提高社會整體教育水平的同時，它對學歷的收入回報、對社會的收入分佈有什麼影響？愈來愈多大學畢業生，是否貶低了學歷在勞動力市場的價值？副學位（sub-degree）和學士學位（degree）的收入回報在過去 20 年是如何變化的？我們使用了 20 年的數據，從 1996 年、2006 年及 2016 年 3 次人口普查 5% 樣本數據中，選取 25 至 34 歲男性的收入對其教育程度進行回歸分析（regression analysis），控制父輩收入／年齡等變量，來回答這些問題。

香港高等教育的擴張

在殖民地時期，大學學堂只是培育極少數精英的搖籃。直到 1965 年，適齡組別入讀公費資助大學的比例只有 2.2%。上世紀八十年代末，為穩定當時社會情況，政府決定擴張高等教育系統。第一波高等教育改革發生在九十年代初，主要集中在擴張政府資助的學士學位。1991 年香港科技大學成立，1994 年多所理工學院受政府高等教育資助委員會資助升格為大學，適齡組別入讀公費資助大學的比例從 1989 年 8.8% 升至 1996 年 18.1%。

第二波改革發生在 21 世紀初，主要集中在擴張私立大學和自資副學位（包括副學士學位課程及高級文憑）。香港只花了 6 年時間就取得高等教育（包括副學位和學士學位）入學率接近翻倍的成果：高等教育入學率從 2000 年 33% 升至 2006 年 64%，這可視為本地高等教育的大躍進時代。

圖 4.3 中的縱坐標代表收入回報，橫坐標為年份。我們先看副學位收入回報的變化。1996 年，持有副學位的人在勞動力市場上比

持有中學文憑的人多掙 40% 收入回報；然而到 2006 年，這個差距減少到 13%，至 2016 年依然維持在 13%。也就是說，副學位在過去 20 年「貶值」了。

副學位及學士學位的收入回報

　　而且對於僱主而言，副學位相對於中學文憑的附加價值較低。根據教育局早前委託進行的僱主對本地副學位畢業生表現的調查顯示，在 2013 年，僱主對副學位畢業生的平均滿意度得分只有 3.35 分（滿分為 5 分）。其中在管理技巧和英文語文水平的表現得分最低，分別只有 3.13 分及 3.15 分。在分析和解決問題的能力、工作態度和人際交往能力這三方面，副學位畢業生的實際表現和僱主的期望有較大差距。

　　與副學位類似，學士學位的收入回報在過去 20 年也經歷了「貶

圖 4.3　副學位及學士學位收入回報

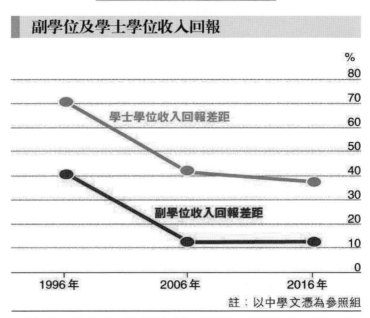

圖片來源：以中學文憑為參照組（《明報》製圖）

值」過程（見圖 4.3）。1996 年，持有學士學位的人在勞動力市場比持有中學文憑的人多掙 70% 收入回報；2006 年這個差距減少到 42%，2016 年這個差距進一步縮小到 37%。

雖然學士學位的收入回報跟副學位一樣都經歷了「貶值」，但學士學位相對於中學文憑的附加價值仍然較高。在教育局的僱主對本地學士學位畢業生表現的調查中顯示，在 2013 年約 97% 受訪僱主認為學士學位畢業生的表現在中等或以上水平，其中 75% 僱主更表示滿意學士學位畢業生表現。

從學歷的收入回報出發，反觀現時政府的高等教育政策及政策受益者，我們或許能得到一些反思。近年來政府鼓勵私立大學和自資副學位擴張，自資副學位的錄取人數由 2000/01 學年的 2,600 人高速增長到 2014/15 學年的 19,800 人。莫家豪教授的研究發現，2011 年有大約 30% 就讀副學位的學生來自貧困家庭。自資副學位每年學費在 4 萬到 5 萬元之間，高昂的學費對貧困家庭是一個巨大負擔，有些學生只能通過貸款方式來支付學費，在畢業後償還。[2]

但是我們的分析結果發現副學位在勞動力市場的收入回報低，僅比中學文憑高 13%。這些來自貧困家庭的學生，為取得副學位投入較大的家庭資金，但副學位在勞動力市場卻不受僱主認可。況且，收入中位數在 2000 至 2010 年間只上升了 12%。

相比自資副學位近年的迅速擴張，政府資助的學士學位的增長較為穩定，錄取人數由 2000/01 學年 14,200 人增至 2014/15 學年 17,500 人。莫家豪教授的研究發現，2011 年學士學位的在讀學生中，只有 13% 來自貧困家庭，而 48.2% 來自收入頭 10% 的富裕家庭。同時我們的分析結果發現，學士學位在勞動力市場仍然有較大收入回報，意味這些來自高收入家庭的學生，一方面享受政府資助的大學教育，同時在畢業後也享受學位帶來的較高收入回報。[3]

應考慮如何擴大副學位出路

我們的分析發現，現時的高等教育系統似乎在某種程度上加劇了香港的貧富差距。一方面，來自貧困家庭的學生更有可能就讀自資副學位，但在畢業後的收入回報卻很低；另一方面，來自富裕家庭的學生更有可能就讀政府資助的學士學位，同時在畢業後獲得較高收入回報。

在此，我們建議政府在鼓勵擴張自資副學位數量的同時，更應考慮如何保證副學位的質素和擴大出路，讓副學位畢業生的學歷在勞動力市場上得到合理收入回報；同時政府應幫助來自貧困家庭的孩子獲得更多學習資源，增加他們由副學位接駁就讀學士學位的可能性，加大對貧困家庭孩子的支援，協助他們發掘和體驗個人潛能。

香港的願景是要建立和打造成為一個智慧城市，那麼怎樣有效提升本地年輕人的質素，是一個必要的工作。當政府坐享那麼多盈餘，希望官員有眼光和遠見地投資在本地的人力資源，才可以有效面對未來變幻莫測的大時代。

4.3
長者貧窮

I 香港人口老化如何對城市貧困帶來挑戰

伴侶離世後，長者 A 便獨自住在一所居屋。他退休前勞碌工作，每天長時間在一所工廠製作洋服，以賺取微薄的收入，卻只能把大部分工資投放在支付昂貴的租金上，因此退休時只剩下少量的積蓄。長者 A 平時節衣縮食，過着平淡的生活，甚少在外與朋友見面和用餐，主要的娛樂活動便是到附近爬山鍛煉身體。由於他沒有收入，亦沒有購買醫療保險，長者 A 十分着重自己的健康，因為現有的存款只能夠維持基本的生活而不足以承擔額外的醫藥費，所以他盡量避免任何不必要的花費。

香港的官方貧窮線採納「相對貧窮」的概念，按不同住戶人數收入中位數的 50% 訂立貧窮主線。住戶收入低於該貧窮線，則視為貧窮。因此，如長者 A 一樣，統計上貧窮人口永遠存在。貧窮率本身可能不足以準確描述香港貧窮狀況的變化。

貧窮率本身和生活在貧困中的人數取決於許多因素，其中包括：人口是否老化（長者貧困率是整體貧窮率的兩倍：2019 年分別為 32.0% 和 15.8%）；單身人士或小戶家庭的比例（現時較小的家庭具有較高的貧困率）和人口的增長（這會導致貧窮人數增加而貧窮率不變）。我們通過對貧窮率的分解分析，追蹤了 2009 至 2019 年期間這些因素是怎樣改變香港的貧窮狀況。

2009 年，香港的貧窮率在「政策介入」之前是 20.64%，之後

是 15.97%。這些「政策介入」包括稅項及回發所有恆常現金福利，例如綜合社會保障援助（綜援）、高齡津貼、長者生活津貼、傷殘津貼、鼓勵就業交通津貼、現金教育福利、其他現金社會福利等，旨在給有需要人士提供及時的支援，並提升貧窮人士的生活品質。而在 2020 年，貧窮率在政策介入前是 23.6%，人數為 165.3 萬；政策介入後人數減少至 55.4 萬，貧窮率下降至 7.9%。政府社會福利的扶貧成效不小，對長者的扶貧支出更是不可忽視——香港政府放在長者的資源持續增長，在 2016/17 年度財政預算公佈的社會福利的經常開支預算中，顯著加強了與長者有關的部分，包括安老服務開支增加 6 億、長津開支增加 14 億元、預留 8 億元推 3,000 張長者院舍券等。2018/19 年度最新公佈的財政預算案中，社福經常性開支預算為 798 億元，較前一年再增加 21.3%，其中不少投放於安老服務，包括增加 1,000 張長者社區照顧服務券、成立 10 億元樂齡及康復創科應用基金，以及為私營安老院及殘疾人士院舍提供外展和醫生到診服務等，共涉款 12.6 億元。此外，財政預算案建議，額外增撥 6,300 萬元於 2018 年第 4 季推行為期 4 年的試驗計劃，為安老服務單位提供言語治療服務，協助有言語及吞嚥困難的長者，約 2.2 萬人受惠。到了 2020/21 年度，財政預算案經修訂後，安老服務的開支預算達到 117.7 億，更在 2021/22 財政年度上升 15.6% 至 141.8 億元。可以預見，隨着人口老化，公共財政增長壓力將日益嚴峻。如何合理地分配有限的公共資源，滿足真正有需要的長者的需求，是政府亟需解決的問題。2019 年的貧窮情況相比起 2009 年有一定程度的改善。

II　如何聚焦真正有需要的長者？

根據扶貧委員會《2019 年香港貧窮情況報告》，2009 至 2019 年在香港 65 歲及以上長者中，長者貧窮率（恆常現金政策介入後）

雖然由 34.6% 減至 32.0%，但生活在貧窮線以下的長者，卻由 28.3 萬增加至 39.1 萬人（見圖 4.4）。考慮到官方貧窮線根據家庭收入劃分，許多長者並未從事經濟活動，收入自然較低，所以有可能出現「低收入、高資產」長者被界定為貧窮人士的情況。相反，有些長者表面收入較一般長者高，實際生活水準卻較低，在現行只看收入的貧窮定義框架下，他們的需求有可能被忽視了。

圖 4.4　2009－2019 年貧窮人口及貧窮率，按年齡劃分

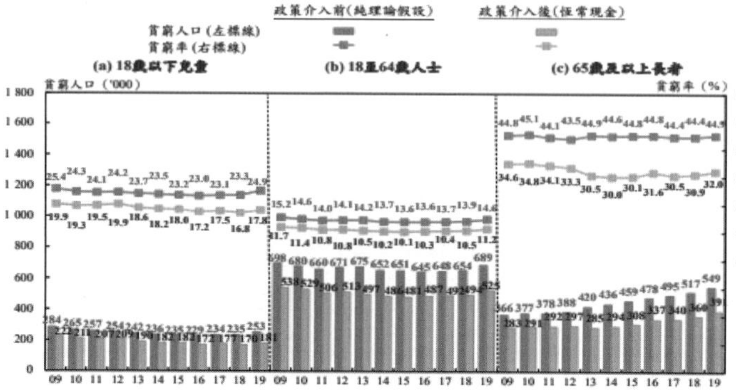

貧窮人口 (左標線)
貧窮率 (右標線)

政策介入前(純理論假設)
政策介入後(恆常現金)

(a) 18歲以下兒童　　(b) 18至64歲人士　　(c) 65歲及以上長者

貧窮人口 ('000)　　　　　　　　　　　　　　　　　貧窮率 (%)

資料來源：政府統計處《綜合住戶統計調查》

以社會經濟因素特徵劃分，本港的長者可以分為四類人士：不貧窮、只收入貧窮、只開支貧窮，以及收入和開支都貧窮。毫無疑問，收入和開支都貧窮的長者構成最優先獲得幫助的組群。他們主要來自 2 人家庭和獨居長者，家裏沒有工作人口，教育程度以小學及學前為主，未從事經濟活動，大約有一半居住在政府的公營租住房屋，近一半擁有自置居所且沒有房貸。除了收入與支出都貧窮的長者之外，只收入貧窮和只開支貧窮的長者，哪組更需要聚焦呢？只收入貧窮的長者是來自沒有工作人口的家庭，他們較多完成專上教育程度，較多有自置居所，有半數是 2 人家庭，只有少部分是獨居長者。而只開支貧窮的長者中，獨居長者的比例達到五分之一，有許多來自在職家庭，較多受教育程度較低，大多為租戶。亦即是

說，當只用「收入貧窮」來聚焦扶貧時，較有可能把一些受過良好教育、完全退休、擁有儲蓄和住房，即「低收入、高資產」的長者的人計算在內；但如果使用「開支貧窮」來聚焦的話，我們就較有可能發現社會中存在一部分長者，在年長的情況下仍然需要工作，省吃儉用以養家餬口，實際生活水準較低。由於其表面收入較一般長者高，在現行只看收入的貧窮定義框架下，他們的需求很可能被忽視了。誠然，有些只開支貧窮的長者可能並非真的面臨緊張的開支預算，只是養成了勤儉節約的生活習慣，所以開支較低。然而，現有數據還不足夠幫助我們區分這類長者。

III 應增「開支貧窮」令扶貧聚焦更精準

綜上所述，同時收入和開支都貧窮的長者值得政府給予最多的關注，保障他們的開支需求，提升生活質素。除此之外，在總體資源有限的情況下，政府在衡量資源投放的優先順序時，應增加「開支貧窮」這一指標，令長者扶貧聚焦更精準。

另一方面，自 1996 年起，愈來愈多較年長的人士能脫貧。這可能與近年來僱員普遍較遲退休，又或是已退休人士傾向再就業有關；2011 年起勞動人口更受到最低工資帶動，一般勞動力不高的長者薪酬因此比未實施最低工資時有所提升，所以該年度的在職貧窮率比 2006 年的有進一步明顯下跌。這趨勢令人鼓舞，實行最低工資能夠產生縮窄入息差距的效果，改善低收入人士的生活條件。長遠來說，未來的長者們需要一個符合本地需要的退休保障制度。一方面，合理的退休保障制度有望進一步改善長者的整體貧困率；另一方面，當長者們在考慮是否延遲退休或退休後再就業時，晚年財政負擔不會成為他們考慮的因素。當局應盡快落實切合港情的退保制度，使長者的晚年生活得到全面的保障。

離婚人士的貧窮狀況及政策建議

離婚前，外籍女士 A 擔任着家庭主婦的角色，與她的丈夫和兩名女兒住在一個中產地段的私人樓宇；生活看似平靜順利，卻沒有多少人知道丈夫有暴力傾向，稍有不如意的事情發生便會對她又打又罵。終於，長期的家庭暴力促使她申請離婚，可是她的前夫竟然因為不願意支付任何費用而隱瞞自己擁有豐厚收入的事實，更聲稱自己負擔不起法律評定的贍養費。沒有穩定的經濟來源，加上在香港缺乏親朋戚友支援，該女士在無依無靠的情況下只好帶着女兒搬到公屋居住，一方面承受着經濟壓力，另一方面為家庭的前景擔憂，而她的兩位女兒也在學校遭受歧視和欺凌，讓她擔心不已。

隨着香港的離婚總數愈來愈多，外籍女士 A 的遭遇並非少數。香港政府於 2018 年公佈的《1991 年至 2016 年香港的結婚及離婚趨勢》中表示，2016 年獲頒布離婚令的數目約為 1.72 萬宗，是 1991 年（6,295 宗）的 3 倍。撇除人口增長的影響，粗離婚率（即獲頒布離婚令的數目相對年中人口的比率）在同期間仍急速增加。2016 年以每千名人口計算的粗離婚率（指某一年內，獲頒佈離婚令數目相對該年年中每千名人口的比率）是 2.34 人，是 1991 年的兩倍多。根據我們的記錄，2012 年，最年輕的離婚人士僅僅 18 歲，而年齡最大的是 82 歲。據估計，受離婚影響的孩子比例，從 2001 年的 4% 上升到 2012 年的 7%。

在我們最近完成的一項研究中，根據家事法庭的資料，離婚夫婦的平均婚齡是 11.5 至 12.7 年。婚姻的長短可能與夫妻生養孩子

的數目密切相關。無子女的夫婦申請離婚的比例在過去幾年不斷呈上升趨勢，平均婚齡為 7 年。然而，育有一至兩個孩子的夫妻的平均婚齡為 14.3 年，而育有三個或更多子女的夫婦的婚姻平均和持續 22.2 年，因此生兒育女似乎有助延長婚姻的長度。

我們的研究還表明，離婚的夫婦和他們的孩子的經濟狀況比已婚夫婦組成的家庭差。在這項研究中，至少有 30% 的有孩子的離婚家庭生活在貧困線以下，而該比例在已婚人群中並不超過 20%。

雖然受訪者中有少數人覺得離婚後他們更積極樂觀，但是離婚對夫妻的情感和財務狀況的影響是極為負面的。離婚也對孩子的學業、情感和行為產生了不良影響。離婚案件的增加正在對社會產生深遠的影響，尤其是家庭的福祉方面。為了緩解因離婚產生的壓力，我們在這裏有一些供考慮的建議：

首先，政府需要在住房和社會福利方面加強對離婚人士的協助，如隨着通脹調整綜援和單親津貼，以加強對離異家庭的財政和住房保障。此外，當局應考慮加快體恤安置的審批，並為有需要但未能符合資格的家庭提供其他臨時住屋，以免一些未解決的問題（如家庭暴力、殺人和自殺）進一步惡化。

政府也應該重視不符合資格申請「綜援」和公屋人士的需要，因為這些沒有資格獲得任何社會救助的離婚人士更容易陷於不利的境況。政策制定者和持份者應協助釋放離婚家庭的勞動人口，例如加強託兒服務（尤其是課後服務），以及鼓勵靈活的工作模式和彈性工作時間，以賦權予離婚人士，尤其是婦女，使他們能同時履行照顧兒童和養家糊口的職責。

其次，政府應該為不同階段的夫妻提供婚姻輔導。婚姻輔導可以協助新婚夫婦面對婚姻，也可以幫助那些已經結婚多年的夫妻維持婚姻關係，促進家庭和諧。同時，婚姻輔導亦可以賦權予夫妻，使得他們在考慮離婚時能作出成熟的決定，同時減少婚姻衝突及離婚對個人及孩子可能造成的不良影響。

　　當離婚無可避免時，政策制定者和持份者可以考慮為經歷離婚的父母和子女設計具體的介入方法，如離婚教育，以減低離婚帶來的傷害。此措施可以提供適時的資訊，以助離婚人士處理離婚前後的事項，並可讓父母了解離婚對子女的影響，以及減少在法庭上解決紛爭。

　　此外，非法院主導的介入方法，可以幫助孩子和父母應付在離婚過程所承受的壓力，並加強他們解決問題的能力，而針對父母的介入方法，應處理他們的情緒及提高他們的親職效能，並促進離異父母在親職上的合作。

　　政策制定者和持份者可以參考國外的例子，如美國和新加坡的法院設有對父母和孩子的離婚教育，在英國的學校則有針對離異家庭子女的方案。

　　第三，我們調查中的受訪者和專業人士認為應該簡化和改良申請離婚的程序，以減少申請離婚者的壓力。我們建議給予有需要人士更多關於申請程序的教育或援助，並提供雙方當事人的法律權利和兒童管養權等資料。

　　最後，我們仍需進行更多研究和掌握有關資料做出定期的監察，才能更廣泛和深入了解離婚的情況，以協助制定政策。隨着離婚率的上升，再婚的個案及經歷父母離婚的孩子愈來愈多，實在有迫切的需要掌握有關資料及評估離婚前、離婚後的介入方法的效能。

　　我們亦需要進一步研究離婚的風險及保護原因。雖然西方文獻已證明夫婦的學歷和收入是重要的風險因素之一，然而家事法庭缺乏該方面的資料。再者，由於欠缺已婚及離婚人口的婚齡和有關再婚的資料，故亦難與已婚人口進行比較。

　　鑑於家事法庭的工作量日益增加，司法與行政機關應就資料收集做出相應的支援，以便監察離婚趨勢及協助政策制定。我們亦建議政策制定者和持份者定時更新資料及進行評估研究，以確定有效

的方法來提高調解服務的使用率，因為現時這樣的服務並沒有得到充分利用。

　　在當今的香港，離婚已成為解決婚姻關係問題的一種選擇，這樣的現象比以前更加普遍。有鑑於此，我們必須基於有效的資料和實證以制定政策，減少離婚對個人、孩子和社會的負面影響，讓受影響的人士及兒童恢復正常生活。

4.5
少數族裔人士的貧窮狀況

大學生 A 是生活在香港的第二代巴基斯坦裔，一家六口住在狹小的單位。她的父親是一位大廈管理員，媽媽則是一位家庭主婦。雖然父親日夜勞碌工作，但去年在疫情下被解僱，只能充替不同的臨時管理員工作，讓本來入不敷支的家庭承受更大的經濟壓力。大學生 A 的哥哥姊姊則早早踏入社會，從事清潔搬運等工作幫補家計。作為唯一被大學錄取的家庭成員，家人對她寄予厚望，而她自己亦希望通過教育進修來改善家庭環境。可惜，大學生活並非她想像般順利。不會廣東話讓她和同學之間有了一定的隔膜，而最令她不習慣的是同學多少會因為她巴基斯坦裔的身份而產生刻板印象和歧視。好不容易苦讀了四年文科，大學生 A 成功以優異的成績畢業，正當她和家人為此感到興奮之際，疫情卻突然襲港，使她的求職之路充滿挑戰，看着其他成績不及她的本地同學陸續被公司錄取，使大學生 A 感到十分失落和迷茫。

香港擁有獨特的歷史，曾經歷移民遷入、殖民地時期、九七回歸，成為特別行政區。多樣化的過往讓香港成為兼具中西特色的大熔爐，而其國際都會的地位更是不斷吸引不同族裔的人士前來香港工作或定居，其中有許多少數族裔人士的祖輩早年就來港定居，在香港的發展歷程中擔當了重要角色。他們當中有部分人由於文化衝擊和語言障礙，再加上教育程度和技能較低，無法找到理想的工作，在適應和融入社會上遇到諸多挑戰，如貧困、就業、教育、語言等等，都影響到他們的福祉，像大學生 A 這樣能入讀大學已

經是少數，但連她也無法融入，更何況比她教育程度還低的少數族裔呢？

　　本節主要引用《2016 年香港少數族裔人士貧窮情況報告》和政府統計處「2016 年中期人口統計」中的數據，分析少數族裔人士的人口結構、經濟特徵，以及面臨的適應困難，了解其貧窮情況和貧窮形態，識別更加弱勢的群體和家庭類別，最後介紹現時香港政府針對少數族裔的政策及今後導向。在此多謝政府允許我們轉載當中一些資料。

I　少數族裔人士的人口及社會經濟特徵

人口結構

　　根據統計處「2016 年中期人口統計」的結果，圖 4.5 展示了按族群劃分的香港人口結構。其中，華人（6,537,500 人）佔全港人口的大多數（91.9%），少數族裔人士佔 8.1%，共有 575,400 人。少數族裔人士的分佈可以概括歸納為三類：（1）東南亞裔（約 35 萬人）：主要包括印尼（7,300 人，2.9%）、菲律賓（19,800 人，7.8%）和泰國人（8,300 人，3.3%），當中大部分是外籍家庭傭工（外傭）；（2）南亞裔（約 7.8 萬人，30.6%）：主要是印度（32,000 人，12.6%）、巴基斯坦（17,600 人，6.9%）和尼泊爾人（24,600 人，9.6%），另有小部分來自斯里蘭卡、孟加拉等地；及（3）東亞裔（約 1.7 萬人）及其他外籍人士（約 6 萬人）：主要來自已發展及高收入的經濟體，包括白人（55,900 人，21.9%）、日本人（9,800 人，3.8%）和韓國人（6,000 人，2.3%）等。

圖 4.5　2016 年香港的人口結構，按選定族群劃分

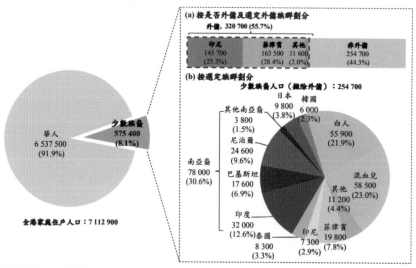

資料來源：政府統計處 2016 年中期人口統計
圖片來源：《2016 年香港少數族裔人士貧窮情況報告》

　　撤除外傭（55.7% 或 320,700 人）後，2016 年少數族裔有
254,700 人，佔全港人口的 3.8%。南亞裔人士則躍升為最大族群
（78,000 人），佔少數族裔人口的比例超過三成（30.6%），其次是
混血兒（58,800 人或 23.0%）和白人（55,900 人或 22.9%），原佔少
數族裔大多數的印尼及菲律賓人口從 309,200 人銳減至 27,100 人。

　　少數族裔人口在香港增長迅速。2001 至 2011 年這十年間，少
數族裔人口平均每年增長 2.7%。而從 2011 至 2016 年五年間，即使
撤除外傭，少數族裔年均增長率仍高達 5.8%，遠高於全港人口的增
幅（0.5%）。其中大部分是由南亞裔如印尼人（17.8%）和尼泊爾人
（15.9%）的增長率帶動。

人口及社會特徵

圖 4.6　2016 年及 2011 年住戶人數，按選定住戶族群組別劃分

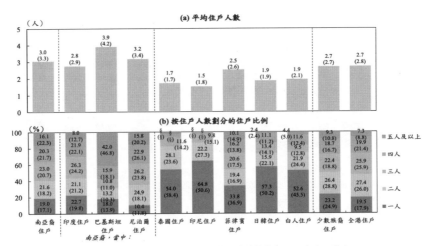

資料來源：《2016 年香港少數族裔人士貧窮情況報告》，政府統計處 2011 年人口普查

注：（ ）括號內數字為 2011 年的相應數字。

　　（§）由於抽樣誤差甚大，有關統計資料不予公佈

　　根據「2011 年人口普查」的結果，圖 4.6 顯示少數族裔人口結構較年輕，人口老化未見廣泛。他們普遍已婚，早婚亦常見。值得注意的是，各少數族裔的住戶大小顯著不同。南亞裔平均每戶有 3.0 人，多於所有少數族裔（2.7 人）及全港住戶（2.7 人），當中巴基斯坦的家庭更大，三人以上的家庭住戶佔四分之三，而兒童數目較多是主因。

　　就教育程度而言（見圖 4.7），泰國、尼泊爾和巴基斯坦人接受高等教育的比率偏低，分別為 12.9%、17.3% 和 18.2%，而日韓、白人及菲律賓人的學歷就較高。此外，尼泊爾及巴基斯坦青年（19 - 24 歲）的就學比率也較低，分別為 22.7% 及 14.2%。

圖 4.7　2016 年及 2011 年教育程度及就學比率 *，按選定族群劃分

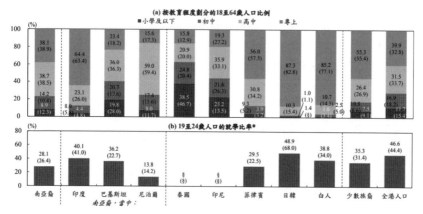

資料來源：《2016 年香港少數族裔人士貧窮情況報告》，政府統計處 2016 年中期人口統計及 2011 年人口普查

注：（＊）就學比率指就讀全日制院校的人數佔該年齡組別總人數的百分比

　　（　）括號內數字為 2011 年的相應數字。

　　（§）由於抽樣誤差甚大，有關統計資料不予公佈

經濟特徵

　　從圖 4.8 中的觀測發現，香港各個少數族群的住戶收入參差不齊。其中，白人、日韓和印度住戶的收入明顯高於其他族群，其次是南亞裔和尼泊爾住戶，這五類住戶的收入中位數均高於全港住戶的收入中位數，但尼泊爾的在職人士收入中位數低於全港水準。此外，菲律賓、巴基斯坦、泰國及印尼住戶的收入均較遜色，低於全港中位數，且從事經濟活動的住戶佔該組別相應住戶族群的比例也較低。

　　進一步分析少數族裔的職業分佈時（見表 4.9），我們發現職業分佈反映了各個族群的教育水準，以及對應的住戶收入。具體來說，教育程度最高的白人、日韓和印度在職人士，較多為專業人員、輔助專業人員、經理及行政人員等較高技術的工作，集中在金融及保險、地產、專業及商用服務，公共行政、教育、人類醫療保健及社工活動等行業。而南亞裔則主要從事低技術工種，如住宿及

圖 4.8　　2016 年住戶收入分佈，按選定住戶族群組別劃分

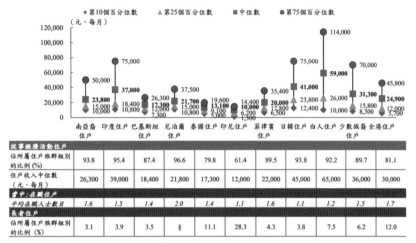

從事經濟活動住戶	南亞裔住戶	印度住戶	巴基斯坦住戶	尼泊爾住戶	泰國住戶	印尼住戶	菲律賓住戶	日韓住戶	白人住戶	少數族裔住戶	全港住戶
佔所屬住戶族群組別的比例(%)	93.8	95.4	87.4	96.6	79.8	61.4	89.5	93.8	92.2	89.7	81.1
住戶收入中位數（元，每月）	26,300	39,000	18,400	21,800	17,300	12,000	22,000	45,000	65,000	36,000	30,000
當中：在職住戶											
平均在職人士數目	*1.6*	*1.5*	*1.4*	*2.0*	*1.4*	*1.1*	*1.6*	*1.1*	*1.2*	*1.5*	*1.7*
長者住戶											
佔所屬住戶族群組別的比例（%）	3.1	3.9	3.5	§	11.1	28.3	4.3	3.8	7.5	6.2	12.0

資料來源：《2016 年香港少數族裔人士貧窮情況報告》，政府統計處 2016 年中期人口統計及 2011 年人口普查

表 4.9　　2016 年在職人士職業分佈，按選定族群劃分

比例(%)	製造	建造	進出口及批發	零售	運輸、倉庫、郵政及速遞服務	住宿及膳食服務	資訊及通訊	金融及保險	地產、專業及商用服務	公共行政、教育、人類醫療保健及社工活動	雜項社會及個人服務	其他
少數族裔	2.3	8.6	12.3	6.7	7.7	15.1	4.0	11.5	15.2	12.5	3.6	0.4
南亞裔	1.8	16.9	13.4	6.4	5.6	21.5	3.9	7.8	12.4	6.7	2.9	0.6
當中：印度	*1.8*	*3.6*	*25.2*	*7.4*	*7.6*	*13.1*	*7.4*	*16.0*	*7.7*	*8.7*	*1.3*	*§*
巴基斯坦	*3.4*	*19.8*	*11.2*	*11.1*	*8.9*	*10.3*	*2.7*	*3.4*	*17.1*	*8.3*	*§*	*2.1*
尼泊爾	*1.0*	*30.9*	*1.6*	*3.7*	*2.7*	*34.1*	*0.7*	*§*	*16.2*	*3.6*	*4.4*	*§*
泰國	§	6.3	3.5	7.7	2.7	28.6	§	§	25.6	4.1	17.3	§
印尼	§	§	4.0	18.7	6.2	27.3	§	4.2	17.9	3.9	9.7	§
菲律賓	2.2	5.8	6.0	5.9	8.9	28.5	2.8	7.5	11.4	13.6	7.4	§
日韓	3.1	1.9	23.6	5.7	9.8	7.0	3.1	19.5	14.5	8.9	2.9	§
白人	2.4	4.2	11.5	4.5	9.6	4.0	5.9	19.4	18.1	18.8	1.4	§
全港在職人士	3.9	9.4	10.6	10.0	9.7	9.0	4.0	7.2	15.7	16.6	3.4	0.6

資料來源：《2016 年香港少數族裔人士貧窮情況報告》，政府統計處 2016 年人口普查
注：（§）由於抽樣誤差甚大，有關統計資料不予公佈

膳食服務（21.5%）、建造（16.9%）及進口批發（13.4%）。其中，巴基斯坦有約五分之一從事建造業（19.8%），有不少從事地產、專業及商用服務（17.1%），部分從事進出口及批發業（11.2%），以及零售業（11.1%）；而尼泊爾人有逾三分之一（34.1%）從事住宿及膳食業），30.9% 從事建造業。泰國、印尼和菲律賓在職人士中，均有約三成從事住宿及膳食服務（分別為 28.6%、27.3%、28.5%），同時，泰國裔在職人士中有 25.6% 從事地產、專業及商用服務，印尼裔在職人士中有 18.7% 從事零售業。

II 各個少數族裔的貧窮情況

根據香港官方貧窮線的定義，以及政府統計處最新的「2016年中期人口統計」的數據，估算出 2016 年政策介入前，有 22,400 個少數族裔貧窮住戶，包含 49,400 名少數族裔貧窮人士，貧窮率為 19.4%，較同期恆常現金政策介入前的全港人口貧窮率低 0.5%（見表 4.10）。政策介入後的相應數字均較低，分別為 19,500 戶、44,700 人及 17.6%，而相比同期全港整體貧窮率（政策介入後為 14.7%）高 2.9%。

比較 2016 年及 2011 年少數族裔的主要貧窮指標，發現政策介入前後少數族裔的住戶數、貧窮人口、貧窮率，及每月平均貧窮差距均有上升：政策介入前貧窮率由 15.8% 上升至 19.4%，貧窮人口從 30,400 人上升到 49,400 人，貧窮住戶數目從 11,200 上升至 22,400 戶，每月平均貧窮差距從 5,300 元上升到 6,200 元。政策介入後升幅更加明顯，貧窮率由 13.9% 上升至 17.6%，貧窮人口從 26,800 人上升到 44,700 人，貧窮住戶數目從 9,800 上升至 19,500 戶，每月平均貧窮差距從 3,500 元上升到 5,100 元。

當我們按族群劃分，看少數族裔的政策介入前的貧窮率（見圖 4.10），發現在各族群中，南亞裔貧窮率偏高，達 25.7%，佔少數族

裔貧窮人口的四成（40.6%，20,000 人），其中，來自巴基斯坦的貧窮人士更是佔了一半以上（56.7%）。貧窮人口佔少數族裔貧窮人口的約五分之一（20.2%），貧窮情況值得關注。此外，貧窮人口較少的泰國和印尼人的貧窮率亦較高，分別為 26.5% 及 35.4%，而菲律賓人和混血兒的貧窮率則分別為 19.2% 及 21.8%。另一方面，日韓和白人的貧窮率較低，分別為 7.5% 和 7.0%。

貧窮狀況的差異反映了上述各項社會經濟特徵的差異。一方面，日韓、白人及印度人的教育程度與技術水準較高，普遍參與高技術的專業工作，因而收入更佳，貧窮率較低。另一方面，巴基斯坦、印尼、泰國人的學歷和技能均較遜色，尤其是巴基斯坦女性的勞動參與較低，再加上大家庭、兒童多、撫養比率高，貧窮情況愈加嚴峻。而尼泊爾人雖然教育水準和技能較低，亦較多從事非技術工人的工種，但由於勞動參與率高，住戶整體收入提升，貧窮率為 17.4%，包括 4,300 人（見圖 4.9）。因此，少數族裔的貧窮形態，與其住戶大小、撫養兒童數量、教育程度、住戶在職比例，以及從事工種的技術含量息息相關。

表 4.10　2016 年及 2011 年少數族裔貧窮住戶、貧窮人口及貧窮率

2016 (2011)	整體少數族裔	政策介入前 貧窮數字	政策介入後 (恒常現金) 貧窮數字
住戶	123 300 (85 300)	22 400 (11 200)	19 500 (9 800)
人口	254 700 (192 400)	49 400 (30 400)	44 700 (26 800)
貧窮率	不適用	19.4% (15.8%)	17.6% (13.9%)
每月平均 貧窮差距	不適用	6,200 元 (5,300 元)	5,100 元 (3,500 元)

資料來源：《2016 年香港少數族裔人士貧窮情況報告》，政府統計處 2016 年中期人口統計及 2011 年人口普查。

注：括號內為 2011 年相應數字。

此外，按地區進一步分析，發現聚居地明顯集中，亦能反映貧窮數字。2016 年在恆常現金政策介入後，南亞裔貧窮人口較多且貧窮率較高的地區為葵青和深水埗。另外，油尖旺及元朗的南亞裔貧窮人口亦較多（見表 4.11）。

　　總括而言，南亞裔家庭的貧窮率最高，其中有兒童的住戶貧窮風險更高。根據《2016 年香港少數族裔人士貧窮情況報告》，2016 年政策介入後（恆常現金），南亞裔有兒童住戶的貧窮率（29.1%）顯然高於全港有兒童住戶（12.1%），前者約為後者的 2.4 倍。相比全港有兒童住戶，南亞裔有兒童住戶有四個突出的社會經濟特徵：（1）住戶明顯較大；（2）在職成員比例明顯較低；（3）失業情況較嚴重，以及（4）就業收入水準遜色。因此，南亞裔的貧窮率亦隨着住戶人數遞增：一至二人貧窮率僅為 9.9%，而五人及以上住戶的貧窮率則高達 29.4%。南亞裔貧窮住戶多居住於私樓和公屋，亦增加了他們的經濟負擔。

圖 4.9　2016 年政策介入前少數族裔貧窮人口及貧窮率，按選定族群劃分

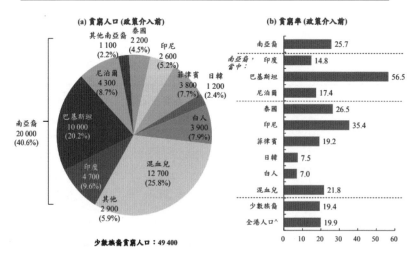

注：（＾）全港人口貧窮率為貧窮線框架下所估算的恆常現金政策介入後貧窮率。
資料來源：《2016 年香港少數族裔人士貧窮情況報告》，政府統計處 2016 年中期人口統計及綜合住戶統計調查

表 4.11　2016 年政策介入後（恆常基金）少數族裔貧窮人口及貧窮率分佈，
按區議會分區劃分

區議會分區	少數族裔		南亞裔	
	貧窮人口	貧窮率（%）	貧窮人口	貧窮率（%）
葵青	3 600	35.1	2 100	42.2
深水埗	2 900	29.8	1 400	32.8
黃大仙	1 600	29.7	500	34.1
屯門	2 200	27.6	800	49.2
觀塘	2 400	26.8	800	27.6
北區	800	24.3	§	§
元朗	4 200	23.4	1 900	22.8
東區	3 600	20.7	1 000	26.7
九龍城	3 400	20.6	1 800	24.8
油尖旺	6 500	18.1	4 100	19.2
沙田	1 300	16.5	200	14.0
荃灣	1 000	14.5	400	17.8
大埔	800	14.0	200	27.6
灣仔	2 700	13.6	800	21.3
西貢	1 900	13.5	800	30.9
南區	1 600	10.5	400	16.6
離島	2 100	8.3	500	9.9
中西區	2 100	7.9	300	7.9
總計	44 700	17.6	17 900	23.0

資料來源：《2016 年香港少數族裔人士貧窮情況報告》，政府統計處 2016 年中期人口統計

　　此外，對比政策介入前後的貧窮數字，2016 年政府的恆常現金項目扶貧效果明顯，成功令 4,600 人「脫貧」，貧窮率減幅達 1.8 個百分點，與 2011 年相若（減幅約為 1.9 個百分點）。其中，恆常現金令 2,100 名南亞裔人士「脫貧」，貧窮率下降 2.7%，且每月貧窮差距（4,700 元）較政策介入前減少 1,500 元（見圖 4.10）。

　　根據《2016 年中期人口統計》中語言使用及社會參與的資料發現，南亞裔貧窮人口在語言使用和社會融入上遇到較大困難。具體來說，南亞裔五歲及以上貧窮人口慣用的交談語言，大都並非華語或英語，其中只有約十分之一慣用英語（10.9%），而華語的佔比更

圖 4.10　2016 年政策介入前後的貧窮人口及貧窮率，按選定族群劃分

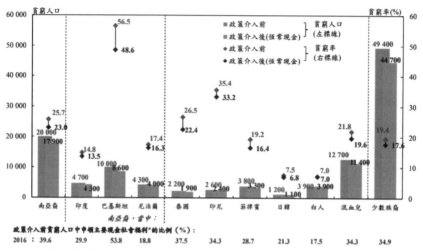

政策介入前貧窮人口中申領主要現金社會福利*的比例（%）：

	南亞裔	印度	巴基斯坦	尼泊爾	泰國	印尼	菲律賓	日韓	白人	混血兒	少數族裔
2016：	39.6	29.9	53.8	18.8	37.5	34.3	28.7	21.3	17.5	34.3	34.9

資料來源：《2016 年香港少數族裔人士貧窮情況報告》，政府統計處 2016 年中期人口統計

小（5.7%）。按照主要語言能力分析（圖 4.11），南亞裔貧窮人口中，雖然八至九成能以英文交談、閱讀或書寫，但相對地中文語言能力遜色不少，其中閱讀及書寫能力比交談能力明顯較弱。印度及尼泊爾貧窮人口中能以中文閱讀或書寫只有不足兩成。值得注意的是，南亞裔貧窮人口中更有部分無法使用中英雙語交談、閱讀或書寫，當中以巴基斯坦人的比例更高。語言能力較遜色，或是影響南亞裔人士就業能力的因素之一。

　　在社會融入上，雖然南亞裔人士與本地人建立了一定的人際網絡，青年人的人際網絡也較廣，但他們的選民登記率偏低，這反映了他們較為有限的社區參與度。不過，有超過半數人士表示他們對香港有一定的歸屬感。另外，小部分人曾在使用政府服務時面對困難，其中語言及溝通是主要障礙。在調查所需要的各項支援服務中，無論兒童或成人均有相當人數表示需要公屋及政府資助。貧窮兒童較多表示需要補習服務及中文課程，而貧窮成人則需要中文課程及職業方面的支援。

圖 4.11 2016 年政府介入後（恆常基金）南亞裔五歲以上貧窮人口的語言能力，按選定族群劃分

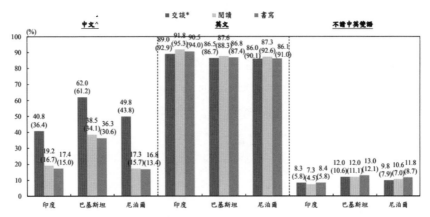

注：（ ）括號內數字為整體南亞裔人口的相應比例。
（ˆ）交談能力方面，中文包括廣東話、普通話及其他中國方言（例如客家話、上海話等）。
（＊）不包括失去語言能力的人士。
資料來源：《2016 年香港少數族裔人士貧窮情況報告》，政府統計處 2016 年中期人口統計

III　現時政府支援措施及政策導向

根據《2016 年香港少數族裔人士貧窮情況報告》，現時政府已經提供並會繼續提供五個方面的針對性支援措施：

（1）就業及培訓支援：由於就業與貧窮風險息息相關，為從根本上紓緩貧窮問題，創造就業和提升技能尤為重要。另外，部分人語言能力不足，亦會影響就業能力。勞工處、僱員再培訓局及職業訓練局將繼續為少數族裔人士提供就業支援，以助提升他們的技能和增加他們的收入。

（2）教育支援：教育是紓緩跨代貧窮的重要途徑，且對少數族裔人口來說，中文能力是少數族裔融入社會及升讀專上課程的關鍵，尤其是南亞裔人口普遍年輕，更需要為這些香港新一代提供支援，以提升未來整體人力資源的質素。教育局表示會繼續加強對非華語學生及家長的支援。

（3）社會福利：一方面，勞工及福利局會繼續提供多方面的、有同等機會的服務，包括家庭及兒童服務、青少年服務、醫務社會服務和各項社會保障計劃等，協助少數族裔融入社區，紓減他們的適應問題，並提高他們的社會功能和自給自足的能力。另一方面，調查顯示少數族裔的社會服務利用率較低，針對此現象，社會福利署、勞工處及在職家庭津貼辦事處亦會持續加強向少數族裔宣傳現有社會服務（包括「鼓勵就業交通津貼計劃」及「低收入在職家庭津貼計劃」），提高他們對計劃的認知及了解。

（4）社區參與及融合：針對少數族裔社會融入困難的現象，民政事務局表示會加強向少數族裔（尤其是南亞裔）宣傳，令支援政策更加到位及有成效。

（5）持續監察貧窮情況：鑑於南亞裔的人口增長較快但貧窮風險偏高，定期監察少數族裔（尤其是南亞裔）的貧窮情況十分重要。政府表示會持續提供更新數據，包括人口普查或中期人口統計。

殘疾人士貧窮情況

當您聯想到殘疾人士的時候，您會想到什麼？平等機會委員會進行的「公眾對殘疾人士的態度基線調查2010」顯示公眾對一些殘疾組別的認知對比1998年的調查有所上升，但對殘疾人士的迷思仍然存在。殘疾人士不但承受被誤解和定型的壓力，貧窮也大大影響了他們獲得平等教育和發展的機會。

2013年，統計處繼2000年及2006/07年後，第三次進行了「殘疾人士專題訪問」，搜集2013年全港住戶中有關殘疾人士的數據。在結合委員會通過的貧窮線框架分析殘疾人士的貧窮情況後，發佈了《2013年香港殘疾人士貧窮情況報告》。

在「殘疾人士專題訪問」中，「殘疾人士」包括一些從事某種活動的能力受限制或有所欠缺的人士，而這種活動對一般人來說，是可用正常方式或在正常能力範圍內做到。具體而言，「殘疾人士」是指任何人士（1）在統計時，認為自己有下列四項身體機能殘疾中的最少一項，並已持續或預料會持續最少六個月的時間：身體活動能力受限制；視覺有困難；聽覺有困難；及言語能力有困難；或（2）經認可的醫務人員診斷有下列四項精神健康殘疾中的最少一項：精神／情緒病；自閉症；特殊學習困難；及注意力不足／過度活躍症。

I 殘疾人士的整體情況

根據上述對「殘疾」的定義，香港共有499,400名居住在家

庭住戶內的殘疾人士，佔整體人口的 7.4%，其中約五成半為女性（56.4%）；近六成為 65 歲及以上的長者（59.1%）。殘疾普遍率一般隨年齡上升而增加。此外，殘疾人士的殘疾類別，與年齡亦存在一定關係。若將（1）和（2）中所描述的八種選定殘疾類別進一步歸納為「身體機能殘疾」及「精神健康殘疾」，可發現殘疾人士的類別與年齡亦存在一定關係：超過九成半殘疾長者患有身體機能殘疾，而殘疾兒童中則大多數患有精神健康殘疾。[4]

按經濟活動身分分析，18 至 64 歲適齡工作的殘疾人士或殘疾長者從事經濟活動的比例（分別為 39.1% 及 2.1%），均遠較整體人口的相應比例（分別為 72.8% 及 7.9%）為低。不過，近八成殘疾人士有受惠於社會保障系統（79.1%，395,200 人），比例明顯高於整體人口（16.7%）。[5]

II 殘疾人士的貧窮情況

A 和 B 都是有特殊教育需要的小學生，他們來自截然不同的背景，成長的步伐也愈差愈遠。學生 A 家庭富裕，父母能夠支付高昂的專業治療，讓他每周在專業治療特殊教育需要兒童的中心接受一對一或小組培訓。在及時治療和職業治療師、語言治療師與特殊幼兒導師等專業人士的悉心照料下，學生 A 成功發展到符合年齡的學習和自理能力，並進入主流學校就讀小學。

學生 B 則出生在一個基層家庭，雖然父母及時發現了他有特殊教育需要，卻負擔不起昂貴的私人評估和治療服務，需要長時間工作的他們也沒有空暇時間兼顧學生 B。他們只能寄望政府提供的學前康復服務，但漫長的輪候時間超過一年，因而讓學生 B 錯過了治療的黃金時間，導致社交和學習能力遠遠不及同齡兒童。當學生 B 升讀小學後，政府的學前服務父母面對驟然停止的服務無所適從，因此背負着巨大的壓力和無力感。

小學生 B 是出生在香港基層家庭的殘疾人士的縮影。與不少海外已發展經濟體相似，不論政策介入前後，本港殘疾人士的貧窮率皆顯著高於整體水準。2013 年，香港殘疾人士在政策介入前，貧窮住戶數目為 190,000 戶，包括 226,200 名殘疾人士，貧窮率為 45.3%。政策介入後，貧窮住戶數目、人數及貧窮率，減少至 120,300 戶、147,400 名殘疾人士及 29.5%（見表 4.12）。

表 4.12　2013 年殘疾人士的主要貧窮數據

殘疾住戶	政策介入前	政策介入後	扶貧成效（減幅）
貧窮住戶（'000）	190.0	120.3	69.7
貧窮人口（'000）	406.4	277.3	129.1
殘疾貧窮人口（'000）	226.2	147.4	78.8
殘疾人士貧窮率	45.3%	29.5%	15.8%
總貧窮差距（億元，每年）	114.6	42.4	72.2
平均貧窮差距（元，每月）	5,000	2,900	2,100

資料來源：政府統計處《綜合住戶統計調查》及殘疾人士專題訪問。

　　政府的恆常現金項目令 78,800 名殘疾人士「脫貧」，殘疾人士貧窮率減幅為 15.8 個百分點，兩者皆較整體人口相應數字較高，且平均每月貧窮差距縮小 2,100 元（見表 4.12）。這反映政府的恆常現金政策有助於紓緩殘疾人士的經濟壓力。這些恆常現金福利中，除了綜援是以住戶為基礎計算及發放津貼外，其他福利包括傷殘津貼、長者生活津貼及高齡津貼，都是以個人或夫婦（只適用於長者生活津貼）為單位，而扶貧成效的計算則是以整個住戶為基礎。

　　從社會經濟群組的分析可以看到，大部分殘疾貧窮人士均集中

於長者、綜援及非從事經濟活動住戶內。若按住屋類型分析，殘疾貧窮人士中超過一半居於公屋；居於臨屋的殘疾人士雖然人數不多，但貧窮率高達 44.3%。按地區分析，八個殘疾人士貧窮率高於整體水準的地區，其殘疾長者貧窮率亦高於相關全港水準。[6]

III 按三種年齡段分析殘疾貧窮人口的貧窮形態及政策導向

若按年齡將殘疾貧窮人口劃分為三段，可見其不同的貧窮狀態（見表 4.13）。（1）18 歲以下的兒童，共有 5,000 名殘疾人士，貧窮率為 20.5%，略高於同齡組別的整體數字（18.6%）；（2）65 歲及以上的長者：有 102,100 名殘疾人士，貧窮率為 34.6%，也是略高於同齡組別的整體數字（30.5%）；而（3）18 至 64 歲人士：有 40,300 名殘疾人士，貧窮率 22.4%，是同齡組別整體數字（10.5%）的兩倍以上。以下會具體分析這三個年齡段殘疾貧窮人士的貧窮形態及政策。

18 歲以下的兒童

貧窮的殘疾兒童中有八成（81.9%）為精神健康殘疾，約四成（37.7%）有特殊學習困難，三成（34.0%）多有注意力不足／過度活躍症。雖然 18 歲以下貧窮殘疾兒童的數量不多（5,000 人），但是有近五分之一（17.6%，900 人）表示日常生活面對很大困難，需要政府特別關顧，提供更多支援。

政策方面，現時合資格殘疾兒童可受惠於傷殘津貼或綜援，以及長者及合資格殘疾人士公共交通票價優惠計劃。除財政支援外，政府致力為剛出生至六歲的殘疾兒童或可能成為殘疾的兒童，提供有助身心發展和提升社交能力的早期介入服務，提高他們入讀普通學校和參與日常活動的機會，並透過一系列的學前服務和其他支援

表 4.13　2013 年殘疾貧窮人士
按年齡、選定殘疾類別及日常生活面對的困難劃分

	18歲以下		18至64歲		65歲及以上		合計	
	('000)	(%)	('000)	(%)	('000)	(%)	('000)	(%)
A. 所有殘疾人士**	24.2	{100.0}	179.9	{100.0}	295.3	{100.0}	499.4	{100.0}
身體機能殘疾**	8.4	{34.9}	119.5	{66.4}	285.5	{96.7}	413.4	{82.8}
身體活動能力受限制	1.3	{5.5}	59.2	{32.9}	193.6	{65.5}	254.1	{50.9}
視覺有困難	1.8	{7.5}	37.3	{20.8}	113.5	{38.4}	152.6	{30.6}
聽覺有困難	2.0	{8.3}	34.5	{19.2}	100.8	{34.1}	137.3	{27.5}
言語能力有困難	4.8	{19.7}	11.5	{6.4}	8.3	{2.8}	24.6	{4.9}
精神健康殘疾**	20.1	{83.0}	75.8	{42.2}	34.3	{11.6}	130.2	{26.1}
精神病／情緒病	4.9	{20.4}	70.3	{39.1}	34.1	{11.5}	109.3	{21.9}
自閉症	5.8	{23.8}	3.3	{1.9}	§	{§}	9.2	{1.8}
特殊學習困難	9.9	{41.2}	5.1	{2.9}	§	{§}	15.3	{3.1}
注意力不足／過度活躍症	9.3	{38.4}	2.1	{1.2}	§	{§}	11.6	{2.3}
B. 殘疾貧窮人士**	5.0	(100.0)	40.3	(100.0)	102.1	(100.0)	147.4	(100.0)
身體機能殘疾**	1.9	(38.4)	24.3	(60.3)	99.1	(97.0)	125.2	(85.0)
身體活動能力受限制	§	(§)	14.5	(36.1)	67.1	(65.8)	81.8	(55.5)
視覺有困難	0.3	(5.6)	6.3	(15.7)	41.7	(40.8)	48.2	(32.7)
聽覺有困難	0.6	(11.4)	5.2	(13.0)	35.6	(34.9)	41.4	(28.1)
言語能力有困難	1.1	(22.8)	3.1	(7.7)	2.4	(2.3)	6.6	(4.5)
精神健康殘疾**	4.1	(81.9)	19.9	(49.5)	11.1	(10.9)	35.1	(23.8)
精神病／情緒病	1.3	(26.6)	18.6	(46.1)	11.0	(10.8)	30.9	(21.0)
自閉症	1.0	(20.1)	0.7	(1.8)	§	(§)	1.7	(1.2)
特殊學習困難	1.9	(37.7)	1.6	(3.9)	§	(§)	3.5	(2.4)
注意力不足／過度活躍症	1.7	(34.0)	0.4	(0.9)	§	(§)	2.1	(1.4)

注：（**） 由於有多於一種選定殘疾類別的人士會分別被點算在個別的殘疾類別內，殘疾人士的合計數
　　 目較個別殘疾類別人士數目的總和為小。
　　（~） 一名人士可能有多於一種選定殘疾類別。因此他／她在日常生活有困難不一定只受單一種殘
　　 疾類別影響。
　　（§） 由於統計誤差大，有關統計數據不予公佈。為政策介入後的貧窮數據。
資料來源：政府統計處《綜合住戶統計調查》及殘疾人士專題訪問。

服務，協助家庭應付其特別需要。至於就讀中小學的有特殊教育需
要的學生，政府通過為學校提供額外資源、專業支援和教師培訓，
協助學校照顧這些學生的需要，幫助他們發展潛能。2013 年的報
告的政策導向中表示，除了幫助有經濟需要的家庭外，政府會致
力增加學前康復服務名額，以及透過整合現有措施及試行新措施，
繼續為他們提供適切的培訓／教育。只不過，事實又是不是這麼
理想呢？

　　也許有很多人認為只要政府提供足夠的資助和相應服務，這些
問題便能迎刃而解；例如遇上老師資歷不足的情況，只要政府增加

撥款，讓更多老師接受相關培訓便能解決問題；但事實上，香港現時政策並沒有硬性規定一所學校需要有多少名接受過特殊教育的教師，只是把特殊教育培訓作為晉升標準之一。根據 2019 年《選定地方的特殊教育師資培訓》報告所顯示，2008 至 2018 年間，相關培訓課程的開支由 40,200,000 元上升至 55,200,000 元，但同時間在相關年度修畢不同級別課程的教師數目卻由 1,963 名下降至 1,579 名。由此可見，一味地增加撥款並不見得一定能夠提高老師的受訓數字，亦不能真正解決問題，因為從 A 和 B 的例子中，我們可以看到現時對於有特殊教育需要的學生來說，家庭背景才是他們能否返回主流學校的重要決定因素之一，而來自政府的支援還遠遠不夠。這正正反映了現存特殊教育政策，甚至整個教育制度都過於專注於小部分能夠適應嚴苛考試的精英，忽略了一些需要更多空間和照顧的學生。如果不作出改善，現存的差距只會愈來愈大，最後不僅無法達到融合教育的宗旨，甚至會犧牲大部分學生的福祉，造就一小撮精英的成功。

65 歲及以上的長者

貧窮殘疾長者的貧窮形態亦與貧窮長者相似，絕大多數殘疾長者都沒有從事經濟活動，貧窮率也會較高。根據 2013 年的調查，殘疾貧窮長者的貧窮率高達 34.6%，包括 102,100 人，當中約有三分一（33.1%）表示其日常生活並沒有困難。

政策方面，除傷殘津貼外，政府為殘疾長者所提供的一系列經濟援助，與一般為長者所提供的項目大致相同，包括綜援、長者生活津貼及高齡津貼。現時絕大部分殘疾貧窮長者（95.0% 或 97,000人）已受惠於這些恆常現金福利。此外，針對就業的殘疾貧窮長者，與其他在職人士一樣，如果符合資格，可以申請鼓勵就業交通津貼計劃（交津計劃）。

除經濟援助外，政府亦提供一系列措施，以推廣「積極樂頤

年」。政府的政策目標，是為長者提供社區支援服務，包括殘疾長者，讓他們可以在家中生活。至於那些不能獨立生活或無法由家人給予充分照顧的長者（包括殘疾長者），政府表示會為他們提供合適的住宿照顧服務。就未來的政策方向，政府表示會繼續提供適當的經濟援助，亦會繼續推廣「積極樂頤年」及提供長期護理服務。

18－64 歲人士

　　適齡工作（18－64 歲）的非長者殘疾貧窮人士有約四萬人，然而貧窮率（22.4%）高於同齡組別的整體數字（10.5%）兩倍多，他們從事經濟活動的比例同樣偏低，但是在日常生活面對的困難程度相當高。聚焦分析其貧窮原因有三：第一，他們因其殘疾影響工作能力而無法投身勞工市場；第二，即使願意工作，殘疾人士亦會面對較高的失業風險；此外，在職的殘疾人士受其健康狀況影響，較難擔任全職工作，再加上教育程度、技術水準較低等因素影響，令就業收入水準偏低和不穩定；第三，殘疾人士的照顧者，因要照料殘疾人士的日常生活，無法抽身全職工作，影響整個住戶的收入。

　　政策方面，政府為幫助適齡工作的殘疾人士投身公開市場和持續就業作好準備，不但為殘疾人士提供就業支援，還為他們的僱主提供協助，並為僱主提供誘因及推行鼓勵措施，以促進殘疾人士就業，包括嘉許良好僱主、在僱主間推廣良好的做法、透過社會企業創造更多就業機會、推動公私營機構支援聘用殘疾人士，以及為僱主提供誘因和協助等。另一方面，合資格的在職人士，不論是否有殘疾，皆可受惠於交津計劃；當中部分亦可受惠於長者及合資格殘疾人士公共交通票價優惠計劃。

　　針對殘疾人士家人／照顧者的壓力，政府提供如輔導、訓練和暫託服務等支援，以滿足他們的需要。政府的目標是加強殘疾人士和他們的照顧者的能力，讓他們成為能貢獻社會的資本。根據此方向，政府為殘疾人士的照顧者提供了一系列的訓練和支援服務，以

提升照顧者的能力，並減輕他們在照顧殘疾家人時所面對的壓力。2014 年 6 月，政府透過關愛基金推行「為低收入家庭護老者提供生活津貼」試驗計劃。2016 年 10 月，關愛基金推出三項與殘疾人士有關的試驗計劃，以鼓勵殘疾人士就業和持續工作，及增加對殘疾人士照顧者的支援。其中包括「提高在綜合社會保障援助計劃下殘疾受助人的豁免計算入息上限試驗計劃」、「為獲聘於有薪工作的高額傷殘津貼領取者提供津貼以聘請照顧者試驗計劃」及「為低收入的殘疾人士照顧者提供生活津貼試驗計劃」。此外，政府表示，會考慮在適當時期進行一次性的專題訪問調查，以持續監察殘疾人士的貧窮情況。

4.7
小結

　　本章分析了不同社會群組的貧窮情況，包括青年、老年、離婚人士、少數族裔人士和殘疾人士。不同社會群組的貧窮問題有着不同的特徵，由不同的社會根源導致，因而需要不同的社會政策對症下藥來解決。例如，許多年輕人雖然努力工作，卻因從事低技術、低工資的行業而看不到向上流動的希望，這需要政府提供在職培訓的機會，幫助他們提升技能，擺脫貧窮。又比如一些少數族裔的貧窮，與語言溝通障礙以及無法融入本地社會有關，這需要政府不僅提供就業培訓，還需要提供中文學習的課程和開展融入社區的活動。貧窮問題不是孤立的，而是與許多社會現狀和歷史問題相互交織的結果，因而我們在幫助不同社會群組脫離貧窮時，也應關注導致他們貧窮的根本原因。

注釋

1　Vere, J. (2010), "Special Topic Enquiry on Earnings Mobility", The University of Hong Kong, School of Economic sand Finance, retrieved from http://www.lwb.gov.hk/eng/other_info/Special%20Topic%20Enquiry%20on%20Earnings%20Mobility.pdf.

2　Mok, K. H. (2015). "Enhancing Global Competitiveness and Human Capital Management: Does Education Help Reduce Inequality and Poverty in Hong Kong?", *China Review*, 15(2), pp. 119-146.

3　同上。

4　具體資料見《2013 年香港殘疾人士貧窮情況報告》，頁 5－7。

5　同上，頁 8－11。

6　詳見《2013 年香港殘疾人士貧窮情況報告》。

貧窮對社會的影響

5.1
透析貧窮與自殺率的地域性關係

　　香港有驕人的經濟成就、豐富的財政儲備、與挪威不相伯仲的GDP，但日益擴大的貧富差距，卻與非洲和南美的一些發展中國家類似。2016 年香港的堅尼系數高達 0.539，與非洲國家蘇利南、贊比亞相若。香港經濟的不平等現象，是否也存在於地區自殺率差異之中？為了深入了解香港自殺率的地區變化，本中心以全港的街段分區為分析單位，探討自殺率的地區差異，以及與地區社會經濟狀況的相關程度。

　　2015 至 2019 年間有 4,747 人死於自殺，其地理分佈如圖 5.1 所示，白色區域的自殺率接近全港平均值，自殺率高於平均值的街段以紅色表示，低於平均值則以藍色表示。要特別指出的是，圖 5.1 的街段自殺率是使用統計模型所計算的推估值，並非原始數值，因為原始數值相對上較不穩定。

I　高度經濟不平等的區域劃分

　　整體而言，高自殺率主要聚集在一些內城區，包括九龍的深水埗、黃大仙、觀塘，以及港島東和鄰近北角的一些地區，還有新界市鎮內的某些區域和一些離島區，這些區域多數屬於較貧困且人口密集的街段；相反，港島區上大部分區域（除了港島東及鄰近北角的某些地區）的自殺率都低於香港整體平均值，而這些區域也是相對上經濟狀況較好的地區。

我們進一步把各地區的自殺率與該地區的社會經濟指標進行相關分析，發現高自殺率與地區的幾項特性有關：獨居住戶比例、未婚人口比例、離婚或分居人口比例、從事低技能工作人口比例、低住戶所得。前三項特性可視為地區社會結構解離程度的指標，後兩項則是地區貧困程度的指標。結果顯示，地區的貧困程度愈高或社會結構解離程度愈高，愈有聚集高自殺率的風險。

值得一提的是，我們也發現街段的公屋比例愈高，自殺率也愈高，但此一關係可歸因於公屋居民的社會經濟弱勢，而非公屋本身的影響。

我們依據人口普查中的街段社會經濟狀況，發展出一項地區貧困指數，再依據每個街段的貧困指數，把全港所有地區分成五組，比較它們自殺率的高低。貧困程度愈高的地區自殺率愈高，最貧困地區的自殺率是最不貧困地區雙倍以上。要特別指出的是，自殺率

圖 5.1　香港 2015－2019 年自殺地理分佈

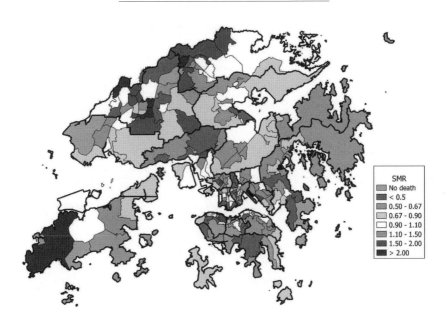

與貧困指數呈現線性梯狀關係，這表示相對於最不貧困的地區，其他地區的自殺風險都增加。所以，經濟不平等對自殺的影響並不僅限於最貧困的地區，而是社會中的每個階層，包括中產階級，都可能蒙受其害。

研究結果顯示，本港的高自殺率聚集在貧困且人口密集地區。然而，我們不應該視此一相關為必然現象，而應視為當前香港社會中，弱勢族群與社區承受着高度壓力與風險。香港的自殺情況呈現出高度經濟不平等現象，顯示社會經濟地位弱勢的社區極度需要協助，這是在制定防止自殺政策時，必須面對並納入考量的問題。

社會因素可能影響心理健康，進而造成自殺，因此在防止自殺此一議題上應正視社會經濟層面的上游因素，多管齊下，才能減除不平等所帶來的危害。

II 改善社會資源分配有效防止自殺

此外，居住貧困地區的年輕、中年男性是高自殺率的危險族群。因此，除了改善地區資源的分配，更需要明白各地區不同的需要和風險情況做出調整，才能得出更有效預防自殺的方法。政府應在社區中針對此社群，提供與教育和工作機會有關的扶助，也應強化高危險地區的社會及健康服務，讓生活在底層的民眾能夠獲得適當、足夠的支持。

以年輕人為例，並非所有年輕人都適應目前的考試制度，我們的社會亦需要具有各種不同技巧的人士，因此入讀大學不應該成為決定年輕人未來的唯一出路。如政府可以提升最低工資標準，商界願意聘用更多有一技之長但沒有接受大學教育訓練的年輕人，將會有助於增加青年的社會流動性，給基層家庭帶來希望。若未能聚焦在貧窮地區，提供更多就業機會，減少跨區的限制，使更多人能夠

就業或接受培訓都是重要的。

　　我們期待這幅香港的自殺分佈地圖，能引發各界正視弱勢社區未被滿足的需求，與自殺的社會因素，指引出一條互助共融、扶助弱勢、消除不均、促進社會整體幸福感的道路。政府、非政府組織和地區的團體應該好好地想一想怎樣有效利用地區的資源，發展以地區為本的防止自殺工作，減少悲劇的發生。

5.2
貧富差距與長壽的關係及其啟示

本港醫療架構扭曲，公營醫療服務壓力沉重，而私營服務收費則昂貴。低收入人士由於沒有能力負擔費用較高昂的私營醫療服務，只能在沒選擇的情況下長期輪候公營醫療服務，令公營醫院的服務長期處於供不應求的狀態，加上人口老化以及醫療成本上升，政府的公共醫療開支異常龐大。以香港人口增長情況估計，於 2033 年 65 歲以上的長者人數會超過 220 萬，而老人醫療開支更是非老人醫療開支的四倍，所以醫療服務開支將更進一步上升。有見及此，政府認為有必要對醫療體制作出改革，以改善醫療服務失衡致供不應求的問題，故於 2008 年開展醫療改革方案的諮詢。

政府醫療改革第一階段的公眾諮詢，題為「掌握健康　掌握人生」，提出六項自願融資方案，包括社會醫療保障、用者自付費用、醫療儲蓄戶口、自願私人醫療保險、強制私人醫療保險和個人健康保險儲蓄。2010 年，行政會議通過自願醫療保險方案。2010 年 10 月 6 日，政府推出第二階段醫療改革公眾諮詢，題為「醫保計劃由我抉擇」，建議推行由政府規管的自願醫療保障計劃，對自願醫療保險方案的細節進行諮詢，為期三個月。

2015 年初起，政府提出「自願醫療保險計劃」，旨在尋找一個公私營合作、可持續發展的方案，確保香港市民可以長久享用高水準的醫療服務。在本節，我們嘗試利用地區性家庭收入中位數來探討香港過去三十年貧富差距與人均壽命的關係，並藉此分析現在商討的「自願醫療保險計劃」有哪些需要注意的地方。

I　貧富差距對壽命長短影響減

　　香港被喻為國際城市，亦連續蟬聯全球最長壽地區之一。在 2020 年，男士平均壽命為 83.0 歲，女士則達 88.0 歲，是全球最高齡社會之一。香港本地生產總值（GDP）每年都穩步增長，市民整體就業率高，教育水準也不斷提高。然而，香港面臨人口老化和貧富懸殊問題也是不爭事實，當中更涉及醫療、福利、資源分配和長遠人口政策的討論。

　　根據政府統計處的人口普查數據，我們將 1981 年和 2006 年的地區性人口按家庭收入最高至最低劃分為五個組別。每個組別按照人口生命表計算出 1981 至 1985 年和 2006 至 2010 年的人均壽命。研究發現，1981 至 1985 年最富裕地區（最高的 20%）的人均壽命為 78.3 歲，比最貧窮地區（最低的 20%）多 2.4 歲。當中，最富裕地區的男士和女士平均壽命分別為 74.7 歲和 81.5 歲，比最貧窮地區分別多 2.1 歲和 2 歲。經過二十多年後，2006 至 2010 年最富裕地區的人均壽命增加了 7.1 歲至 85.4 歲。有趣的是，相比最富裕人口，最貧窮地區的人均壽命比二十多年前有更大改善，增加了 9.2 歲至 85.1 歲，壽命與現在最富裕人口只相差 0.3 歲。此外，最貧窮地區的男士增長 8 年壽命（80.6 歲），相比最富裕地區的男士只差 1.3 年（圖 5.2）。而最貧窮地區的女士增長 11 年壽命（90.5 歲），甚至超越最富裕地區的女士（圖 5.3）。

　　我們的研究顯示，在早年，貧富差距的確對壽命長短有較明顯的影響。但近年，雖然香港相對貧窮人口不斷增加，但其人均壽命卻顯著改善。這一變化受到多方面因素影響，其中，相信香港高質素的公營醫療服務功不可沒。不少人士的收入未能在香港經濟起飛中趕上通脹，導致中產下流和「M」型社會現象的出現，但在公營醫療體系裏，普通市民仍然獲得較為合理的待遇。香港的公營醫療服務日趨完善，每年政府撥款四分之一支出予醫療服務，有八成住

院病人來自醫院管理局轄下的公營醫院。公共醫療部門目前負責逾九成二級和三級護理，並得到政府 95% 的補貼。在接受醫療服務的機會方面，貧窮人士在香港能夠獲得較為合理的照顧，這也是香港值得驕傲的地方。近年，一些移居海外的香港人選擇回港接受政府資助的白內障手術或其他醫療服務，都是因為本地醫院能夠以合理的價格提供比外地較高質素的醫療服務。富有地區的人均壽命仍相對稍長的原因，與他們擁有更多資源，保持較好的生活質素，接受更好和更及時的醫療服務有關。若大多數市民都可以在公營系統中獲得有質素的基本和緊急醫療服務，那麼富人和窮人的生命保障就不會有太大差別。同時現在也有很多「富貴人」的病，如因攝取過量食物和缺少運動所引致的冠心病如糖尿病等；這些都是因為物質富裕，但飲食和生活習慣不健康所引致的。

圖 5.2　香港男性平均壽命

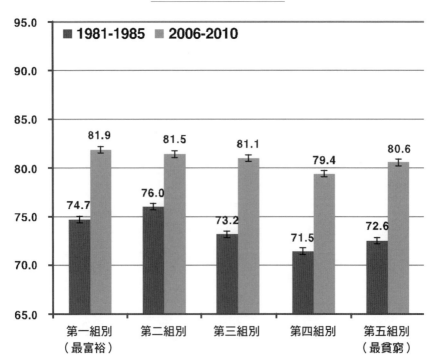

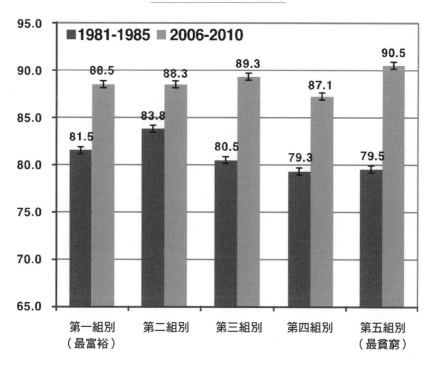

圖 5.3　香港女性平均壽命

當然，隨着人口老化，公營醫療系統面對巨大的壓力，病牀緊張、長時間輪候覆診、藥物品種、急症室和病房人手等種種問題都會很快出現。根據醫院管理局最新的數據，人口老化所引致的醫療支出急劇增加，對整個醫療系統帶來很大的衝擊，醫院管理局已經不能夠單憑減少病人住院的時間去控制急劇增加的需要。根據醫院管理局 2012 至 2013 年度的統計報告，整體住院的日子（hospitalization days）在過往十年不斷下降的趨勢已經開始掉頭上升。

II　自願醫保引伸額外醫療服務

筆者推斷，由於老人住院的次數和日數相對整體人口為多，隨着人口急劇老化，未來的整體人口住院日數只會不斷上升，增加

速度也會超過 GDP 增長的百分比。現在政府提出自願醫療保險的建議，希望能夠減輕公營醫療服務的負擔，引入公私營醫療的合作和協調，使市民能得到多一個選擇，是值得肯定的。但是，在實際行動方面，當局一定要加倍小心。鑑於私人醫療機構在人手和場地方面的限制，此舉能否有效減輕公營醫院的負擔，成為疑問。再加上保險設立以後，也會引伸出更多其他服務需求和一些額外醫療服務。

筆者曾參加過一個人口老化的會議，與會者指出，在美國約有 30% 的醫療服務對病者是沒有效益的。另外將會產生一些其他保健作用的治療和診斷，都會增加整體醫療系統的工作量，還可能影響真正有需要的病人得不到適時的治療。現在香港的公營醫療服務作為安全網是優秀的，但在自願醫療保險制度下，怎樣保障市民能接受到公私營提供的醫療服務，同時又能確保物有所值，維持並提升人口健康平等，還需要小心的執行。否則，政府和市民都花多了錢，整體健康的表現卻無法得到改善。再者，政府在疾病預防方面，有很大的改善空間，在基層醫療和提倡健康生活方面，政府還可以投放更多資源，做得更好，令市民不單活得更久，更活得健康，最終才可以有效地控制醫療開支。

III 政策思考：長者生活津貼的可持續性

2012 年，政府提出宣佈增設每月 2,200 元的「長者生活津貼」，作為重點扶貧措施，定位是在現存的高齡津貼（俗稱「生果金」）及綜援之間落藥，加強對 65 歲或以上及經濟上有需要的長者的支援，針對性對有需要的長者提供協助。新的津貼需要通過入息及資產申報，申請門檻等同現在 65 至 69 歲長者所申領的普通高齡津貼。

現今一些政黨堅持要求政府撤銷資產申報，同時讓現在領取 1,490 元高齡津貼的 70 歲長者，都能領取 2,200 元的「長者生活津貼」。另一政黨則建議撤銷 65 至 69 歲長者申領的普通高齡津貼的入息及資產申報。無論如何，這些建議都對未來政府的財政開支造成不同程度的影響，筆者希望在本節透過以下計算，提出有效的數據，對不同情況作出評估。

人口急劇老化

根據統計處《香港人口推算 2020–2069》數字，香港人口老化的幅度（magnitude）和速度（speed）近年來不斷增加和加快。香港正面臨人口急劇老化問題，2019 年男性及女性平均預期壽命已分別達到 82.2 及 88.1 歲，估計在未來五十年後將進一步上升約五年。2019 年 65 歲或以上人口佔整體人口 18%（表 5.1），十年後佔整體人口 26%，至 2069 年將佔整體人口的 35%，而 15 至 64 歲人口比例則會減少，由現在佔整體人口 71%，跌至 2069 年佔整體人口 58%（見表 5.1），所以人口老化增幅和加快的速度遠比以往為甚。

表 5.1 推算人口百分比

統計時點（年中）	2019 年（基準 Base）	2024 年	2029 年	2034 年	2039 年	2049 年	2059 年	2069 年
0 至 14 歲	12%	11%	10%	8%	8%	8%	7%	7%
15 至 64 歲	71%	67%	64%	63%	61%	59%	57%	58%
65 歲及以上	18%	22%	26%	29%	31%	34%	35%	35%

移民潮加劇老化

曾在 2012 年被英國經濟學人智庫譽為全球最宜居城市的香港，多年來為當地和移民人士提供便捷的生活和優質的教育資源與

就業機會。可是，香港的排名逐漸下降，而本港的淨遷移人口也出現了變化。移入香港的單程證持有人自從 2019 年開始連續下跌，而 2019 年的社會運動和 2020 年新冠病毒肺炎疫情掀起了新一波的移民潮，對香港人口發展造成影響。港府統計處顯示，本港的淨遷移人口在 2018 年與 2019 年一直維持着正數，直到 2020 年年中起逐漸由 2020 年上半年的負 2.62 萬下降至 2020 年下半年的負 3.98 萬。藉此可見，離港人數一直在陸續增加。

此外，2021 年的《綜合住戶統計調查按季統計報告》亦顯示中青年人士為近期主要的外遷人口，讓 2020 年男女合計總數在 5 歲至 24 歲和 25 歲至 39 歲這兩個年齡階段分別下降 0.2% 與 0.1%。隨着大批中青年人士離港，香港踏入老年的人口卻持續增加。本港長者佔整體人口的比例長期上升，由 2009 年的 12.5% 上升至 2019 年的 17.6%，這個數字亦只會隨着戰後出生的勞動人口退休而繼續增長。相反，中青年人士的百分比卻長期維持平穩。2020 年起流失的中青年人士只會加劇這現象，讓香港面臨人口老化帶來的種種挑戰。失去年輕人，減少擁有高學歷和收入的人群，拖慢了香港的經濟發展速度。失去年輕人，減少了多個在職家庭的工作人口和工作，增加了因失去經濟支柱而變得貧窮的人口。

政府津貼開支不斷上升

根據社會福利署數字，截至 2021 年 6 月，高齡津貼個案共 295,630，普通高齡津貼（65－69 歲，要資產申報）佔約 8 萬，申領比例為 30.5%，而 70 歲或以上豁免資產申報的高齡津貼則有 45 萬，申領比例為 62.7%。2013 年估計需發放的款項為 71.2 億元（見表 5.2，A 欄），佔 2012/13 財政年度社會福利經常開支 440 億元的 16.2%。假設未來申領高齡津貼的人數按這兩個比例每年調整，在原有的高齡津貼制度下（1,090 元），2018 年的開支達 85.7 億元，2023 年將逾 100 億元，至 2041 年則為 187.9 億元（同見表 5.2，A

欄），佔社會福利經常開支 42.7%，平均年增長達 3.5%。這些數字並未計算津貼金額的定期調整和政府在福利開支的增長，所以就算只是沿用上一屆政府的高齡津貼開支條件，已經在不久將來為社會福利財政造成沉重負擔。

前行政長官梁振英提出的「長者生活津貼」，將令政府的高齡津貼開支顯著增加，筆者嘗試以政府提供的數字及 30.5% 的普通高齡津貼申領比例進行估計，加上考慮到強積金保障生效後，未來新一代長者普遍較現今一代富裕，將來 70 歲或以上、符合資產申報規格的長者約佔相對人口的三分之一。在設有入息及資產申報的前提下，未來每年有 30.5% 的 65 至 69 歲及三分之一的 70 歲或以上長者申領新的「長者生活津貼」，剩下約三成（62.7% – 33.3%）70歲或以上長者維持領取沿用的高額高齡津貼，在 2013 年兩項津貼的總開支估計會增加至 115.3 億元，2023 年再攀升 54% 至 177.1 億元，到 2041 年約為 300 億元（表 5.2，B 欄），以 440 億元的經常開支作比較，單單兩項津貼的總金額已佔約七成。

表 5.2　推算政府津貼開支（高齡津貼＋長者生活津貼）（單位：億元）

加設長者生活津貼 2,200 元

	A：現有生果金政策	B：65歲以上要申報	C：65-70歲要申報，70歲以上免申報	D：65-70歲要申報，70歲以上免申報（全部70歲以上長者申領）	E：65歲以上全免申報（65歲以上長者均申報）
2013 年	71.2	115.3	143.6	184.7	226.6
2019 年	85.7	140.3	173.1	220.5	281.5
2023 年	108.3	177.1	218.6	278.7	354.7
2028 年	135.7	220.7	273.9	351.1	437.1
2033 年	161.4	259.6	325.9	421.9	502.6
2041 年	187.9	299.6	379.3	495.0	569.1

不帶申請條件　社會福利開支入不敷出

如果採納政黨建議，申報制度沿用現行的生果金機制，即 65 至 69 歲的長者維持申報，但 70 歲或以上長者豁免，這等同直接增加高齡津貼至 2,200 元，其中一個推算假設就是申請人比例不變，65 至 69 歲長者申領比例維持 30.5%，70 歲或以上長者申領比例維持 62.7%，2013 年的津貼開支估計為 143.6 億元（表 5.2，C 欄），十年後增加 52% 至 218.6 億元，2041 年增至約 380 億元，佔社會福利開支 86.2%，其他社會福利設施的開支會相對地被「陰乾」，相比設有資產申報機制，每年將增多 30 至 80 億元，而每年這筆款項可否更有效地運用？

筆者提供另外兩個情況作為參考，若增加津貼至 2,200 元，而 70 歲以上不附帶任何申請條件（65 至 69 歲仍要申報），有可能吸引 70 歲以上未申領高齡津貼的長者加入。屆時 2013 年的老年津貼開支將增加至 184.7 億元（表 5.2，D 欄），短短的十年間會再增加至 278.7 億元，三十年後將達 495 億元，屆時整體社會福利經常開支已未能滿足其需要。如進一步撤銷資產申報至 65 至 69 歲的長者，我們估算 2013 年的 226 億元（表 5.2，E 欄）增加至三十年後將達 569 億元。

香港勞動及納稅人口不斷減少

長者生活津貼的額外開支大幅增加，那麼收入又如何？若果香港整體勞動人口不斷增加，生產力不斷提高，問題當然不大，但很可惜，香港面對的現實卻是未來勞動人口以至納稅人口不斷減少，實是雙重打擊。根據稅務局 2011/12 年報，2011/12 年度薪俸稅納稅人共有 152 萬，佔 2012 年中 20 至 64 歲勞動人口的 30.8%。假設將來此納稅人口比例不變，2013 年會有 153 萬納稅人（表 5.3），2018 年的納稅人口會稍微上升 3 至 4 萬人，但之後將會持續減少，再加上香港稅基狹窄，兩成工作人口佔入息稅的八成，情況實在令

人擔心。當然香港的稅務收入並不只薪俸稅，但若我們簡單地以津貼開支除以納稅人口來作比較，在沿用的高齡津貼政策下，2013年每名納稅人平均每年負擔約 4,679 元的津貼開支（表 5.3，A 欄），換言之，每名納稅人每年正在支持一名長者約四個月的生果金。加入新的「長者生活津貼」，每名納稅人將平均每年負擔 7,580 元（表 5.3，B 欄），如果撤銷申報，此數字更會增加至逾萬元（表 5.3，E 欄）。

表 5.3　推算納稅人口及每名納稅人每年平均負擔津貼
（高齡津貼＋長者生活津貼）開支（單位：元）

	納稅人口（萬）	加設長者生活津貼 2,200 元				
		A：現有生果金政策	B：65 歲以上要申報	C：65-70 歲要申報，70 歲以上免申報	D：65-70 歲要申報，70 歲以上免申報（全部 70 歲以上長者申領）	E：65 歲以上全免申報（65 歲以上長者均申領）
2013 年	153.3	4,679	7,580	9,444	12,147	14,899
2019 年	156.9	5,593	9,154	11,289	14,387	18,366
2023 年	154.4	6,902	11,286	13,930	17,765	22,607
2028 年	149.6	8,790	14,293	17,741	22,741	28,312
2033 年	149.1	10,793	17,356	21,784	28,205	33,599
2041 年	148.8	12,607	20,095	25,446	33,207	38,174

圖 5.4 更能清楚把上述數據形象化。簡言之，香港納稅人口不斷減少（棒形不斷變矮），但納稅人平均負擔老人津貼開支卻不斷增加（同一條折線不斷上升），每放寬一項審查關卡，負擔就愈重（整條線向上移），與納稅人口下跌的差距就愈大。

圖 5.4　推算納稅人口及每名納稅人每年平均負擔津貼開支

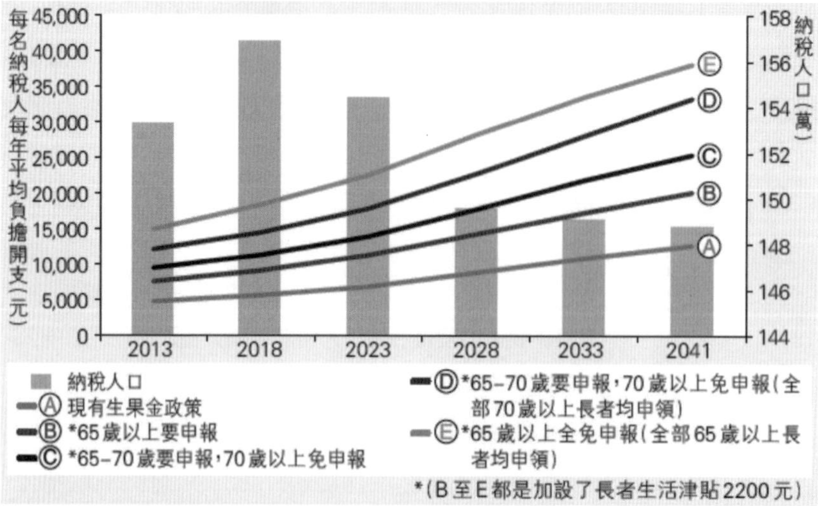

圖片來源：《明報》製圖

長者生活津貼不設資產審查請三思

現在一些政黨要求長者生活津貼（俗稱「雙倍生果金」）免資產審查，認為一旦通過相關的審查機制，便改變了原本生果金的設立是為了要表達對老人家敬意而免資產審查的基本精神，也有一些論點認為，免入息審查的額外開支，相比執行入息審查所節省的開支（扣除審查的行政費用），只多了十多億元而已，但這些論據流於表面，甚至誤導市民大眾及納稅人，並沒有為香港未來的整體發展需要着想。

首先，照顧有需要和生活困難的長者是必要的，也是一個有人文精神和文化社群的表現。長者生活津貼並不是，亦不應該等同於生果金，此項津貼應為補貼不符合領取綜援，但單靠千多元生果金不足維持日常開支的長者，所以不能與純為「孝敬」老人家的生果金混為一談。再者，政黨只着眼一年的數目，沒有理性地討論如何處理免資產審查對將來政府和社會所構成每年加速遞增的嚴重財

政負擔（financial burden），有「騎劫」社會人士想長者生活質素改善（betterment of living standard）的良好願望之嫌。特區政府於 2010 年給予每人 6,000 元的政策，引起社會不少批評。當時不少人都認為是浪費，有關政策不能對症下藥，有需要的人得不到有力的幫助，對沒需要的人根本沒有任何影響。現在要求沒有資產審查的長者生活津貼（allowance for living），情況同出一轍。如果政府能集中可動用的資源，幫助老弱無依的長者及傷殘不幸的人士，給予到位和有效的支援，才是正確的方式，但現在恐怕只為了獲取一時的掌聲，到最後要整個社會賠上巨大的代價，請多多三思。政府在 2019 年向本地所有年滿 18 歲的人士派發一萬元現金津貼，共花費近七百億，而政府更為定居於外地的香港居民派發這筆現金，理由是核對居民居住地的工序太繁瑣。這些都反映政府行事粗疏，沒有經一事，長一智。2010 年已經有一個豐富的經驗，為什麼十年之後，仍然是同一個理由，是否我們在這十年內都沒有進步呢？且 We don't inherit from our ancestors but borrow from our descendants（我們生活的世界不是從祖先那裏繼承來的，而是從我們的子孫後代那裏借來的）。

　　未來五至十年間，隨着人口預期壽命不斷改善，65 歲或以上的人口數量將會不斷增加，但勞動人口（labour force）則減少，政府稅收相繼減少。另一方面，隨着退休強積金的效應，整體老年人口的財政狀況將會比現在有所改善，若有一半人不符合入息審查，政府便可以靈活動用這些資源（use of resources），更有效地幫助另一半真正有需要的人士，使他們的情況有真正具體的改善，而另外一半的人士，他們的生活也不會因未能有長者生活津貼而受到影響，這不是更有效的資源運用嗎？

提倡更有效的資源運用

　　若不設立資產審查，有限的資源便不能有效地為有需要的長者提供到位的援助。為什麼國民教育能激發起一場運動，父母就是擔心子女受到不良的影響，同樣地，沒有資產審查的長者支援，同樣是將財政負擔推給年輕的一代。

　　筆者認為，大家的討論焦點應是政府提出的資產（18.6萬元）及入息限額（每月6,600元）是否恰當。2,200元的津貼額是否足夠？設立長者生活津貼後如何不致令原本的生果金「陰乾」，怎樣令生果金也按社會經濟情況得到調整？如何鼓勵有需要或隱蔽的長者申請等。所謂魔鬼在細節裏，請不要錯配資源（mismatch of resources），也不應給市民發出錯誤的資訊和不合理的期望。我們希望議員們花多一點精神為此項影響深遠的福利措施作通盤考慮，而作為一個有為負責任的政府，實需要紓解民困，同樣也要為可持續發展方向、為我們的下一代福祉，撥亂反正，對一些不合理的要求說不，政府亦應訂立具透明度的檢討機制（transparent review mechanism），為長遠發展定立目標，不要淪為滿足長官一時意志的作為。

天下沒有免費的午餐（No free lunch）！

　　現時「長者生活津貼」只可以暫時滿足部分有需要的人士，香港需要一套全面的長者生活保障政策。政府和各界要多聆聽、多研究，才能制定有效益和可持續的安老政策。還有，千萬不要忘記，No free lunch! Someone has to pay for it（天下沒有免費的午餐，總有人需要為此付出代價）。

IV 政策思考：從人口結構看全民退休保障

人口推算：老化增加　勞動人口下降

　　政府統計處的《香港人口推算 2015 - 2064》，首次推算出香港未來人口將出現跌勢。根據基線人口推算，「居港人口」將由 2014 年年中的 724 萬增至 2043 年年中的 822 萬頂峰，然後回落至 2064 年年中的 781 萬，整個五十年推算期平均每年增長率為 0.2%。統計處亦編製了額外兩個推算情景，即出生率較預期高、死亡率較預期低等因素的「較高人口推算」及相反的「較低人口推算」，前者推算香港人口將一直增加至 2064 年的 912 萬，後者則預計 2064 年僅得 714 萬。

　　由於現時香港生活較從前豐裕，市民更注重健康，以致過去二十年死亡率持續下降，港人平均預期壽命亦上升。統計處推算，2014 年男性出生時平均預期壽命為 81.2 年，女性則為 86.9 年；至 2064 年出生時，平均預期壽命更分別上升至 87 年及 92.5 年。雖然人口愈趨長壽，但老年人口所佔比例增加，是引致死亡人數上升主因。

　　香港未來人口持續老化，統計處推算，年齡中位數將由 2014 年 43.7 歲，升至 2034 年 50 歲，再進一步上升至 2064 年 53.5 歲（全部數字均不包括外籍家庭傭工）。以本港 65 歲及以上長者比例推算，將由 2014 年 15% 顯著上升至 2034 年 30%，2044 年已是「每三個人當中便有一名長者」，2064 年比例更高達 36%，屆時「每十個人當中便有一人為 85 歲或以上」，有關變化與戰後嬰兒潮出生的人踏入老年有關。同時，推算 15 歲以下人口比例，將由 2014 年 12% 逐漸下降至 2064 年的 9%。

　　長者增加而小童減少，顯示撫養比率進一步惡化，未來勞動人口擔子更重，但縱然「捱」得到退休，生活是否能得到保障，亦是市民的普遍憂慮。2014 年香港每千名勞動人口（15 - 64 歲）合計

共供養 371 名長者或 15 歲以下的少年及兒童，統計處推算該比率會持續上升至 2064 年的每千人供養 831 人。另一方面，更新後的整體勞動人口（不包括外籍家庭傭工），按推算將由 2014 年 360 萬微升至 2018 年 365 萬，然後降至 2031 年 343 萬，隨後至 2038 年將徘徊在 342 萬至 343 萬之間，最後下降至 2064 年 311 萬。

2012 年人口淨流入的推算仍沿用 150 個單程證配額作假設，但近年持單程證來港定居的人數有下降趨勢，最新推算估計，2027 年後平均每日只有 100 人持單程證來港定居。單程證人數估算減少，是基於近年跨境婚姻減少，以及國家發展前景改善令內地人來港定居意欲減少這兩個已知趨勢有關，故政府在最新的人口估算中，把單程證來港人數的推算由每日 150 人減至 100 人，有關改動是符合以過去趨勢作基礎的推算要求。

全面退休保障的邏輯

二十多年後的香港將會是一個不折不扣的「銀髮城市」。安老是重要的公共政策議題，需要整個社會正視和共同承擔，讓長者可以在香港這個家安享晚年。要讓長者老有所養，退休保障是重要的一環。目前，香港的退休保障制度仍在演變及進化，過去重要的發展包括十多年前引入強制性公積金（強積金）制度，以及本屆政府上任初期推出的長者生活津貼。社會上不時出現改善退休保障制度的聲音，但如何改革和怎樣處理改革帶來的財務承擔，卻意見紛紜。有意見認為應優化現行須經濟審查的計劃去幫助有需要的長者（「有經濟需要」原則），但也有建議不設經濟審查、向所有長者提供劃一金額（「不論貧富」原則）。

退休保障與長者貧窮問題息息相關。前行政長官梁振英在競選政綱中表示會「就處理老年貧窮問題，研究如何引入短、中、長期措施，改善現時的社會保障和退休保障制度」。儘管本屆政府已實施長者生活津貼，並加強了多項與長者福利、醫療和交通有關的服

務，社會仍須繼續改善退休保障制度，為香港人口老化作好部署。

　　過去多年，社會上要求增設全民退休保障的聲音不絕於耳。全民退保，即是不論長者的經濟狀況，統一為年滿 65 歲的長者每月提供養老金。2013 年 5 月，由政務司司長領導的扶貧委員會（委員會）委託周永新教授領導的研究團隊，就退休保障的未來方向進行研究。研究報告（《報告》）於 2014 年 8 月公開，讓市民討論。該研究團隊認為，政府必須認真及慎重地考慮，在退休保障未來發展問題上，應否設立給予全港 65 歲及以上香港永久性居民一種定期發放的老年金。這項新引入的老年金，應被視為香港永久居民應享的權利，是保障他們年老生活三根或五根支柱之一。[1]

　　2015 年 12 月，委員會就退休保障進行公眾諮詢。諮詢以扶貧委員會的名義進行，並針對加強長者退休保障究竟應該採納「不論貧富」抑或「有經濟需要」的原則，提供可供比擬的模擬方案、兩者的財政承擔及對公共財政的影響。此外，文件亦對強積金的「對沖」安排做出了諮詢。

退保金額背後　對長者安享晚年的想像

　　筆者認為，全民退休保障對長者退休生活有幫助，但要考慮「錢從何來」。此外，長者生活津貼有需要設資產申報，確保社會資源用得其所（分析詳見上節）。除了爭論退保的發放金額，大家亦需考慮退休長者各方面的確切需要，例如租金低廉的房屋、可承受人口老化龐大需求的健全醫療制度，政府甚至可以考慮「包生死」，照顧長者的殯葬需要，讓長者能無憂及有尊嚴地安享晚年（decent living）。針對沒有家庭的單身長者，院舍服務和社區照顧服務必須同時力推，政府亦應從預防做起，積極鼓勵市民做運動，多管齊下。

5.3
貧窮與不同類型住屋的關係

　　上屆特首林鄭月娥重申她的競選承諾，解決住屋問題是她政策的重中之重，但去年排隊輪候公屋的人數達至三十多萬人的新高，平均輪候時間超過六年，實在令人失望。歷屆政府希望通過提供公共住房，用更加積極的態度和方式來解決日益增長的樓價和租金問題。事實上，公屋政策為低收入家庭提供了重要的緩衝。租住私樓對很多人來說都是不能承擔的一筆費用，而購買私樓則更加遙不可及。

　　香港提供了一個有趣的亞洲案例研究，這個城市與全球經濟高度關聯，同時它與世界其他城市在住房稀缺和城市不平等上顯示了類似的趨勢。公共租賃住房是公共房屋計劃的最大部分。香港目前在世界資本主義的城市中有最大的公屋系統，超過兩百萬居民生活在公共租賃住房（佔人口的 30%），近 140 萬居民住在資助的自置居所單位（17%）。

　　解決房屋和貧窮問題一直是政府施政的重點之一，政府在 2017年的扶貧委員會高峰會中公佈了最新的《2016 年香港貧窮情況報告》（以下簡稱《報告》），《報告》中額外強調公屋的重要扶貧效果。政府的分析顯示政策介入前後貧窮人口及貧窮率都有顯著下降，2016 年由 135.3 萬人（19.9%）減至 99.6 萬人（14.7%）。當中公屋的扶貧成效十分顯著，若將公屋的非現金轉移也量化計入住戶收入時，對貧窮率的減幅達 3.4 個百分點。此扶貧成效甚至高過每年支出超過 200 多億元的綜援現金恆常援助（個別減幅為 2.8%）。

公屋有助於減輕家庭開支負擔，大大改善幾層家庭的生活。值得注意的是，由於公屋申請有一定的入息門檻，較能聚焦於貧窮住戶。具體來說，公屋令貧窮住戶受惠金額的比率（34.1%），遠高於非恆常現金的相應數字（11.8%）。

研究香港住房問題的學者指出，香港在全球經濟中的成功和地位，部分歸因於廣泛的公共房屋計劃，這跟香港常常聯繫在一起的自由放任政策制度形成了鮮明對比。本節將從不同房屋類型的貧窮數字、住戶月收入、居民健康等不同角度分析公屋的福利，並討論公屋富戶、夾心收入階層等社會問題。最後，我們將會從土地供應、公屋申請與分配等方面對房屋政策作出建議。

I 從不同房屋類型的貧窮資料看公屋的扶貧作用

貧窮與房屋有密切的關係，在本節，我們希望能進一步去探討兩個問題：（1）住房如何影響貧窮？（2）不同的房屋類型和貧窮的程度有什麼關係？

從《報告》中，按照住屋類型的分析傳遞出明確的訊息：不同住屋類型之間的貧窮狀況有着明顯差異（見圖 5.5）。政策介入前，有近半的貧窮人士（49.4%）居於公屋，多達 668,400 人，其次為自置居所住戶（45.9% 或 447,400 人）。其中，大部分自置居所中的貧窮住戶沒有按揭的住戶有 446,400 人（19.1%），有按揭的住戶只有 63,600（5.3%）。另外，私樓住戶的貧窮人士達 135,000 人（14.2%）。在不同住戶類型中，公屋的貧窮率最高，達到 32.5%。自置居所和私樓住戶的貧窮率顯著較低。

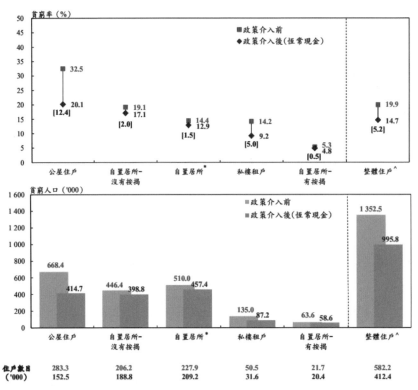

圖 5.5　2016 年貧窮人口及貧窮率，按住屋類型劃分

住戶數目					
（'000）	283.3	206.2	227.9	50.5	21.7	582.2
	152.5	188.8	209.2	31.6	20.4	412.4

注：（**）　包括有及沒有按揭及借貸的自置居所。
　　（^）　除公屋住戶、私樓租戶及自置居所住戶外，還有其他住戶（包括免租戶及居所由僱主提供的
　　　　　住戶）。
　　[ ]　方括號內數字為貧窮率的減幅百分點。
資料來源：政府統計處《綜合住戶統計調查》。

研究理論：房屋成本對貧窮人士的影響

　　英國專注社會政策與發展的志願機構約瑟夫‧朗特利基金會（Joseph Rowntree Foundation）[2] 在 2013 年發表的報告指出，低成本高品質的房屋對於大眾來說意味着其他可支配的收入顯著增加，生活用品的緊缺得到改善，並且保持了工作的積極性。房屋的成本是構成貧困和生活用品匱乏的重要原因，同時也直接導致了貧困。有足夠的證據顯示，糟糕的居住環境在某種程度上影響了孩子的發展和大人的健康情況。

然而在香港，社會上的低收入人士不僅要支付高額的樓價和貴租，還要面對飛漲的物價，因此每月可供支配的收入所餘無幾，以致生活非常拮据。美國研究機構 Demographia 在 2018 年初公佈的年度國際樓價負擔能力報告（*14th Annual Demographia International Housing Affordability Survey*）[3] 中，以樓價／收入比來評估居民的房屋負擔能力，調查分析了 293 個國家都市的樓價，結果顯示香港的房價收入比為 19.4 倍，較 2016 年調查（18.1 倍）進一步上升，使得香港連續四年居於房價最難負擔城市之首。正是這日益升高的樓價導致房屋成本的增加，加劇了香港貧窮人士的負擔。同樣，我們也可以在《報告》中看到，在 2020 年，居住在私樓和自置居所（有按揭）的人口在政策介入後反而和公屋住戶的人口在貧窮率及貧窮人口上不相上下（見圖 5.6）。有很大可能部分人群在住房成本產生之前並未有過貧困現象。

公屋扶貧成效大

事實上，2020 年發佈的《報告》中，最新的資料亦再次印證公屋的扶貧成效。恆常現金及非現金福利（主要是公屋）的扶貧成效在保障基層住屋需要方面發揮重要的扶貧功效。以公屋福利轉移估算，政策讓 98,300 個受惠住戶，即是共 265,900 人脫貧。這令整體貧窮率減幅達 3.8 個百分點，比個別恆常現金項目還要高。

當中傳達的訊息非常清晰：興建公屋不單能解決基層市民的住屋問題，也具扶貧成效，低廉的租金可以讓基層家庭有更多資源去改善生活，將資源投放到下一代，有利於整個家庭向上的社會流動。

房屋對貧窮的影響在市民中也有廣泛的認可。葵涌劏房住客聯盟於 2013 年對一百五十名居於舊式私人樓宇或劏房、頂樓加蓋屋等不適切居所住戶進行訪問調查，發現近七成五受訪低收入住戶認為本港貧窮情況未見改善，高達九成人同意本港住屋是貧窮成因

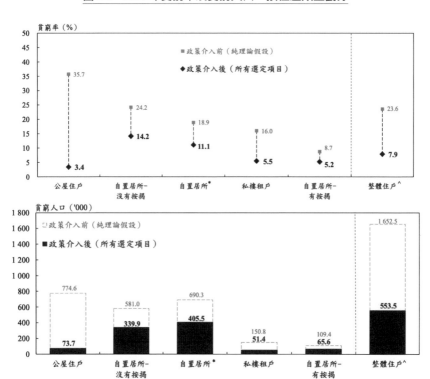

圖 5.6　2020 年貧窮率及貧窮人口，按住屋類型劃分

注：（＊）包括有及沒有按揭的自置居所。
　　（＾）除公屋住戶、私樓租戶及自置居所住戶外，還有其他住戶（包括免租戶及居所由僱主提供的住戶）。

資料來源：政府統計處《綜合住戶統計調查》

之一。不僅如此，在香港社區組織協會轄下的兒童權利關注會對一千八百名貧窮兒童的訪問調查中，房屋被受訪兒童評為最關注的問題。不少屈居於劏房的兒童，其最大心願是政府增建公屋，縮短公屋輪候時間，改善居住環境。

新加坡的經驗

　　為了解決因住屋而致貧窮的問題，新加坡的經驗很值得借鑒。在上世紀六十年代初期，前總理李光耀上任時，新加坡面臨嚴峻的房屋問題，於是新加坡把自置居所列為國家目標，以促進社會的凝聚力

和愛國主義為政策目標，開始實行可租可買的公共房屋政策，公屋戶可用等值於租金的價錢買下居住的單位。不僅如此，為了增加土地儲備，新加坡還在六十年代中期至八十年代初期展開大量填海工程和強制收地工作，使得土地總面積較六十年代增加了一半。

香港興辦公共房屋比新加坡早。李光耀說他看到香港發展公屋的經驗，從香港取經，才開始規劃他的房屋政策，但他們的實踐卻更有效果。為了提供市民可負擔的公共房屋，鼓勵自置居所，新加坡建屋發展局借鑒香港的居者有其屋計劃（Home Ownership Scheme），將承擔建造的公共房屋（即「組屋」）以市值六到七成的價格發售。在這五十年不間斷地大量開發「組屋」，新加坡建屋發展局共興建九十萬個「組屋」單位。如今，新加坡有八成人住在組屋，九成五人擁有組屋，為全世界唯一一個接近有百分之百人民擁屋率的國家。

針對最低收入住戶，除了中央公積金購屋津貼外，新加坡政府亦向首次置業的低收入住戶提供額外中央公積金購屋津貼（Additional Central Provident Fund Housing Grant）及特別中央公積金購屋津貼（Special Central Provident Fund Housing Grant），幫助他們購置居所。針對特定人群，新加坡政府也設定了不同的優先配屋計劃，如育兒優先配屋計劃、租戶優先配屋計劃、第三名子女優先配屋計劃、「買房加教育」扶貧計劃及原地養老優先計劃等等。

如今，當年買下的公屋不但地區升值，房價也上升數倍。那些第一批入住公屋的市民雖然都是花甲古稀之年，但可以充分享受安居，不會因住屋問題而列入窮籍。相反，香港政府雖然於上世紀七十年代就開始居者有其屋計劃，但在亞洲金融風暴的衝擊之後，政府為面對樓價下跌、私宅市場疲弱、失業高企、負資產激增及地產發展商的施壓，從 2002 年的《公營房屋架構檢討報告書》開始，對房屋政策重新定位，並由 2003 年開始宣佈停建及停售居屋、終止私人參建計劃、以「勾地表」替代定期的公開土地拍賣，以及逐

漸減建公屋。2005年曾蔭權上台後繼續控制土地供應，令樓價不斷升高，當時社會中已有不少反對聲音，很可惜政府卻充耳不聞。再加上之後受自由行影響，整體樓價如脫韁野馬一般無法掌控，進一步加劇了貧富懸殊等社會矛盾。試想，香港政府若不是近十幾年來執行消極房屋政策，現今的貧窮狀況亦不會那麼嚴重。

調節公屋和居屋數量和兩者之間的協同效應

俗語說，安居才能樂業，住宅對於每一個人來說都是非常重要的。現在分享兩個真實的例子。

A小姐自小與母親相依為命。兩年前居屋業主收回以友情價租出的「蝸居」後，驟感迷茫。天下之大，竟找不到容身之所。當時母親及自己均有穩定工作，兩人不合資格申請公屋，卻又負擔不起私人樓宇昂貴的租金，更莫說「上車」買樓，對兩母女來說簡直是天方夜譚。結果，為了成為公屋合資格申請人，母親辭去了工作，寄居於親友籬下的板間房，A小姐則硬着頭皮投靠多年不見的父親。按房屋署指示，兩人公屋的入息上限為16,000元，因此母親只能到街市打打散工。兩人的生活開支主要靠A小姐的文職工作一力承擔。

有能力成為私人屋宇租戶的，其實命途亦同樣坎坷。B先生月入不到3萬元，須照顧太太及初生嬰兒。月薪的一半以上都花在住屋問題上，餘下的還有兩人的起居飲食及照顧嬰兒的大筆開支，讓B先生成為了「月光族」，莫說為兒子建立學習基金，有時候他們更處於入不敷支，需要消耗儲蓄的困境。

對貧窮人士而言，每月在住房上的固定開支佔據了他們收入的相當大部分，政府若能增大對公屋的投資，促進公屋建設，將可長遠有效減輕貧窮人士的支出負擔。房屋議題是每年施政報告中政府重中之重的工作，有計劃增加公屋的建設，並將新落成公屋單位發售，給市民多一個選擇。隨着香港公屋供不應求、可開墾住宅用地

嚴重短缺、青年上流問題、人口迅速老化等現狀，如何透過調節公屋和居屋數量和兩者之間的協同效應，緩和低收入人士負擔以至年輕人置業成家的壓力，是刻不容緩的課題。恆基主席李兆基曾提出捐地建造青年可負擔的住所，希望能有更多地產商站出來，承擔起社會責任，使香港這座城市不僅商機處處，而且愛心滿滿。

II 從住戶月收入結餘看公屋福利

公屋具顯著扶貧效果

　　基於政府統計處每五年進行一次的住戶開支統計調查，我們對比分析了 2014/15 年和五年前（2009/10 年）的住戶開支調查數據，計算住戶月收入減去月開支得到每月的收入結餘，將結果按收入五等分和房屋租住類型呈現（見表 5.4）。資料被分類為公屋租戶、私屋租戶，以及沒有房屋貸款的私屋自置住戶。剔除了有房屋貸款的私屋自置住戶，因為該系列調查未能獲得準確的房屋貸款數據。如表 5.5 顯示，以縱向時間跨度來對比。總體來說，大多數組別在 2014/15 年度的結餘狀況都好過 2009/10 年度，但在橫向比較不同組別時，無論在 2009/10 年度，還是 2014/15 年度，「夾心階層」，即私屋租戶中最低收入組別的家庭，平均每月都處於入不敷出的狀態。雖然從 2014/15 年的數據顯示此組別的經濟困境稍有紓緩，但仍然堪憂。私屋租戶的平均月入結餘遠低於相應的公屋租戶，收入最低的 20% 私屋租戶之平均月入結餘皆小於零。反觀公屋租戶，在同等收入情況下的月入結餘，已經達到了沒有房貸的私屋自置家庭的標準。

　　讀者或許會質疑家庭結構差異可能導致開支需求不同，因此我們特別配對了家庭收入、戶主年齡和性別、住戶人數、家裏兒童（14 歲及以下）和長者（65 歲及以上）數目相同的公屋租戶、私屋租戶和無房貸的私屋自置群組來作比較。

表 5.4　各類住戶月入結餘（單位：港元）

收入組別	2009/10 年度			2014/15 年度		
	公屋租戶	私屋租戶	私屋自置	公屋租戶	私屋租戶	私屋自置
第一	761	-3,273	-812	1,921	-1,842	1,052
第二	4,540	-508	4,459	7,370	1,047	5,873
第三	10,082	4,632	10,684	12,766	4,479	11,821
第四	19,320	10,729	20,104	22,028	12,227	22,697
第五	47,778	38,194	52,534	36,321	48,196	53,393

注 1：「第一」為最低收入組別，「第五」為最高收入組別。
注 2：以 2014/15 年度固定價格計算。
注 3：分析數據不包括家庭傭工；住戶指家庭月收入大於零且住戶內除外籍家庭傭工外至少有一名成員為就業人士。

結果如表 5.5 顯示，戶主的年齡對月入結餘沒有顯著性影響。然而，若戶主是女性、住戶人口愈多、兒童數目愈多及長者數目愈少，便愈容易對該家庭的月入結餘有負面的影響。但對家庭結餘產生最顯著影響的仍是住屋類型。當兩戶家庭在各家庭結構、收入各方面都類似的情況下，如果一戶居住公屋，一戶租住私屋，前者比後者的月入結餘平均高出約 8,700 港元！這一差距在 2009/10 年只是約 7,000 港元，這說明了公屋的福利價值在這五年裏進一步上升了。

根據我們的分析，公屋的平均福利金額達到驚人的每月近 8,700 港元，再次印證了公屋作為重要的福利政策工具擁有顯著的扶貧效果。在樓價仍然大幅超於市民承擔之下，增加公屋的供應值得政府繼續支持。但政府過往在做長遠房屋策略的時候，主要是基於住戶數目淨增長、受重建影響、居住環境欠佳，以及根據過往趨勢推斷的未來房屋新增需求，並未考慮符合公屋申請條件，卻在私人樓宇捱貴租的低收入家庭的公屋需求。公屋的設計宗旨是為「沒

表 5.5　住戶月入結餘回歸分析

變量	2009/10 年度 回歸系數	2014/15 年度 回歸系數
戶主年齡	19	-6
女性戶主 #	-1108**	-979**
住戶人口	-1532**	-1373**
兒童數目	-1338**	-1383**
長者數目	1235**	837**
私屋租戶 ˆ	-6959**	-8698**
私屋自置 ˆ	508	-43
住戶月收入	0.615**	0.605**
截距	-1616	132

** 顯著性水準 p<0.01；# 參照組是男性戶主；ˆ 參照組是公屋租戶。

注 1：以 2014/15 年度固定價格計算。

注 2：分析數據不包括家庭傭工；住戶指家庭月收入大於零且住戶內除外籍家庭傭工外至少有一名成員為就業人士；回歸分析剔除了月入結餘最大和最小 1% 的住戶。

注 3：兩個回歸模型的可解釋變異量比（R 平方）都是 72%。

有能力租住私人樓宇的低收入家庭」提供住屋保障。「夾心階層」雖租住私屋，但入不敷支，正屬於「沒有能力租住私人樓宇」的典型案例。最新的公屋輪候時間不斷增加至平均 3.9 年，但實際上，有不少家庭已等待超過五年，這其中包括很多此類「夾心階層」。另一方面，本節的分析亦顯示，在公屋租戶中存在月入結餘高達三四萬元的家庭，屬於日常概念中的「公屋富戶」，政府需要積極處理公屋的流轉問題。

房屋分配重整是有效解決貧窮的方法

　　然而，一直被忽視的是比上不足、比下有餘的「夾心階層」。早年「公屋及雞髀」的事件讓很多人誤以為居住公屋等於貧窮，租

得起私人樓宇才有能力。是次研究顯示，租住私人樓宇的低收入住戶所面對的經濟壓力，明顯高於居住在公屋的住戶。政府在預測未來房屋需求、制定房屋供應目標的時候，應新增考量符合公屋申請條件的私屋租戶的數量。為滿足此方面需求，政府除增加公屋供應量及供應速度之外，也要有效地執行對公屋住戶資格的覆查。秉承公平原則推動住戶有進有出，將有助於緩解目前的公屋輪候壓力。適當的房屋分配和重整是一個有效解決香港貧窮問題的方法。公屋的扶貧成效顯著，怎樣有效地計算對扶貧的影響也是重要的。筆者期盼社會各持份者都能務實和客觀理解和改善香港的貧窮情況。

III　從居民健康看公屋福利

在前兩節中，我們從房屋類型和住戶月收入結餘看了公屋政策的扶貧作用。在此基礎上，本節針對公屋為健康所帶來的影響進行了相關研究，我們發現，公屋政策可泯除社經弱勢所造成的健康不平等，為處於健康弱勢的居民帶來好處，這再次呼應了公屋政策對於扶貧的顯著效果。

公屋比例愈高　過早死亡率愈低

我們在研究中以小規劃統計區（Small Tertiary Planning Unit Group）為地理單位，分析各小區的公屋比例與該區居民過早死亡率（premature mortality rate）的相關性。[4] 結果表明，過早死亡通常是各種壓力所帶來的結果，包括街坊或住屋環境相關的影響，因此被認為是一種健康弱勢的指標。

我們的研究結果顯示，在不控制其他地區性的因素影響時（包括地區的富庶程度、住屋的穩定程度、長者人口比例、社會解離程度、土地利用程度、生活設施可近性程度、每日人口流動率），該區的公屋比例愈高，其過早死亡率就愈高，但在控制了上述各項地

區性因素可能帶來的影響時，公屋與過早死亡率的關係便完全相反，意即公屋比例愈高的地區，其過早死亡率反而愈低，此分析結果指出，原本因其社經弱勢條件而身處健康弱勢的族群，公屋政策不單為居民解決了住屋的問題，更為他們的健康帶來好處。針對此結果，我們提出以下四種可能的假設：

i）公屋的非現金援助可能增加有助健康的花費。公屋的租金低於市場水準，因此有權租住公屋是一種非現金的資助，這間接地增加住戶的可支配收入，因此可能增加用於健康相關的花費上。法例保障公屋的租金不會超過整體住戶收入的 10%，然而私人住宅的租金近年來不斷上揚，住戶有可能要將每月一半的收入用於租金上。根據住戶消費支出的研究，不獲編派在公屋的低收入人士，每月平均要在住屋方面花費超過支出三成。更甚的是，他們的支出多於收入，導致入不敷支。因此若同樣身為低收入族群，居住公屋者的可支配收入顯然就比租住私人住宅者多許多。

ii）公屋的高質素居住環境有益於健康。公屋是由房屋署根據高規格的標準進行功能及衛生方面的維護和管理，因此可能有益於公屋居民的安全與健康。相對於租住在私人住宅市場最底端的住戶來說，如劏房，這些住戶居住於私人住宅，但環境擁擠、衛生條件惡劣、住屋結構違反安全規定等，對居民反而有害。許多西方國家的公共房屋因為居住條件較差，治安欠佳，導致住在公屋的居民處於健康弱勢，而我們此一針對香港公屋的研究卻有相反的結果，這告訴我們，公屋的福利若只提供房屋建築本身和設施是不足的，更重要的是要維護並促進其安全、衛生、環境及結構，以及提供高質素的管理。

iii）公屋在心理社會層面有益於健康。香港的公屋多分散於一些市中心及高質素的地區，這可減少因居住於公屋產生的污名（stigma），反觀其他西方國家的公屋多集中在某些特定區域，較易產生污名，因此可能阻礙了居民促進其生活質素的機會，也可能因

為這樣的心理社會因素對健康產生負面影響。此外，因為居住公屋產生的安全感，也可能進一步增強住戶面對其他社會壓力的能力（resilience）。

iv）公屋的家庭及社區凝聚力有益健康。香港的公屋通常有很強的社區凝聚力，這又是一項與其他西方國家相反的特點。此外，與家人同住的居民又有分配公屋的優先權，因此，公屋的居民可以得到較多家庭及社區的支援，這都有益其身心健康，而這也是租住在私人住宅市場最底端的住戶所沒有的。

憂失業沒能力供樓　礙創意發展

政府長期對公屋的投資可讓市民安居樂業，不僅有助於扶貧，也提升了市民的生活水準，因此對身心健康有正面影響。當然擁有物業是很多香港市民夢寐以求的「成就」。但現在樓價高企，市民要付上超過自己支付能力的樓宇按揭，這會形成沉重的生活壓力，也扭曲了日常生活的活動，對整體身心健康都有不良的影響。再加上市民擔心失掉工作而沒有能力供款，這有可能窒礙勞動人口的創意發展。例如一些在銀行工作的人士，因為享有貸款待遇，在考慮轉工時他們可能會因為這項福利而有所顧慮，反而阻礙他們的個人發展。

所以，在未能有效改善市民購買私有物業能力的時候，提供有質素的公屋，可以說是一項德政，我們樂見於政府持續對公屋投入資源，興建更多公屋，為市民提供生活援助，提升生活的福祉。可惜的是，現時輪候公屋的人數已超過三十萬。

IV 聚焦「公屋富戶」現象與中等收入居民的住房問題

香港的樓價已經將普通市民的購買力遠遠拋下。在過去數年，房價依舊持續增長，而政府顯得無能為力。圖 5.7 顯示，從 2003 至

2013 年，香港的私人住宅租金指數上漲超過一倍（110%），私人住宅售價指數上漲幾乎三倍（294%），令僅僅略微增長的家庭入息（中位數上升 40%）難以望其項背。

中等收入租私樓　活在貧窮線

　　住房壓力嚴重困擾香港市民，尤其是年輕人。截至 2021 年 9 月，有超過 30 萬宗公屋申請，其中約 10.08 萬宗配額及計分制下的非長者一人申請，當中不乏許多大學生畢業後即申請。然而，年輕人在短期內獲分配的機率微乎其微，根據房委會的記錄，在 2003 至 2004 年至 2012 至 2013 年的十年內，公屋輪候冊上獲分配公屋單位的總數不到 21 萬。

圖 5.7　2003－2013 年間家庭入息中位數、
私人住宅售價指數及私人住宅租金指數增長百分比

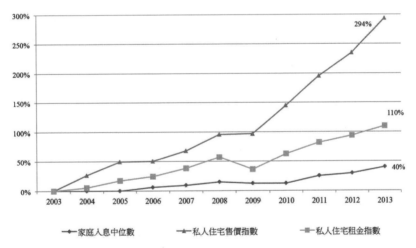

資料來源：政府統計處以及差餉物業估價署

　　是否申請到公屋，已經成為影響香港低收入家庭生活水準的關鍵因素。相比同等收入的符合公屋申請資格家庭，公屋住戶可以享

受由政府補貼租金的房屋，生活質量會顯著提高。

本節試圖用「2009－2010 年住戶開支統計調查」數據中的家庭收入結餘來衡量家庭生活質量。家庭收入結餘由家庭每月收入減去每月支出計算得出。通過比較公屋租戶、私樓租戶和私樓自置（毋須償還房貸）的家庭收入結餘（見表 5.6），我們發現位於收入最低 10% 組別（8,300 港元／月以下）的公屋租戶與收入在最低 30 至 40% 組別（15,000-18,000 港元／月）的私樓租戶相差無幾。

表 5.6　各類住戶月入結餘（單位：元）

收入組別	家庭收入*	公屋租戶	私屋租戶	私屋自置
第一（最低）	2,500 至 8,849	-218	-5,330	-6,300
第二	8,850 至 11,999	1,388	-2,393	-647
第三	12,000 至 14,999	2,800	-627	2,145
第四	15,000 至 18,000	4,680	-257	3,484
第五	18,001 至 21,999	6,341	2,662	7,344
第六	22,000 至 26,884	9,706	3,936	9,175
第七	26,885 至 31,999	12,885	3,592	12,649
第八	32,000 至 40,699	18,728	11,545	17,394
第九	40,700 至 59,000	26,881	21,111	27,597
第十（最高）	59,000 以上	67,487	36,236	57,403

＊家庭收入由「2009 至 2010 年住戶開支統計調查」10%/20% 數據收集得出。

注：以上為 2009 至 2010 年按收入十等分組和房屋類型及租住權劃分家庭每月收入結餘。

獲得公屋 18 年可買樓上車

也就是說，假設類似情況在 2013 年不變，一個在收入中位數（15,400 港元／月）的兩人家庭如果租住私樓，生活質量與在貧困線（8,300 港元／月）以下公屋租戶的兩人家庭相仿。是否居住在公屋對香港低收入居民生活質量影響之大，從以上例子可見一斑。

通過回歸分析，我們得出在 2009 至 2010 年間，如果能成功申請到公屋，一個家庭將平均每月增加 4,300 元結餘。居住在公屋內收入為中位數的三人家庭，分別需要積累 28、21 和 18 年的儲蓄，可以在香港島、九龍和新界購買一戶 39 平方米（約 420 呎）的私樓；然而同等收入水準的三人家庭若租住私樓，則需要 65、48 和 41 時間才能在相應的地區「上樓」。即是說，如果無法獲配公屋，面對高昂的房價，即使是一個中等收入的私樓租戶都難以上樓。

嚴重的供不應求使得公屋成為極度稀缺資源，相應的，如何合理配置公屋變得至關重要。

表 5.7 顯示，在收入最高 50% 的家庭中，公屋租戶每月的收入結餘遠高於私樓租戶，並與擁有私樓的家庭的結餘相當。基於 2011 年人口普查數據，公屋租戶中大約四分之一的家庭（24.2%，17.4 萬戶）每月收入在入息中位數以上。其中，約 5 萬租戶（6.8%）的月收入在最高的 30% 組別。

近年香港大學王于漸教授一直主張將公屋直接送給住戶，使公屋變成私人財產，以增加私人住宅單位的供給和市場的流動性，但是這樣的建議，對在公屋輪候冊上的 30 萬人來說是否公平？

倡撤公屋免租　補貼私樓租戶

政府最近提出將新落成的公屋，由出租改為出售，計劃讓包括房協、市建局及平民屋宇有限公司等資助機構捐出可出售資助房屋，出售對象為現時公屋租戶，出售價格比居屋的七折價再低一成，甚至低至五折。

近日已有不少評論認為，這種做法未必會加快公屋流轉的效果，因其不僅沒有增加公屋供給，還因為增加住戶「搬出搬入」的程序，延長了公屋等待時間。對於輪候冊上極需上樓的人士，這樣的消息並非佳音。

公屋政策作為政府扶貧重要工具，對改善低收入人士的生活質素起到了關鍵作用。政府應當深入檢討現有的公屋編配、分戶和遷出機制，使到公屋有限和珍貴的資源可以有效地發揮原本扶貧和救弱的功能。第一屆特區政府董建華推行的自置公屋計劃，未能夠有效地增加整體的房屋擁有率，更加在推行途中被拉倒了。

政府應該對在輪候名冊極需要援助的人士，提供一些援助，如利用傳聞將取消的公屋免租的收入，補貼資助現時租住在私樓的低收入人士。在短期內公屋供給無法顯著提高的情況下，政府有責任加快公屋流轉速度，讓「富戶」遷出公屋。

加建資助房屋　驅走公屋富戶

誠然，「公屋富戶」一旦被遷出，不得不租住私樓或者承擔高額的房貸，他們的生活質素會下降。因此，政府在控制私樓樓價之餘，極需加建更多資助出售單位，完善公屋、居屋、私屋的房屋階梯，為「公屋富戶」和低收入家庭提供更多置業機會，同時加快公屋輪轉，或許訂立居住公屋的年期，若在限期之前，收入改善而超出公屋的入息水平，便需要騰出單位給更有需要的家庭。

在提供更多資助出售單位的同時，加強對霸佔和濫用公屋情況的執法，這樣也許能比出售公屋更加直截了當地解決現時的燃眉之急。既然房屋問題是現今政府工作的重中之重，希望當局能夠考慮各方意見，切中問題要害，也希望市民大眾能夠盡量配合政府的建屋計劃，讓私樓中的貧困人士盡快得到「上樓」的機會。

5.4

貧窮對港人幸福感的影響

香港人幸福快樂嗎？個人、家戶及社區因素的影響

近年來，人們的幸福感日益受重視，聯合國在 2011 年的大會中承認幸福是人類發展的基本目標，呼籲政府的政策應以推動人民的幸福福祉為主旨，並在 2012 年首次發佈《全球幸福報告》（*World Happiness Report*），將每年的 3 月 20 日定為「國際幸福日」（International Day of Happiness），並每年發佈全球幸福報告。在 2016 年的報告中，香港在 157 個國家或地區中排名第 75 位。

近來有許多本地或跨國的研究調查關心香港人的幸福感：嶺南大學針對兒童的調查、香港中文大學針對青年的訪問，以及民間平台「HK.WeCARE 香港開心 D」訪問港人的結果，都發現香港的快樂指數較去年低。智經研究中心所發表的幸福指數報告比較過去 15 年的情況，發現雖然 GDP（本地生產總值）增加了 56%，但幸福指數僅微升 0.4%，顯然不成比例。嶺南大學、香港城市大學、香港中文大學、新南威爾斯大學、布里斯托大學以及約克大學也在 12 月發表了有關兒童貧窮和兒童福祉的研究，顯示兒童匱乏對於香港兒童整體生活滿意度有強烈的負面影響。

I 社區特性有獨立影響力

筆者近期進行了有關港人生活滿意度的研究。我們發現在控制個人與家戶因素之後，社區特性也有獨立的影響力。我們利用 2011

年香港社會動態追蹤調查中個人及家戶層次的資料，以及同年全港人口普查資料，發現在個人層次，身為男性、未婚、內地新移民及吸煙者，生活滿意度較低；年輕族群的滿意度比中年、老年人口高；專業人士及非勞動人口（如退休人士）滿意度較高，而失業人士滿意度低；固定參與宗教活動者也有較高滿意度。在家戶層次方面，領取綜援及收入在貧窮線以下的家庭對生活較不滿意；居住單位為私人擁有者，生活滿意度高於公屋居民，然而租住私人樓宇者的生活滿意度最低。在社區層次方面，居住在貧窮率較高、剝奪（deprivation，資源、生活所需等的喪失）指數度較高、社會結構解離（social fragmentation，社區或群體聚合／和諧的分裂）指數較高，以及人口老化程度較高的地區，生活滿意度較低。整體而言，個人、家戶及社區層次的不利因素都會降低個人的生活滿意度。

II　公屋可減社區不利因素負面效應

我們更進一步檢視家戶層次與社區層次因素的交互作用，意即社區因素對生活滿意度的影響，會因為家戶特性而不同。結果顯示（圖 5.8 上列），未領取綜援的家庭若居住在愈貧窮、剝奪及社會結構解離程度愈高的地區時，其生活滿意度愈低；反之，對於領取綜援的家庭而言，居住在較貧窮、剝奪及社會結構解離程度較高的地區時，生活滿意度反而較高。似乎居住在與本身社會經濟條件類似的地區時，生活滿意度會較高。而針對 3 種居所租住權（私人擁有居住單位、居住公屋、租住私人樓宇）的分析結果則顯示（圖 5.8 下列），居住地區的貧窮率、剝奪指數及老化程度對公屋居民的影響較小；而對住在私有住宅和租住私人樓宇的家戶則影響較大。顯示公屋的提供對弱勢家庭確有幫助，可以消減社區不利因素對生活滿意度的負面效應，情況對低收入的住戶尤其明顯。

圖 5.8　家戶層次與社區層次因素的交互作用

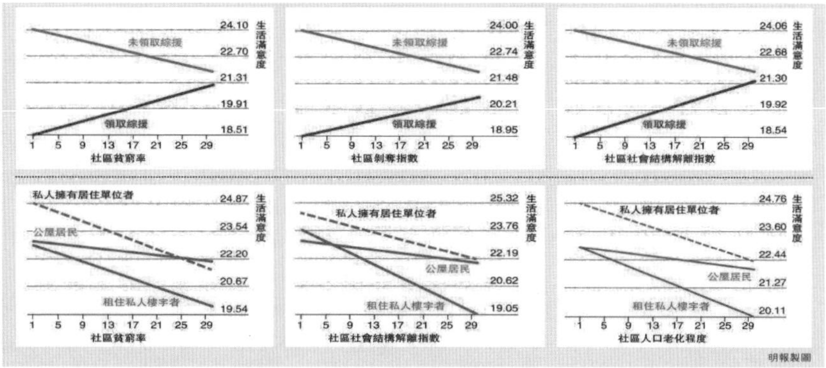

圖片來源：《明報》製圖

III　福利政策對弱勢輔助不僅是經濟層面

　　我們的研究結果顯示，政府應持續並加強社會經濟福利政策，例如綜援及公屋政策，它們對弱勢的輔助不僅是經濟層面，更及於生活滿意度與心理健康。而租住於私人樓宇不止是經濟負擔，更對個人生活滿意度乃至心理健康造成負面影響，急需政策因應。最後，因為某些個人和家戶層次的特性較難改變，所以若能改善某些地區的特性、動員社區內的資源、增進社區的功能，將會是促進居民生活滿意度、提升港人幸福感的重要一環。新的一年，希望香港社會上下同心合力面對挑戰，為有需要的人多行一步。幸福快樂是有傳染性的，共同建立一個幸福快樂的香港。

5.5
小結

　　本章探討了貧窮對自殺率、死亡率和健康不平等的影響。貧窮不僅是經濟上的弱勢，也影響着人們的身心健康。例如，我們發現本港的高自殺率集中在貧窮且密集的地區，最貧困地區的自殺率是最不貧困地區的 2.3 倍。貧窮人士拮据的經濟狀況使他們難以支付醫療費用，難以獲得及時有效的醫療資源，從而在一定程度上影響了他們的健康狀況。此外，本章還探討了公屋的扶貧作用。我們發現公屋在很大程度上幫助人們降低了住房成本，從而改善了人們的生活質素，但我們同時也發現，許多中等收入租私樓的「夾心階層」，由於需要負擔高額的房租而在貧困線上掙扎。

注釋

1　1994 年，世界銀行提出三大支柱的退休保障安排，包括第一支柱（由政府資助及管理的社會安全網）、第二支柱（由私營機構管理的強制性供款計劃）、第三支柱（個人自願性儲蓄）；2005 年，世界銀行把三大支柱框架擴展為五大支柱，分別為零支柱（由公帑支付的老年金或社會保障計劃）、第一支柱（公營管理的強制性供款計劃）、第二支柱（私營管理的強制性職業或私人退休供款計劃）、第三支柱（自願向職業或私人退休計劃供款或儲蓄）、第四支柱（公共服務、家庭支援和個人資產）。

2　Tunstall, R., Bevan, M., Bradshaw, J., Croucher, K., Duffy, S., Hunter, C., Wilcox, S. (2013), "The links between housing and poverty: an evidencere view", London: Joseph Rowntree Foundation, retrieved from http://www.jrf.org.uk/sites/files/jrf/poverty-housing-options-full.pdf.

3　Cox, W., & Pavletich, H. (2018), "14th Annual Demographia International Housing Affordability Survey", Demographia, retrieved from http://demographia.com/media_rls_2018.pdf.

4　Kandt, J., Chang, S.-S., Yip, P., & Burdett, R. (2016), "The spatial pattern of premature mortality in Hong Kong: How does it relate topublic housing?", Urban Studies. doi: 10.1177/0042098015620341.

香港貧窮問題的出路

香港政府的扶貧政策

I 不同時期的扶貧工作

回歸前（1997 年前）的港英政府，以港督麥理浩任內（1971 – 1982）所推出的福利措施最顯著。其中政府在 1971 年推出公共援助（公援）制度，為貧窮住戶提供基本生活需要。在 1971 至 1982 年間，推出房屋、醫療和福利政策，並實施九年免費教育。1973 年推出高齡津貼（俗稱「生果金」）給年屆七十五歲的長者。在 1993 年，公援更改為現時的綜合社會保障援助（綜援），為經濟上無法自給的人士提供安全網。港英政府從來沒有正式承認過香港出現貧窮問題，福利制度和公援的設立，目的只是要建構一個安全網，消除「絕對貧窮」；而提供教育及就業機會，亦只為達到穩定社會，有利管治的政治目的。

回歸後的三個時期裏，政府處理貧窮問題的態度各有不同，扶貧措施亦有所發展。董建華時期（1997 – 2005）積極處理貧窮問題，在 2000 年施政報告中宣佈撥款超過 27 億元推出扶貧政策。1999 至 2002 年期間，政府為青年提供展翅、毅進及青年就業見習計劃。2001 年，為中年失業人士提供「中年再就業試點計劃」。2005 年成立扶貧委員會（其後於 2007 年解散），2008 年，為減少跨代貧窮，成立「兒童發展先導計劃」。在此期間，政府教育開支大幅增加，比回歸前高出 43%，共 544 億元。不過，1997 年發生亞洲金融風暴和 2003 年 SARS 爆發，令香港經濟陷入低潮，扶貧工作

難以推行。政府希望藉設立扶貧委員會，去處理當時香港經濟轉型下的貧窮問題，主要對象是有需要的長者、新來港人士家庭和低收入家庭。不過，在積極不干預的方針下，大部分扶貧政策只是沿用港英政府「持續發展經濟」和側重「人力資源發展」的策略，成效並不顯著。

在曾蔭權時期（2005-2012），政府在 2006 至 2007 年度財政預算案中，宣佈預留 1.5 億元，在五年內加強以地區為本的扶貧工作，包括為社會企業提供援助。2011 年，政府成立關愛基金，推行「鼓勵就業交通津貼計劃」，訂立法定最低工資。對比董建華時期，扶貧政策明顯力度不足，實施的政策都是在政治壓力下推出的短期紓困措施，但效果並不理想。

梁振英政府（2012-2016）於 2012 年重設扶貧委員會。次年，政府舉行扶貧委員會高峰會，首次制定官方貧窮線、政府向「關愛基金」注資 150 億元、推行「長者生活津貼」、關愛基金首次推出「N 無津貼」、扶貧委員會專責小組啟動退休保障研究。2014 年，政府在《施政報告》中公佈扶貧政策藍圖。2015 年，立法會通過「低收入在職家庭津貼」。2016 年，第三次推出「N 無津貼」，覆蓋範圍擴至五人或以上的「N 無家庭」。

至於林鄭月娥政府（2017-2022），自上任以來一直十分關注弱勢社群，不僅提升各項扶貧措施開支，亦針對社會人口老化的問題持續增加安老服務以及醫療服務等方面的撥款，以應對人口結構改變帶來的挑戰。根據政府報告，2020/21 財政年度社會福利方面的開支達至 1,000 億元。為了幫助社會各界以及基層市民渡過 2019 年社會運動及 2020 年新冠肺炎所帶來的難關，政府推出多輪非恆常的紓困措施，例如減免薪俸、保就業津貼及現金發放等，期望從多方面紓解民困。回看歷史中政府的扶貧政策，可以發現扶貧措施的方向開始更加多元，且從短期的紓困措施轉向長期的社會投資作出調整，各項主要扶貧計劃也有相應的扶貧對象。

第五任香港特區行政長官林鄭月娥（2017-2022）於 2018 年 3 月舉行新一屆扶貧委員會高峰會，主題是「扶貧新方向－社會房屋」，表示解決房屋問題是扶貧工作的重要一環，而長遠解決房屋問題必須依靠增加土地供應。同時，政府亦對「低收入在職家庭津貼」（於 2018 年 4 月 1 日易名為「在職家庭津貼」）和「長者生活津貼」的優化措施提供意見，且表示會加強支援少數族裔、透過關愛基金發揮補漏拾遺的功能，以及運用社會創新及創業發展基金推動社會創新等。在就業方面，政府表示會繼續發展經濟，為市民提供更多優質的就業機會，讓他們自力更生，亦同時推行措施鼓勵教年長人士就業。回歸二十五年來，有關政策都未能處理本地一些核心和結構的問題，使到貧窮問題未有改善。

II　現時香港政府的扶貧政策與對象

貧窮問題是香港需要重視和需要及時處理的問題。李家超政府把扶貧列為重點施政範疇，設立了四個不同小組去改善民生情況，其扶貧理念是要鼓勵就業，自力更生，社會保障及福利服務則要在合理及可持續的基礎上幫助不能自助的人。政府推出先導師友計劃幫助二千多位弱勢社群兒童，配對社會各界有心人士，擴闊他們的生活體驗，幫助他們健康成長，還有多項有助紓緩貧窮的政策及措施，援助弱勢社群。政府的扶貧政策可包括：恆常性現金福利項目、非恆常性現金項目（包括一次性措施）、設有入息／資產審查的非現金福利，以及其他非現金項目。

恆常現金福利方面，主要可分為以下兩類：社會保障金額（包括綜援、高齡津貼及生活津貼，以及傷殘津貼）和其他恆常現金福利（指政府以現金資助符合資格的住戶／人士的措施）。

「綜合社會保障援助」（綜援）

對象：有需要的長者、單親、失業或低收入人士等

綜合社會保障援助（舊稱公共援助）實施四十多年，每年援助金額按通脹作出調整。家庭收入未足以為家庭提供基本需要的人士，便可申領每人每月 2,685 元至 6,485 元綜援。社會福利署於 2021 年表示，同年 6 月份的個案總數為 221,481，受助人數約為三十多萬人。此外，由 2014/15 學年起，綜援家庭的中、小學生的就學有關津貼額會在既定調整機制之上額外上調；由 2014 年 4 月起，綜援家庭租金津貼的計算，也已將就讀專上課程的成員計算在內。這些措施增加對綜援學生的支援，冀能促進社會向上流動。

在最新的香港貧窮情況報告中，政府改善了長者申請綜援的安排，自 2017 年 2 月起，在保留綜援以家庭為申請單位的規定下，社會福利署已取消獨立申請綜援長者（例如與子女分開居住的長者）的親屬須就他們有否向長者提供經濟援助提交聲明（俗稱「衰仔紙」）的安排。

高齡津貼、傷殘津貼及長者生活津貼

對象：有需要的長者及嚴重殘疾人士

公共福利金包括高齡津貼、傷殘津貼及長者生活津貼。2013 年 4 月起實施的「長者生活津貼」，是為了補助 65 歲或以上有經濟需要的長者的生活開支，截至 2021 年 6 月底有 612,220 名長者領取，對長者的扶貧效果亦十分顯著，津貼金額也在每年上調。政府亦從兩方面改善長者生活津貼，以加強為有經濟需要長者提供的援助；（i）自 2017 年 5 月起，放寬津貼的資產上限以惠及更多有經濟需要的長者；及（ii）籌備在 2018 年年中增加一層高額援助（高額長者生活津貼），向合資格領取津貼的較有經濟需要長者，提供每月

3,815 元的高額津貼，較現行津貼額（2,845 元）高出約三分之一。由於有關措施會追溯至 2017 年 5 月 1 日生效，目前領取長者生活津貼而合資格申領高額長者生活津貼的人士，屆時可一次過獲多發超過一萬元的津貼。

至於無須經濟審查的高齡津貼（俗稱「生果金」），是要為 70 歲或以上的長者提供每月約 1,475 元的現金津貼，應付因年老而引致的特別需要，減輕經濟壓力。截至 2018 年 2 月，約 29 萬人領取高齡津貼；此外還有約 16 萬人領取傷殘津貼。另外，社會福利署亦推展了「廣東計劃」和「福建計劃」，讓移居廣東以及福建的長者一樣能夠領取「高齡津貼」，領取者於 2021 年 6 月分別為 19,207 人和 1,944 人。

「低收入在職家庭津貼」（低津計劃）

對象：低收入非綜援家庭

2016 年的數字顯示，在恆常現金的政策介入後，貧窮線下有約逾八成（84.6%，842,900 人）居於非綜援住戶，當中近半數屬於在職住戶。過往，一些領取綜援人士可以工作賺錢改善生活，但一旦收入超過豁免入息金額，綜援金額便要被扣除，這間接不鼓勵受助人作全職工作。過往兩年的貧窮情況報告均顯示，這些沒有領取綜援的在職貧窮家庭，由於在職成員少，且多從事較低技術職位，加上要撫養的兒童數目一般較多，因而面對較高的貧窮風險。為舒緩這些低收入在職家庭的經濟負擔，政府在綜援以外推出「低收入在職家庭津貼」（低津計劃）來填補這空缺，旨在鼓勵低收入家庭在職成員持續就業、自力更生，政策設計特別照顧有兒童或青年的家庭，目的為促進向上流動，並減少跨代貧窮的問題。

2016 年推出的低津計劃，以家庭為基礎，要求申請人有帶薪工作，並設有入息 / 資產審查和工時要求等，分為基本津貼和兒童津貼

兩部分。基本津貼與就業及工時掛鈎，鼓勵自食其力，多勞多得，及打破跨代貧窮；家庭中有合資格的兒童／青年成員，亦會獲發額外的兒童津貼。2016 年低津的扶貧效應分析表示，低津計劃已令 5,600 個非綜援在職住戶、合共 22.9 萬人脫貧，其中 9,500 人為兒童，相應貧窮率減幅為 0.4 個百分點。2017 年 10 月發表的《行政長官 2017 年施政報告》公佈了一系列改善低津計劃的措施，使更多在職住戶受惠。政府亦將低津計劃易名為「在職家庭津貼」計劃，並在 2018 年 4 月 1 日實施有關改善措施，包括容許一人住戶申請、放寬入息限額、容許住戶成員合併計算工時、增設一層工時要求讓合資格住戶領取較高的津貼、調高津貼金額，以及增設一層四分三額津貼。根據《在職家庭津貼（職津）計劃統計數字摘要》於 2021 年 8 月公佈的數據，2020 至 2021 年度的職津申請宗數急增至 135,227 宗，獲批申請的比率約為 92%。另外，《行政長官 2021 年施政報告》指出會以職津為較低收入的在職住戶，特別是育有兒童的住戶，提供財政支援。

其他恆常現金政策

除以上提及的恆常現金政策外，政府亦有許多以現金資助符合資格的住戶／人士的措施，如「專上學生資助計劃」、「鼓勵就業交通津貼計劃」等。2010 年政府提出「鼓勵就業交通津貼計劃」，減輕低收入在職人士往返工作地點的交通費負擔，並鼓勵持續就業。經過經濟審查，截至 2015 年底，已有超過 9.8 萬人獲發共近 12 億元津貼。在 2018 年 4 月 1 日實施職家庭津貼（職津）計劃後，交津計劃只接受以個人為單位的申請。另外，「2 元乘車優惠計劃」可為長者及合資格殘疾人士提供交通費優惠，計劃自 2015 年 3 月起，擴展至綠色專線小巴，每天超過 93 萬人次使用。

非恆常現金項目（包括一次性措施）

為了紓緩市民的生活壓力，近年政府在恆常現金外，亦推出不

少非恆常現金項目（指政府於某一特定財政年度，因應該年的財政狀況，給予特定組群的一次性支援），包括寬減薪俸稅、寬減差餉及各項一次性現金援助（如為公屋租戶代繳租金）。同時關愛基金亦推出多個項目，支持弱勢群體和基層家庭。

「關愛基金」

對象：不同類別的經濟有困難的人士，包括輪候綜合家居照顧服務的長者、新來港人士、嚴重殘疾人士及少數族裔等。

關愛基金是政府扶貧工作藍圖中的重要板塊，發揮補漏拾遺的功能。2011 年起，政府連繫社會各界設立了一個慈善信託基金，向經濟上有困難的市民提供援助，尤其是那些未被納入社會安全網，或有特殊需要的市民。最初由政府出資 50 億元，再向商界籌募 50 億元。基金亦於 2013 年起納入重設的扶貧委員會的工作範圍，由政務司司長擔任主席的扶貧委員會下設基金專責小組。關愛基金成立至今，先後推出 44 個醫療、教育、房屋等援助項目，當中 12 個項目更已被納入政府的恆常資助內。

2013 年，為了援助無領取綜援、無物業及無入住公屋的低收入住戶（即俗稱「N 無人士」）的經濟壓力，特別設立「非公屋、非綜援的低收入住戶一次過生活津貼」項目（「N 無津貼」），到了 2016 年 1 月已推出至第三次，並就五人或以上住戶新增一級津貼額較高的津貼金額水準，以加強對大家庭的支持。

關愛基金於 2014 年推出的四個新項目包括「進一步鼓勵『自力更生綜合就業援助計劃』綜援受助人就業的獎勵計劃」、「為低收入家庭護老者提供生活津貼試驗計劃」、「為清貧大學生提供『院校宿舍津貼』」及「增加『專上學生資助計劃』下的學習開支助學金」。

在 2015 年，關愛基金推出「『低收入在職家庭津貼』計劃實施前為『學校書簿津貼計劃』下獲發全額津貼的學生提供一次過特別

津貼」、「向普通學校撥款以安排特殊教育需要統籌主任」，以及「增加就讀專上課程有特殊教育需要及經濟需要學生的學習開支助學金」三個新項目。此外，關愛基金亦優化特別的現行項目，當中包括於 2015 年 9 月 1 日起，「長者牙科服務資助」項目分階段擴展至領取長者生活津貼的長者，讓更多經濟上有困難但沒有申領綜援的長者接受免費鑲活動假牙和相關的牙科診療服務。首階段涵蓋約 13 萬名 80 歲以上長者，並因應擴展項目的推行進度及整體情況，考慮逐步拓展至其他年齡組別。

2016 年關愛基金推出了 6 個項目，包括「向幼稚園學生提供一次過就學開支津貼」項目、「免費子宮頸癌疫苗注射先導計劃」、「提高在綜合社會保障援助計劃下殘疾受助人的豁免計算入息上限試驗計劃」、「為獲聘於有薪工作的高額傷殘津貼領取者提供津貼以聘請照顧者試驗計劃」、「為低收入的殘疾人士照顧者提供生活津貼試驗計劃」及「智友醫社同行計劃」。政府已計劃在「智友醫社同行計劃」的試驗期完結後，將其納入恆常資助。

2017 年中政府通過推出八個新項目，至 2018 年第一季已經全部推行。其中包括「資助合資格病人購買價錢極度昂貴的藥物」項目、「資助合資格的公立醫院病人購買指定的用於介入程序及在體內設置的醫療裝置」項目、「資助持有非本地學歷人士進行學歷評估」項目、「為低收入家庭的永久造口人士提供購買醫療消耗品特別津貼試驗計劃」、「放寬『課餘託管收費減免計劃』下低收入家庭入息上限及增加減免名額試驗計劃」、「資助合資格低收入婦女接受子宮頸癌篩查及預防教育先導計劃」、「支援身體機能有輕度缺損的長者試驗計劃」及「支援在公立醫院接受治療後離院的長者試驗計劃」。

即使面對經濟衰退及疫情等挑戰，關愛基金在 2019 至 2021 年間仍然繼續甚至擴大不少原有計劃，例如於 2021 年 7 月起擴大長者牙科服務資助項目的資助範圍，或是繼續為租住私人樓宇的綜援住戶提供津貼。另外，一些全新的計劃亦在這段時間開展，例如在停課期間資

助清貧中小學生購買電子設備，推出非公屋、非綜援住戶生活津貼等。

　　值得注意的是，《2016 年香港貧窮情況報告》中指出，非恆常現金項目的扶貧成本效益遠低於恆常現金項目。恆常現金政策所投放的金額當中，2016 年貧窮住戶受惠的部分為 66.7%，但非恆常現金項目的相應比例則只有 11.8%。究其原因，非恆常現金項目當中部分措施採用的入息門檻遠比貧窮線寬鬆，部分甚或不設入息審查；由於並沒有特別聚焦於貧窮住戶，因此其扶貧成本效益不及主要針對基層市民的恆常現金政策。

非現金福利措施

　　除了現金福利外，政府亦提供不少非現金福利措施（包括設有入息／資產審查以及未設有入息／資產審查的措施），當中以公屋最為重要。此外，在教育方面，政府對學前教育推出了「幼稚園及幼兒中心學費減免計劃」、「學前教育學券計劃」，以及「關愛基金援助項目」；對小學及中學程度的學生提供「中、小學生資助計劃」、「指定夜間成人教育課程資助計劃」，以及「毅進文憑」；對專上及大專程度的學生提供「資助專上課程學生資助計劃」、「全日制大專學生免入息審查貸款計劃」等；對持續進修的學生推出「擴展的免入息審查貸款計劃」及「持續進修基金」。針對學生的健康福祉，政府為低收入家庭的全日制小學生提供在校午膳津貼。為鼓勵學生的學習交流，政府設立校本基金（境外學習活動）資助清貧中、小學生參加境外學習活動及代表香港到境外參加比賽。在安老方面，2017 年施政報告中指出，政府會不失時機地改善安老服務，特別是社區照顧服務，包括邀請「關愛基金」考慮推行兩項試驗計劃，支援在公立醫院接受治療後離院的長者及身體機能有輕度缺損的長者。此外，政府繼續於 2020 年 10 月推行獎券基金的第 3 階段「長者社區照顧服務券試驗計劃」，而社區券數目最高可達 8,000 張。政府亦將在該計劃之下額外增加二千張服務券，以支援身體機能有

中度或嚴重程度缺損的長者居家安老。政府將繼續增加資助安老宿位，並於 2017 年第一季起推行「長者院舍住宿照顧服務券試驗計劃」，為有需要院舍住宿照顧服務的長者提供額外選擇。試驗計劃在 2017 至 2019 年的三年內分五個批次合共推出 3,000 張院舍券。

為評估扶貧政策的成效，需要就住戶收入在政策介入前後的變化作進一步估算。在 2012 至 2016 年特區政府公佈的五次香港貧窮情況報告中，對政策介入項目的涵蓋範圍均作出了整體描述（見圖 6.1）。在政策上，基於貧窮線的分析，政府最新的貧窮報告（2016 年）指出以下扶貧方向及策略：持續檢視貧窮線框架的應用及探討深化框架的方案及建議，以符合和強化貧窮線三大功能（量化貧窮情況、引導政策方向、量化評估政策成效）；政府會繼續鼓勵青壯年人通過就業自力更生，並協助他們提升技能以把握不同的發展，尤其是可促進年輕人向上流動的優質職位；加強對有需要家庭的支援，特別是個別全職工作人口比例較高的群組（如單親及新移民住戶），協助這些家庭中有需要人士就業，並加強幼兒照顧服務，以提升他們的勞動參與能力；在鼓勵就業的同時，政府亦會透過社會保障和福利制度在合理及可持續的基礎上幫助不能自助的人。其中，綜援將繼續發揮重要的社會安全網功能；長者生活津貼繼續為有經濟需要的長者提供現金補助；而低津則為低收入在職家庭提供支援。在非現金政策中，公共租住房屋（公屋）的扶貧成效明顯，政府繼續致力為未能負擔私人租住樓宇基層市民提供公屋；在人口結構高齡化持續上升的背景下，政府繼續實施高額長者生活津貼，為貧窮長者提供進一步支援。此外，政府着手制定落實 2017 年 6 月公佈的《安老服務計劃方案》中的各項建議。在人口預期壽命延長的趨勢下，政府將鼓勵更多健康情況較佳、有工作能力的年長人士留在或重投勞工市場，紓緩將來勞動人口萎縮的情況。總體來說，政府承諾會繼續監察香港的貧窮情況，以及各項扶貧項目的成效，從而為有需要人士提供更適切的政策及措施。

圖 6.1 委員會建議政策涵蓋範圍下的詳細項目列表

<table>
<tr><td colspan="2" align="center">政策介入前（純理論假設）</td></tr>
<tr><td colspan="2" align="center">—</td></tr>
<tr><td colspan="2" align="center">稅項（薪俸稅和物業稅，以及住戶應繳付的差餉和地租）</td></tr>
<tr><td colspan="2" align="center">+</td></tr>
<tr><td colspan="2" align="center">恆常現金項目</td></tr>
<tr>
<td>
社會保障金額
➢ 綜援、高齡津貼、長者生活津貼及傷殘津貼
其他恆常現金項目
➢ 學生津貼
➢ 學校書簿津貼計劃（包括「加強學校書簿津貼計劃的定額津貼」^{**}）
➢ 學生車船津貼計劃
➢ 上網費津貼計劃
➢ 幼稚園學生就學開支津貼
➢ 較進計劃－學費發還
</td>
<td>
➢ 專上學生資助計劃
➢ 資助專上課程學生資助計劃
➢ 考試費減免計劃
➢ 加強對就讀副學位以下程度課程的清貧學生的資助[*]
➢ 交通費支援計劃^ϒ
➢ 鼓勵就業交通津貼計劃^ϒ
➢ 在職家庭津貼（易名前為低收入在職家庭津貼）計劃
➢ 公共交通費用補貼計劃
➢ 緊急警報系統（平安鐘）安裝津貼
➢ 兒童發展基金目標儲蓄計劃的特別財政獎勵
</td>
</tr>
<tr><td colspan="2" align="center">非恆常現金項目（包括一次性措施）</td></tr>
<tr>
<td>
➢ 寬減薪俸稅及個人入息課稅；寬減差餉
➢ 為公屋租戶代繳租金
➢ 向綜援、高齡津貼、傷殘津貼、長者生活津貼、鼓勵就業交通津貼及職津/低津領取者發放額外金額
➢ 提供電費補貼
➢ 為香港中學文憑試學校考生代繳考試費
➢ 6,000 元計劃；關愛共享計劃；現金發放計劃
➢ 低收入家庭的新來港定居成員一次過生活津貼計劃[*]
➢ 防疫抗疫基金及其他回應疫情推出的紓困措施中可作裁量的措施
➢ 非公屋、非綜援的低收入住戶一次過生活津貼[@]
➢ 為 60 歲以下沒有領取綜援而需要經常護理並居於社區的嚴重殘疾人士提供津貼^ˆ
</td>
<td>
➢ 為租住私人樓宇而租金高於綜援計劃下租金津貼最高金額的綜援住戶提供津貼[@]
➢ 增加專上學生資助計劃下的學習開支助學金
➢ 向每名領取綜援或學生資助的學生提供現金津貼
➢ 加強學校書簿津貼計劃的定額津貼
➢ 加強對就讀副學位以下程度課程的清貧學生的資助[*]
➢ 為租住私人樓宇的低收入長者提供津貼^ˆ
➢ 在「低收入在職家庭津貼計劃」實施前為「學校書簿津貼計劃」下提供全額津貼的學生提供一次過特別津貼[@]
➢ 向幼稚園學生提供一次過就學開支津貼[@]
</td>
</tr>
<tr><td colspan="2" align="center">設有入息/資產審查的非現金項目</td></tr>
<tr>
<td>
➢ 公屋
➢ 幼稚園及幼兒中心學費減免計劃
➢ 在校免費午膳[&]
➢ 校本課後學習及支援計劃
➢ 長者居住環境改善計劃
➢ 有需要人士維修自住物業津貼計劃（易名前為長者維修自住物業津貼計劃）
➢ 醫療費用減免機制
</td>
<td>
➢ 長者牙科服務資助項目^ˆ
➢ 數碼地面電視援助計劃
➢ 課後學習支援伙伴先導計劃[*]
➢ 為正輪候綜合家居照顧服務（普通個案）而年滿 65 歲或以上的低收入長者提供家居清潔及陪診服務津貼^ˆ
➢ 設立校本基金（境外學習活動）資助清貧中、小學生參加境外學習活動及代表香港到境外參加比賽^ˆ
</td>
</tr>
<tr><td colspan="2" align="center">政策介入後（所有選定項目，即恆常現金＋非恆常現金＋非現金）</td></tr>
</table>

注：（**）包括 2009-2020 年期間能夠納入估算的政策項目。（-）關愛基金項目。（＋）已於 2015/16 學年完成。

（*） 該兩個關愛基金項目於 2014/15 學年獲納入政府的恆常資助，因此項目所涉及的非恆常現金福利只計算至 2014 年 8 月 31 日。其後的金額計入恆常現金項目。

（ϒ） 交通費支援計劃於 2011 年 10 月被鼓勵就業交通津貼取代。鼓勵就業交通津貼計劃已於 2021 年 6 月取消

（ˆ） 該關愛基金項目於 2021/22 學年獲納入政府的恆常資助。因此項目所涉及的非恆常現金福利只計算至 2021 年 8 月 31 日。其後的金額計入恆常資助。

（＋） 自 2014 年 9 月 1 日起，「加強學校書簿津貼計劃的定額津貼」項目與「學校書簿津貼計劃」金額併發放。

（&） 「在校免費午膳」前稱「為低收入家庭的全日制小學生提供在校午膳津貼」，該關愛基金項目於 2014/15 學年獲納入政府的恆常資助。

（@） 有關關愛基金項目已完成

（#） 該兩項關愛基金一次過津貼均曾推出超過一次。

資料來源：《2020 香港貧窮情況報告》

6.2
社區行動

在香港，非牟利界與政府緊密合作，為社會進一步提供社會福利，努力投身於減貧工作。當中，非政府組織和社區團體都具有重要功能，如解決基層問題、遊說政府和建立社會信任。香港社會必須具備利他主義和同情心的文化，以減輕貧困和彌合當前的社會分歧，努力克服因社會動盪、經濟挑戰和新型肺炎而引致的多重障礙和破裂。

非牟利機構

香港的非牟利機構與政府和經濟市場有密切聯繫，主要提供由政府資助、主導的社會福利和服務，或者像香港賽馬會信託基金那樣依賴政府授予的賭博壟斷權，有別於英國不依賴國家提供資金的非政府組織（Non-Governmental Organization）。

根據本中心對慈善機構推行的扶貧項目審查中顯示，涉及反貧困項目或計劃的分佈與貧困人口的比例不一致，針對兒童和青年的項目比老年人的多；貧困女性比男性更可能面臨惡化的情況；針對來自內地的新移民的項目比少數民族的多等。透過地理資訊系統分析，發現有八個地區的貧困率高於平均水平，而且各區糧食及生活必需品的援助計劃分配亦不均。另外，房屋援助計劃、娛樂和金融項目、就業相關、社區關懷和教育等措施主要集中於深水埗區，其餘地區則相對較少。

有鑑於以上數據結果，本中心得出的結論是政府和非牟利機構

的扶貧項目計劃需要更好地規劃和評估，藉此提高最大限度的服務質素、效率和效益，但現今非政府組織和慈善機構的中央登記冊或數據庫發展尚未成熟，增加了評估、繪製計劃和需求的難度。此外，政府引入一系列措施限制組織濫用籌款，如監管機構、籌款活動登記冊、查詢和投訴熱線等，但仍有改善空間。最後，研究亦指出促進實現扶貧項目中重要的因素，包括非營利部門自給自足的營運、夥伴關係多樣化、促進社會創新和創業、基金會的資助等，這些都有助進一步滿足社區的需求。

香港賽馬會慈善信託基金

香港賽馬會透過香港賽馬會慈善信託基金領導社區工作已有一個多世紀，並在 2018/19 年度成為世界十大慈善捐贈者（香港賽馬會）之一，能資助金額達 50 億之多。信託基金近年來着重倡議試點項目，旨在開拓新方法及解決新的需求。信託基金的支援涵蓋了十個需要領域：藝術、文化和遺產；教育培訓；長者服務；應急與扶貧；環境保護；家庭服務；醫療衛生；康復服務；運動休閒；和青年發展。當中，青年；老人；運動，以及藝術、文化和遺產被定為新興需求，是信託基金在過去五年特別關注的四個領域。信託基金還積極與社區各持份者合作解決社會問題，例如在新冠肺炎流行期間，信託基金向非政府組織提供了一些緊急資金，協助制定臨時和具體的計劃，以幫助社區中的弱勢群體。此外，本中心也獲得信託基金的資助，作為防止自殺和扶貧工作的研究和發展。

社會創新（SIE）

一直以來，創業對脫貧的作用廣被討論，因為它有機會改善收入和資源分配不均的問題，提高社會參與，又能改革過時的商業模式和配套設施，但實際上香港的創新社會企業要面對的困難只多不少。雖然香港是個國際金融中心，但高昂的租金和生活成本使創業

和守業都十分艱難，更何況現時為創業者提供的資金仍然有限。現時香港出現了「制度鎖定」現象，即是大企業或是投資公司普遍偏向投資給非營利組織，而非以盈利為目標的企業模式。因此，社會企業這種模式在非牟利和牟利的企業面前便顯得「不倫不類」而缺乏資金。此外，政府和非營利組織之間的長期合作關係使新興的社企更難與政府和大型資助者建立穩定的聯繫。有見及此，一個名為 Social Impact Partner 的機構嘗試填補私營機構與社企之間的缺漏，並於 2019 年提供三百萬港幣的貸款予雲耕一族，把高樓大廈的天台轉化成可栽種的土地，從而推動可持續發展的居住環境，社會共融和城市綠化。

政府已於 2013 年設立社創基金（SIE），並投入五億元來支持社創項目的發展，以及為參加者建立人際網絡和提供指導，其中使用的關鍵績效指標更可以衡量進展和確保問責制度。值得注意的是，創業和創新領域發展迅速，社創基金需要不斷更新和修訂其評估準則和機制。社創基金允許非營利組織和註冊公司申請，成功可獲發港幣十萬元的款項。故此，透過增加社創項目得到撥款的機會，例如通過社創基金，可以鼓勵更多非牟利和私營機構推出以社會為本的項目，包括向弱勢社群提供就業機會、加強社會包容、滿足社會需求和改善社區服務。

社創的最終目標是為社企創業者建立一個得到商界支持的生態環境，讓他們的想法和才華得到充分的發揮，變成能夠惠及社會的產品和服務。現時跨界社創這種合作模式仍未成熟，但透過培育有利創意和創業精神的環境，社創在香港未來的潛力無可限量。

共享廚房

荃灣的共享廚房計劃獲社創基金支持，招募弱勢社群在非繁忙時間（例如早上 7 點和下午 2 點）準備食物並當場販賣。這不僅解決了餐飲業的勞動力短缺的問題，亦有助它們開發新產品和增加盈

利，更能夠鼓勵弱勢群體積極謀生，參與勞動力。從社會層面來看，共享廚房能夠推廣本地食物生產和香港本地品牌。

看到共享廚房這個項目的成功，社會各界都十分欣喜，因為它充分善用社區資源，例如閑置廚房和未充分利用的勞動人口等，以創新的方法來滿足社區需求。這不僅直接改善貧窮問題，更能為推行社區經濟發展提供可行的模型。

非政府組織

香港的非牟利機構彌補了政策和服務方面的不足，例如醫療保健、食品分配、住房、社會包容、社區參與等。其中一些組織專注於與香港邊緣化的人群合作，致力於解決第六章分析中強調的許多問題。在本節中，將會重點介紹組織現正在進行的工作如何解決香港的貧窮和邊緣化問題。

樂施會

樂施會是世界領先的研究和宣傳組織之一，並擁有多個位於世界各地的附屬組織。1976 年起，樂施會成為了香港扶貧研究和政策的重要聲音。除了貧困研究和政策建議外，該組織更參與多個項目，與基層和民間社會組織合作，共同減少貧困和不平等。樂施會的重要項目包括「畀一餐飯」，這是一項針對低收入家庭的食品支持計劃，在兩年內與多個團體合作，在每周提供四個餐盒給 600 個低收入家庭。

東華三院

東華三院於 1870 年成立，主要提供醫療、健康和社區護理服務，並旨在緩解貧困和支援邊緣化群體需求的各種項目。項目包括與持份者、旗下的社會企業零售店及咖啡館合作，幫助貧困的家庭管理財務和建立經濟資產的能力；為殘疾人士提供培訓和就業機

會，使其能夠自給自足等。

香港社區組織協會

社區組織協會（SoCO）成立於 1971 年，是香港另一個在扶貧、社會正義和促進公民權利方面作研究和宣傳工作的組織。與樂施會一樣，SoCO 與不同的組織合作解決一系列社會問題和不公義的現象。服務範疇有公眾教育、倡導政策、促進市民權利和福祉、醫療保健、新移民就業支持和融入服務、倡導勞動保護法等。值得一提的是，SoCO 夥伴關係計劃中顯示了各行業與較小的非政府組織之間合作的潛力。

食物銀行計劃

縱使香港有超過一百萬人為負擔健康膳食苦惱，但仍有 3,600 噸廚餘被運往堆填區 。Feeding HK 是成立於 2011 年的慈善機構，工作主要在其慈善機構網絡中分配從各公司收集的廚餘，然後把餐食捐贈給慈善機構以分配給有需要人士。另一間慈善機構 Foodlink 則與本地酒店合作，向受益夥伴提供剩食，不僅可以為有需要的人提供食物，還可以減少浪費和廚餘堆填問題。

現時，新冠肺炎大流行給香港社區帶來前所未有的挑戰，香港賽馬會慈善信託基金正與一些非政府組織合作，贊助食品支持計劃，並通過各種創新舉措，和社區合作夥伴為面臨經濟困難的人提供過渡性和及時救濟。

為邊緣社群服務的機構

正如第六章的分析所探討顯示，某些邊緣社會群體更易陷入貧困。他們面臨着額外的流動障礙，並且更容易被社會忽視其需求。非政府組織在研究、解決和揭示邊緣群體的需求方面發揮着關鍵作用。組織包括 Christina Action、HK Unison、Crossroads、白求恩之

家、香港盲人協會、香港紅十字會等，為社會上各類弱勢、邊緣群體提供不同的服務，例如健康服務、心理支持、社會融合等，並就其需求作適當的倡導和發聲。

社會文化改變

社會大眾長久以來帶着有色眼鏡來看待貧窮和求助，把其與不負責任、好吃懶做等負面詞語畫上等號，卻忽略了貧窮的枷鎖其實套在一代又一代的市民身上，影響社會結構，形成跨代貧窮的問題。無論是古代中國、古希臘或基督教，貧窮從來也沒有跟羞恥掛上關係，甚至被認為是一種美德。英國有研究指出，為應對經濟大衰退而減少在社福方面的開支，使社會大眾對有需要領取補貼的市民產生負面標籤，因而不敢申請他們本來需要的補助。因此，社會一方面需要改變他們對貧窮問題片面的認知，政府亦不應該因為這種原因而減少福利開支。反之，政府可以透過鼓勵捐贈行為和強調利他主義，促進集體責任感，以及提高各個持份者對社會的歸屬感，讓社會一同解決這些問題，使受助者不會感到羞恥而不尋找幫助。相反，透過這個求助過程，可以令有需要人士明白，尋求協助並非弱者的行為，並向他們提供解決方法，以面對短暫的困難，希望他們可以由受惠人士變為接受者。

6.3
怎樣有效地解決香港貧窮問題

歷屆特區政府投放了近二千億元的現金資源，援助社會中有需要的人士，但是為什麼香港整體貧窮情況沒有得到較大的改善？主要原因是政府一直都以響應的方式去處理問題，即所謂的「頭痛醫頭，腳痛醫腳」，沒有長遠的目標和願景。這些零碎和片面的工作，不僅成效有限，而且成本效益低。香港需要戰略性地利用本身的優勢和財政儲備，為現在的財富不均困局打開缺口，改善社會流動的機會。我們認為想要有效解決香港的貧困問題，主要應從以下八個方面的政策着手：提升最低工資、鼓勵長者就業、減少政府外判工作、改善居住條件、加強教育投資及改革、增加人力投資、鼓勵全球化下的可持續發展、創建共用價值、突破商業界限，以及發揮官商民各方面的合作。

I 提升最低工資　舒緩在職貧窮

香港的收入分配不均，從第三章所分析的「拿鐵指數」、「巨無霸指數」及堅尼系數等均可體現。香港的貧窮人口裏，有超過半數屬於在職住戶。勤力勞動仍無法脫貧，當事人自然感到辛酸，對政府的扶貧政策亦是一大挑戰。

2011 年 5 月，經過多年的爭論，基於對約 189,000 名工人平均收入的計算，香港引入每小時 28 港元的最低工資。2013 年，最低工資委員會將最低工資提升到 30 港元，2015 年 5 月 1 日起再調升

至時薪 $32.5，2017 年 5 月 1 日起調升至時薪 $34.5，2019 年 5 月 1
日起調升至時薪 $37.5，相當於 4.82 美元。與同期發達社會的最低
工資相比，香港最低工資的排名最低，其中澳洲的最低工資（時薪）
為 14.90 美元，新西蘭為 14.00 美元，英國為 12.31 美元，加拿大為
11.96 美元，美國為 7.25 美元。然而，香港的本地生產總值（GDP）
在國際上處於最高層：在考慮購買力的條件下，香港的 GDP 與美
國和瑞士相當；根據世界銀行的全球排名，調整購買力之後，香港
的人均年收入甚至高過新西蘭和英國。

　　那麼，香港的生活水準是否也接近瑞士或美國呢？事實是，儘
管在過去十年香港的經濟增長令人印象深刻，但大部分勞動參與者
並沒有從這個城市的收益成長中獲得相應的益處。尤其是低收入勞
動者仍然需要通過長時間的工作來滿足他們的基本需求。兩年一次
調整最低工資，不但未能回應基層人士的需求，更使他們未能適時
調整生活。試想，物價是否每兩年才調整一次？因此，我們應該重
新考思考工資結構，檢視最低工資的效應，使整個社會都能夠從經
濟發展中受益。

最低工資有益於心理健康

　　根據 2014 年在第七屆歐洲公共衛生會議（7th European Public
Health Conference）上公佈的研究報告，自從 1999 年英國開始實行
全國最低工資制度以來，低收入勞動者心理健康狀況有顯著改善，
這種效果相當於服用了抗抑鬱藥物。該研究「全國最低工資制度的
引入減少了低收入勞動者的抑鬱症狀」（Introduction of a National
Minimum Wage Reduced Depressive Symptoms in Low-Wage Workers:
A Quasi-Natural Experimentin the UK）已於 2016 年 4 月發表於《衛
生經濟學》（*Health Economics*）期刊。

　　1999 年 4 月 1 日，英國為國家最低工資立法，實施《全國最
低工資法案》，將勞動者每小時最低工資標準提高到不低於 3.60

英鎊（當時的 44.90 港元）。根據英國艾塞克斯大學社會經濟研究所（Institute for Social and Economic Research of the University of Essex）從 1991 年開始對 7,681 名個體樣本做追蹤調查所得出的英國家戶長期追蹤資料庫（British Household Panel Survey, BHPS）的資料，來自英國牛津大學、英國倫敦衛生與熱帶醫學院、荷蘭鹿特丹伊拉斯謨大學和英國利物浦大學的研究人員考察了在最低工資制度施行後的 18 至 22 個月裏，因最低工資上漲而薪資上漲的勞動者心理健康狀況變化，並與因收入等於或高於合資格門檻，或服務於未參與法令的公司而薪資保持不變的勞動者的健康狀況進行對比。研究發現，前者的心理健康得到明顯的改善。同時，他們表現出自殘及焦慮的可能性也更低。而與其社會經濟條件相似但薪資未漲的勞動者並沒有出現這些心理狀況的改善。此外，兩者在血壓、聽力變化或吸煙數量方面沒有區別。

我們的貧困研究關注了地區經濟狀況與死亡率的關係，發現在香港地區平均收入最底層 20% 的地區的死亡率，比最頂層 20% 的地區的死亡率高出 136%。由此可見，貧困確實與健康狀況、自殘、過早死亡及家庭暴力息息相關。

最低工資與經濟發展並不排斥。根據瑞士聯合銀行（United Bank of Switzerland, UBS）對價格和收入最新的研究（《價格與收入：我賺的錢夠負擔我想要的生活嗎？》[*Prices and earnings 2015: Do Iearn enough for the life I want?*]），在七十一個城市中，香港平均工資排名第二，僅次於東京。考慮到購買力和生活成本的差異，香港的普通工人賺取一個麥當勞的巨無霸或蘋果 iPhone 6 所需要的最長工作時間，分別是 9 分鐘和 52 個小時，所需的時間比同類城市（悉尼、紐約、倫敦、新加坡）要少一些。

然而，平均薪資並不反映社會的全貌，特別是對低收入群體。我們對這些城市的最低工資標準再作比較研究。事實證明，一個拿最低工資的香港人，需要工作約 35 分鐘才能買到一個巨無霸，這

比普通工人的用時長了四倍。而在蘇黎世、日內瓦和悉尼，拿最低工資的工人只需要 18 分鐘，就足以為這筆消費埋單——僅僅比普通工人多了 7 分鐘。

這種差異反映了收入的差距。香港 2016 年的堅尼系數是 0.539，在 OECD 國家中最高。如果用平均工資來衡量，香港排名第一，然而若適用最低工資，香港的排名瞬間下滑到第 21 位。高收入的西方城市（悉尼、蘇黎世和日內瓦）在兩種排名方式下都在前 10 位，這意味着他們的低收入者與其他工作者相比，並不那麼弱勢。顯然，這些低收入者仍然能得到足夠的薪資來保證他們的生活質量。

可見，經濟發展和收入差距並不完全互斥。企業可以做自己的份額，但我們也應該追求更高的標準，使得經濟的發展讓受益人群最大化，而不是只有一小部分人享受。在提高公司利潤的同時謀劃員工的福利，並非沒有可能。

挪威的經驗：尊重勞工階層並付給他們體面的薪水

挪威與其他北歐國家以慷慨的社會福利聞名。以撫養子女為例，挪威的產假長，且有諸多與幼兒撫養相關的福利政策，方便父母雙雙就業的家庭，並且全民享受免費教育直到大學畢業。基本上挪威人不需為子女撫養的費用和時間憂慮。但在香港，在職貧窮人士裏有很多是單親家庭，一人勞動卻要照顧一名甚至多名子女。雖然政府會不定期發放補助，非牟利機構也有部分服務可供申請，但子女撫養非一朝一夕，若無恆常穩定的福利政策，這部分人士的生活很難得以真正改善。假若此類家長不幸患病，家庭負擔更會雪上加霜。

挪威首都奧斯陸普通一餐飯的價格大約是香港的三倍，與此同時，那裏的家庭平均收入也大約是香港的三倍。但當地的貧窮問題不如香港嚴重，一則因為當地的房價只是香港的一半，再則當地的

人均收入差異和社會福利再分配制度與香港大為不同：挪威的慷慨福利絕非不勞而獲，而是以高稅收為基礎的。

　　奧斯陸大學的 Lars Mehlum 教授告訴筆者，挪威人普遍認同世界沒有免費午餐，大家不介意在日常生活裏花費多一點，以令在速食店工作的人也可以有一份體面的收入。同時，由於在職人士普遍都有合理的收入，絕大多數挪威人的收入都達到納稅標準。當地最高稅額是收入的 42%。受益於稅收，挪威人可以享受豐厚的社會福利，是為一個良性循環。雖然香港的稅制簡單，而且比西方國家的稅率較低，標準稅率只是百分之十五，但同為入息懸殊，最高 10% 的收入人士，貢獻了約 70% 的稅收。這不是一個健康的現象，反映出入息不均的情況是嚴重的。

　　挪威目前沒有全國法定最低工資，但不同業界的工會可與僱主協商制定業內的最低工資。以建築工人為例，完全無任何經驗的新工人最低時薪約為 200 港元，熟練工人的最低時薪約 226 港元。麥當勞的工人能獲得相當於每小時約 160 港元的工資。在奧斯陸，公交車司機由於晚班或者假期工作的補貼，其收入可以與教師或大學講師的收入差不多。挪威社會相信這些工人都應該得到一個體面的工資。挪威最高收入人群與最低收入人群的收入相差大約三四倍，而這個差距在香港高達十倍，甚至更多。就以一個大學校長和研究助理的薪金為例，前者有百多萬，而後者則每月只有二十多萬，兩者相差三十倍。

　　在香港，在職貧窮人士被低廉的工資剝削，無法維持一個合理的生活。較低的工資降低了市民的工作積極性，更傾向於依靠政府的援助。與此同時，超過一半的低收入人士無法賺取足夠的收入來支付稅收。實際上，許多人努力工作且工作時間很長，但他們的努力並沒有換來一個可以令家人生活比較舒適的工資。

　　挪威的福利社會政策或者與香港的現狀有所差距，但其社會福利的一項宗旨卻對香港有啟發意義：尊重勞工，並付給他們合理的

薪水，以此縮小貧富差距，促進社會整體的繁榮。我們不必完全效仿西歐的福利國家。然而，對工人的基本尊重，支付他們一個合理的工資，以及致力於構建一個和諧社會的態度不應該有很大區別。我們走的路線可能不同，但我們應該努力計劃去達到相同的效果。

II 鼓勵長者就業造出雙贏

前政務司司長張建宗提出有關長者就業的建議，實值得社會各界人士好好討論，因為就業是減少貧窮和增加香港社會流動性的一個可行有效方式。根據《2019 年香港貧窮情況報告》，香港整體相對貧窮率為 20.4%，約 140.6 萬人。若以就業情況分類，有工作人士的貧窮率是 12.3%，而非就業人士則為 77.3%。在 65 歲及以上長者中，整體貧窮率為 32%；但在就業長者中，貧窮率為 12.9%，而非就業長者則為 48.2%。

這些數據再一次證明，對於任何一個年齡階段來說，就業能直截了當地減少貧窮人數和貧窮率。當然除去那些「收入低、資產高」的長者外，長者貧窮問題並沒有數據顯示那麼嚴重。為長者增加就業機會，的確對改善貧窮情況大有幫助。再加上香港長者就業率僅為 17.7%，遠低於鄰近國家：日本、新加坡、南韓分別為 22.7%、26.8% 和 31.5%。換句話說，針對香港勞工短缺情況，仿效鄰國做法有效利用長者的人力資源，很有可能創造出雙贏局面。

近來，筆者與日本學者進行了很好的溝通和討論。在長者就業方面，日本社會提供了一個很好的典範。日本人口老化遠比香港嚴重。在 2016 年，日本 65 歲及以上人口已佔整體人口 27%；根據《2016 年中期人口統計》顯示，香港 65 歲及以上人口只佔 16%。2015 年日本人口數目約為 1.27 億，此後全國人口數目逐年遞減。同時日本出生率一直維持極低水平，2016 年總和生育率只有 1.44。若無有效的替代遷移，人口減少的速度將會不斷加快，到 2050 年

其人口數將降至 9,700 萬，平均每年減少 86 萬人，這將直接影響日本經濟增長和可持續發展。

所以日本政府大力提倡長者就業及為家庭增設育嬰服務，以釋放長者和婦女勞動力。另外，日本社會對國際移民相對比較封閉，以致不能依靠替代遷移來解決勞工短缺問題。例如在 2016 年，日本的國際移民流入約為 14.8 萬多人，但本地人口則減少 31 萬，因此每年都要面對人口減少所帶來的挑戰。

其實香港出生率比日本更低，平均每名婦女生產 1.2 名嬰兒，但因每年有 5 萬單程證人士的替補，以致香港人口仍能維持緩慢增長。在 2019 年社會運動和 2020 年疫情底下，2021 年的出生人數只有約 38,500 人，比去年明顯下跌，跌幅高逾一萬四千人。由此可見，香港也進入了人口減少的時代。

需認真對待長者就業挑戰

若香港政府真要鼓勵長者就業，就需認真對待長者進入勞動力市場所面對的各樣挑戰，特別是醫療保險費用和長工時問題。若公司需要為長者工作付出昂貴醫療保險，必然很多公司都會卻步；再加上長者體力可能無法承受高強度工作壓力，因此需要認真處理長工時問題。

現時政府提出為聘用長者的僱主提供半年至一年的每月 4,000 元補助金，這或許在一定程度上只能鼓勵僱主廉價聘用長者，無法讓企業真正以欣賞的態度誠意聘用員工；因此建議可採取適當的扣稅安排，正如 R&D（research and development）的費用可以雙重扣稅。另外，工作時間和性質也需妥善處理，以致不會降低本港青年的社會上流性。一些對體力需求不高的工作例如教師或研究人員，只要他們的工作表現滿足需求，也應為他們提供可以續任的機會。

在許多歐洲國家，大學已經取消研究人員的退休年齡限制，只要他們達到工作要求和預期，校方就鼓勵他們繼續就任，使他們能

貢獻自己的人力資源。相比之下，香港當下討論的仍聚焦於為長者提供低技術工種，例如清潔、保安職位。然而，他們的福利和薪酬都需受到有效保障，因為一些無良僱主會利用長者的弱點，在工資上作出種類繁多的剝削。

當今，工作對一些長者而言，意味的不僅僅是可得的薪酬，而是對其能力的肯定，及希望在生活上多一點獨立和被尊重的感覺。根據日本的經驗，有些長者再就業時可能需要做一些不同類型的工作，或接受再培訓，但過程中都顯示出專業的精神和操守，令他們得到很多社會人士的支持和認同。這點正是為長者提供就業機會時必須謹記的——尊重長者意願，提供有質素的選擇、營造一個合理的工作環境，這才能真正造出長者就業雙贏的局面。

未來人均預期壽命將不斷提高，生育率將持續走低，同時替代遷移有可能無法吸引合適人才流入香港。面對這樣的局面，為長者提供就業機會將不再是一種選擇，而是一種必要，以致實現香港經濟可持續發展的同時，長者福利也得到保障。

由於健康狀況和醫療條件改進，現今的 65 歲可能僅相當於以前的 50 歲。如果我們不能抓住這樣的優勢條件，這部分人力資源將被浪費；但需強調的是，成功、有效利用的前提，是採取富有關愛、尊重和專業化的行動。

III 政府應減少外判工作

自九十年代開始，政府為了削減成本，減少公務員人數，便不斷把公共服務外判，以維持小而高效率的政府，使其可以專注於核心工作。自 2001 年以來，特區政府一直大力推行各種服務外判。近年來，政府各個部門共有近 60,000 名外判工人，其中的房屋署、食物環境衞生署、康樂及文化事務署僱用了近 90% 的外判工人；這類外判服務大多屬於低技能和低報酬工作，比如保安、清潔服

務類別。

前殖民政府中央政策組首席顧問顧汝德在《富中之貧：香港社會矛盾的根源》一書中指出，把政府的一些工作外判是基於一種私人的商業模式，盡量減少開支，以最大限度提高生產力，卻很少關心工人的福祉（well-being）。

為賺巨利剝削弱勢社群

外判工作擴大了香港工作人口的收入差距。以一個很簡單的例子來說，政府原本需要用 10,000 元聘請一位二級清潔工人，但現在只需要付出 8,000 元給清潔公司，就有同樣的「人頭」（但對服務的精神和水準未必有保證）去提供服務。而清潔公司扣減了 2,000 元的利潤和行政費用後，實際上只給了 8,000 元予清潔工人，政府省了 2,000 元，公司賺了 2,000 元，工人少了 4,000 元的收入，這就是香港財富在外判合約制度下再分配的情況。雖然政府通過外判工作可節省 10% 至 20% 薪金，卻增加了貧窮的人口。這不僅影響了這些為社會提供重要服務的外判工人，也影響了他們的家庭成員。

外判工作　不能外判責任

現行的外判系統由外判公司作出所有聘用和解僱，因此政府對於外判工作和外判員工幾乎無法掌控。這些與外判公司簽約的員工，工資低、工時長至過度勞累，沒有工作保障，沒有職業前景，員工士氣落低，而且替換率高。筆者近日有機會去探訪一些混合模式的公共屋邨，發現管理員的水準參差不齊，士氣堪憂。大廈管理員對建立和睦的鄰里關係和防止自殺的社會網絡十分重要。他們擔當着守門員的角色，可以辨認大廈的陌生人或一些不正常情況，作出合時的干預，防止一些企圖輕生的個案。質素不高且工作士氣低的管理員，不僅難以承擔守門員的角色，自身反而需要心理健康的關懷。

政府外判這些低技術工作時，都是以價低者得為原則，且都為兩至三年的短期合約。投標公司為求得合約，不會投入大量技術、財力和人力，只會以最低標準完成工作。例如，垃圾處理工作依然採用人手密集式低技術處理，既看不到技術的提升，也危及工人的健康。公司為了增加利潤，唯有不斷欺壓員工，服務質素怎能改善？最終受害的是工人和市民。政府一方面推出政策緩解低收入人士的經濟壓力，呼籲業界要有企業良心，但另一方面卻採用外判制度，製造了一批工作辛勞卻不能糊口的低收入勞動者。

政府應停止低技術的外判　重新思考低收入群薪酬

通過外判部分工作，政府反而為自己增加了額外的工作：須要委派工作人員與外判公司打交道，增加了低薪工人向社會救助的可能，從而增加了社會安全網的負擔。考慮到對低收入群的援助程度，我們必須重新思考低收入群的薪酬，也必須重新思考政府的外判工作政策，我們不應只作短期的財政考慮，反而應以市民的利益為依歸。

在過去十多年，香港社會已經持續為低工資低技能工人付出了慘痛的代價。收入差距擴大，導致社會上諸多不滿。政府不僅把工作外判，還把對工人應負的責任外判。政府儲備足夠的能力，便應該投資於能力建設（capacity-building），而非剝削社會中的弱勢族群。現在是時候提供真正的就業機會和實在的薪酬予勞動人口了。

清潔服務承辦商工潮的反思

2017 年底到 2018 年初，長沙灣海麗邨清潔工因不滿外判承辦商拖欠遣散費，而發起了十日的罷工。最終成功爭取資方發放「年資乘 1,200 元」的獎金方案及加薪 172 元。工友得回應有的工資和遣散費，可說是近年難得一見的勞資事件。至於工人外判制度應否維持、怎樣做好監管外判工作，以及倡導良好的僱傭制度，我們必

須反思由外判衍生的社會問題和費用。事實上，一直以來都有一些客觀的數據作公開的討論：

外判工作的社會成本利益估算

現時，食物環境衞生署聘請二級工人的最低月薪為 13,040 元，外判工人的平均工資卻只有 12,251 元。根據立法會文件顯示，政府部門（如食物環境衞生署、房屋署、康樂及文化事務署）均未能提供因工作外判而節省的開支數字。

政府部門不但把工作外判，也把責任外判，外判工人則得不到較佳的工作待遇，最後製造更多貧窮人口和住戶，政府屆時卻要投放更多的社會服務資源，可謂得不償失。為何政府要拿走工友口袋的金錢？政府可否考慮增加聘用的職位，為低收入人士提供多一條出路？這不單止改善工友待遇、對整個社會也可產生積極作用。

做好監管工作

根據報道，清潔商交替爭取屋邨合約的情況十分普遍，明顯地，他們藉此剝削工人，從而增加利潤。他們罔顧工人權益，不合理地賺取更大的利潤，唯一的阻嚇，便是向他們實施更大的經濟懲處，要他們付出更大的經濟補償；政府也應該把這些公司列入黑名單，根據嚴重程度，禁止他們投標政府的合約。

倡導良心僱主

政府外判工作時，每次均以兩至三年作為服務年期，外判商便沒有誘因對員工作出更大的承擔。政府須有條件幫助良心僱主和有效的監管制度，在一些特別情況下增加資源，確保資源到達工友手中。現時，低技術工人沒有太大的議價能力，他們總是受剝削的弱勢社群，實在需要更多的良心僱主。政府需要花費不少資源解決貧窮問題，其實貧窮往往是來自政府本身一些不良制度的後遺症，所

以應該對症下藥。

　　清潔工作可為眾多低技術工友提供自力更生的機會，令整個城市井井有條，我們應給予他們有力的肯定，不應忽略他們的需要。作為一個文明的大都市，香港怎樣對待弱勢的清潔工友，正反映這個城市的文明水平。如港鐵的外判清潔工人能像其他港鐵員工享受免費乘搭港鐵的優惠及得到合理工資的待遇，可以大大改善他們個人及家庭生活。這安排所衍生的額外開支，對港鐵營運根本毫無影響，為何不能為香港的弱勢工人，多行一步呢？

　　筆者對今屆政府抱有不少期望，特首倡議以結果為目標的施政方針、政府已經開始關注承辦商的問題，加上嚴格的監管和良心僱主的配合，衷心希望清潔工友的生活水平日後得到具體和實質的改善。

保障食品外送自僱人員的風險和權益

　　肺炎疫情肆虐逾兩年，持續限聚令百業蕭條，但送餐中介業務卻如雨後春筍。香港的 Foodpanda、Deliveroo、Uber Eats 等不同送餐平台提供了近五萬就業職位，然而，與送餐員相關的交通事故亦急速上升。

　　2020 年首半年，香港涉及單車及電單車的交通意外增四成至 1,700 宗，十位送餐員受傷，四人命危。然而相關外送平台往往無須負責，僅透過少量保險作有限援助，或發放數千元慰問金了事。到底為什麼送餐員會成為高風險行業？欠缺工會的送餐員群體，安全又該如何獲得保障，避免「以命送餐」的悲劇不斷出現？

　　過去社會對外賣平台的批判多集中於它有否以「自僱」之名，把企業責任一併外判，又或它有否剝削員工，過度壓縮送餐時間，使靠多勞多得取酬的送餐員，被迫以身犯險，把駕駛速度推至極限。雖然近來僧多粥少的競爭，令送餐員收入持續下降，但要成為其中一員幾乎沒有門檻，所以仍然是不少失業者的救命稻草。

對政府而言，民間自僱服務一舉兩得，既能降低失業率，又能從企業盈利中獲得豐厚稅收。對基層而言，自僱身份實是雙面刃，它之所以容許低入行門檻，正正源於企業聘用員工時不受體能與保險的制肘，也沒有福利過多、尾大不掉的顧忌。自僱雖能解一時困境，但長遠而言，他們失去了連續的生涯敘述，自僱制度亦侵蝕了傳統以來重視員工對企業的信賴、忠誠及互相付託的人文精神。

針對外賣員欠缺保障的問題，政府實可考慮鼓勵設立社會保險（Social insurance），讓不同持份者共同分擔風險。現時送餐員均以個人身份提供服務，彼此沒有工會連結，亦沒有相互幫助的義務。對此，社會保險能促使企業與各送餐員團結一致，讓健全者支援不幸傷亡者，企業亦能間接扶助前線員工，共同承擔整個行業的風險與命運。

在香港，社會保險並非新鮮事，但較少用於員工保障上。世界各國現已開始透過社會保險，為送餐員提供不同程度的保障，但此責任多數由外送平台承擔。例如，日本 Uber-Eats 外送員勞動組合便積極爭取，成功讓外送平台 Uber-Eats 建立「傷害補償制度」，意外受傷或身亡的送餐員能分別獲最多 25 萬日元（約 1.85 萬港元）及 1,000 萬日元（約 74 萬港元）的慰問金；法國的巴黎獨立送餐員團體（Collectif de Livreurs Autonomes Parisiens, CLAP）則發動連串遊行，迫 Deliveroo 為送餐員提供免費醫療保險，報銷 200% 醫療費和住院費。

世上沒有免費午餐，關鍵問題是：「誰付鈔？」（someone has to pay）要為送餐員安全提供合理保障，外送平台及消費者便需要共同承擔。縱使社會保險會為外送經濟帶來額外成本，但企業能以此洗脫「剝削員工，強迫以命送餐」的惡名，實踐實惠的社會責任，消費者亦需要明白，方便的服務需要為提供服務人士的安全有所貢獻，做一個有良心的消費者，才能真真正正做到整個社會的持份者共創（co-creation）、共享（co-sharing）的共贏局面 。

外判制度的改善及現況

近年來，愈來愈多人發現外判制度的弊病，於是政府於 2016 年修訂了就涉及僱用大量非技術工人的政府合約而採用評分制度的指引（「經修訂的指引」），期望透過改變評核投標書中價格因素和技術因素的比重，鼓勵外判商向非技術僱員支付更高薪酬，從而改善他們的福祉；根據 2020 年的《就政府服務承辦商非技術僱員自 2019 年 4 月 1 日起實施的改善措施的檢討報告》，指引的修訂的確起到一定作用。在時薪方面，我們可以看到指引修訂後，非技術僱員的承諾時薪有顯著上升。在 2019 年 4 月 1 日前和該日期後，非技術僱員的承諾時薪由 37.5 元上升至 45.5 元，即是增加了 23.8%；即使扣除甲類消費物價指數以及最低工資的增幅後，承諾時薪中位數淨增幅仍達 14.0%。在評分比重改變方面，技術比重（包括工資水平比重）亦有明顯的升幅；技術評分的比重由 2019 年 4 月 1 日前的 30% 至 45%，提升至 50% 至 60%，當中的工資水平比重更是由 0% 至 18% 上升到最少 25%。最後在合約期方面，食物環境衛生處得到的成效最為明顯。在 2019 年 4 月前批出的 63 份合約中，年期均只有 2 年，而在 2019 年 4 月到 2020 年 9 月間批出的 78 份合約中，有 47 份合約的年期由 2 年延長至 3 年。

政府正在為改善外判非技術僱員的福祉，努力改善舊有的政策和措施，以上數據反映了這些改變的成效。只是，政府在改善措施的同時，需要考慮是否應該繼續增加外判的數量，因為在 2019 年 4 月 1 日前，沒有實施改善措施或過渡期安排的最後合約下非技術傭工的數目為 23,528 人，而到了 2019 年 4 月 1 日至 2020 年 9 月 30 日，該數目則上升至 25,501 人。在香港經濟尚未踏入衰退時，這樣的增長也許並不是問題，但面對來勢洶洶的疫情和節節攀升的失業率，首當其衝受影響的便是這些非技術僱員。縱使他們辛勤工作，但仍然只能獲得為數不多的補償，甚至最後被解僱，實在令人惋嘆。希望香港能夠儘快返回正軌，讓以前的措施得以繼續實施和改

進，讓這群努力付出的人都能得到合理和應得的報酬。

IV　改善居住情況

　　香港人口正在急速老化，勞動人口預計於 2018 年達到頂峰的 371 萬，之後開始減少，這對於扶貧工作是極大的挑戰。香港貧窮問題日益凸顯，有其背後深層次的人口與經濟轉型原因，扶貧工作需要整體統籌。以開源節流來比方一個家庭脫貧、防貧再合適不過。當收入無法顯著增加，支出卻不能削減時，試問如何遠離貧困？不幸的是，這正是許多家庭面臨的困境。研究顯示許多低收入家庭每月入不敷支，大多是未能住進公屋的低收入租戶。大比例的收入用來支付高昂的租金，卻只為滿足最基本的住房需求，本港的高房價和低工資實在大大拖累了居民的生活質素，扭曲整體的社會發展。香港政府已提供了多項生活津貼來協助貧困人士，例如：免費教育、醫療照護，以及一些低收入群組公屋的福利。在「除稅及福利轉移後住戶收入」的堅尼系數，在 2001 年是 0.47，2011 年是 0.475，至 2016 年微跌至 0.473。這些措施確實可幫助社會中的弱勢族群應付日常生活所需。若沒有這些政策，許多人的生活將會十分困頓，很多住在私人住宅單位的居民常常要付出高於 50% 的收入在租金上，生活質素大受影響，但遺憾的是，這些措施並無法進一步促進香港人的生活質素。

　　過去三十年來香港市民的住戶空間沒有增加，全港約半數的住屋都小於 500 呎。但是就本地生產總值而言，香港的表現勝過許多西方國家。根據 2017 年政府統計處出版的《主題性報告：香港的住戶收入分佈》，香港工作人口每月主要職業收入中位數在 2016 年（15,000 元）比 2011 年（12,000 元）上升 29.3%，然而在考慮價格變動後，實質升幅為 9.5%，同時樓價卻增長了 200%，這已超出許多人能力範圍所及。根據《14th Annual Demographia International

Housing Affordability Survey》報告，2017 年香港樓價中位數為
619.2 萬元，是香港家庭年收入中位數 31.9 萬元的 19.4 倍，即是家
庭要不吃不用 19.4 年才買到樓，相比 2016 年錄得的 18.1 年更難負
擔。現在政府透過 NGO 和地產商把一些未發展的土地建成過渡房
屋，改善輪候公屋多時的低收入人士的居住環境。

居住消費成居民沉重負擔

　　政府早先曾向各方面諮詢資助市民自置居所的議題，其中所提
出的「關鍵」問題有：為何資助市民自置居所；應協助哪些人士及
以哪種形式協助。

　　這三個問題的前設，是資助市民自置居所是一個福利的問題。
再者，這三個問題會增加社會不同的群體（例如，擁有樓宇與否人
士）的分歧，根本是沒有可能有任何共識，反而製造更多不必要的
分化和矛盾。

　　其實要擁有一個有質素的生活模式，居所不一定要自置，可以
租貸，最重要的是市民能夠用一個合理的按揭還款或租住價錢與
入息比例，解決居住問題。但統計數字證明，香港按揭供款佔住戶
入息的比例近年來持續上升，在 2017 年第一季該比例進一步增至
66%，顯著高於過去的長期平均數 45%。根據 2018 年中原新簽租約
的統計，在租住方面，2017 年 12 月平均一個市區 600 呎的單位，
需要 2.2 萬元左右。香港人的家庭住戶入息中位數在十年內仍是 1.8
萬元左右，可見居住的消費已成為本地居民的沉重負擔。在澳洲或
其他地方，這個比率維持在 20% 至 30% 之內。試想若每月的收入
有一半拿去供樓或租屋，可以流動的資源變得十分有限，這會阻礙
整個家庭和個人其他方面的發展。香港的商場文化也因昂貴的租金
變得死板而扼殺了很多個體戶的生存空間。

　　全港在 2016 年共有 251 萬個住戶，相較十年前（223 萬）的增
幅為 13%，其中有 30.4% 戶居住公屋，15% 居於資助自置居所房屋

（包括居屋）和 53% 戶居於私營房屋。其實政府對公屋單位的資助遠比興建居屋高，公屋對政府而言是長遠的資助，並增加了居民的依賴性。居屋長遠來說可以減輕政府未來人口老化的負擔，居屋市民需要的政府支援也相對減少。政府一直擔心，重建居屋是為少數人士積聚財富（Asset Building），但這其實是對整個社會的投資，並非只是少數人士得益而已。資助居屋在八九十年代對整個社會發展和穩定都扮演了重要的角色，再者為本地人提供住屋不應只由地產商主導。香港私人地產市場由每年提供兩三萬個單位，減至近年一萬多個單位，加上政府在 2002 年停建居屋，導致市場容易受到私人發展商操控。政府再三強調，承諾每年會興建不少於 1.2 萬個公屋單位，並會為低收入人士在三年內安排公屋居住。現在香港有 76.3 萬戶（有 213 萬人）公屋人士，但其流動性極低，政府財政負擔不少。

其實，整個香港的土地發展和房地產市場都是被嚴重扭曲的。政府一方面主張讓市場主導價格，另一方面卻也是市場積極的持份者：政府主導了土地供應、對外來投資的管制，以及有關打擊炒樓稅項的訂立等等。由此可見，政府沒有以最大的決心解決市民居住的問題。

政策建議：舒緩中下階層住屋壓力

針對以上問題和矛盾，我們建議採取以下各項措施。

當局必須重新審視公屋申請入息上限和計分制，標準必須切合社會經濟環境的變化。筆者不時收到市民反映，指出雖然家庭月入 3 萬元，但私人單位租金昂貴，位於新界區的租盤最少也要一萬元，且百物騰貴，最後每月都成為「月光族」；又有人到適婚年齡，卻因樓價極高，租金太貴，無法負擔一個安樂窩，婚期繼續推遲。公屋設立的原意是為無法負擔租住私人樓宇的低收入家庭提供房屋福利，而這一批因租住私樓而跌入貧窮類別的市民，正是應該獲得

有關福利的一群，因此，調整計分方法是有必要的。

公屋富戶政策一直為人詬病，惟議題爭議大，政府偏向逃避。然而，實施富戶政策旨在確保公屋資源能在公平公正的大前提下有效分配，促使公屋單位恆常流轉，把資源撥予有需要的市民。目前，政府規定凡在公屋住滿十年或以上，須每兩年申報家庭入息，家庭收入超逾既定入息限額者，須繳交倍半或雙倍淨額租金連差餉，而入息超出入息限額三倍而資產超出入息限額八十四倍的住戶，則須遷出單位。對此，社會時有聲音批評有關標準過於寬鬆，審計署亦曾指出富戶政策有欠完善，每年只有大概二萬租戶須繳交額外租金。期望政府審慎檢討現行政策，查看資助政策下各項準則的合理性。當然，政府亦要提供誘因，包括加快增建居屋，出售給公屋富戶，以騰空單位，分配給更有房屋需要的人。

筆者建議設立租金免稅額，以緩減中下階層租住私樓的經濟壓力，協助他們儲錢置業。本港工業式微，工廠大廈依然林立，建議利用現有資源，改建工廈及其他空置建築物，變成過渡房屋，租予這批市民居住，短期內可解燃眉之急。政府在過往一兩年與非政府組織合作提供的過渡性房屋，發揮了作用，為居住環境的困難提供了一個契機。雖然數目有限，但起碼展示了改善住屋環境之下可以帶來的正面反應，見到兒童有充足的生活空間，父母繳租的財政壓力減少，整體家庭生活和關係大有改善。再一次證明要解決香港現正面對的各種生活困難，改善居住環境是一個很重要的因素。

長遠而言，增加土地供應仍然是最有效應對問題的對策。社會各方一直有就如何覓得更多發展用地作廣泛討論，填海、發展新市鎮、增加建屋密度，甚至開發郊野公園等均受到支持，但基於保育角度，爭議性較大。就此，筆者傾向贊成發展棕地，該等用地佔逾1,200 公頃，主要集中在新界北部和西北部相對平坦而較容易到達的地區，發展成本低；可惜現時主要用作貨櫃場、停車場、電子回收場及露天儲物等，大部分欠缺規劃，若政府能優先發展棕地，配

合便捷的交通網絡，可足夠應付未來房屋需求。此舉不但可避免破壞環境，還可改善鄉郊污染問題。另外在市區中，也有不少已空置的校舍或有待發展的空間，都可以改善和加快市區發展，不至於浪費寶貴的土地資源。總括而言，市民對樓價與租金的承受能力已近乎臨界點，尤其社會上的中下夾心階層所面對的壓力，更加不容忽視，政府必須多管齊下，全力解決問題。

需要更加大膽的政策　提供負擔得起的香港房屋

本屆政府一直試圖改善住房負擔能力，但沒有什麼效果，這個問題有時候超出了政府的控制範圍：土地供應是有限的，但沒有人願意就土地利用妥協。我們只是希望得到一切，卻不願意犧牲任何東西。顯然，有一大部分的公共租賃住房正在被濫用，新界的土地被非法佔用，而市區也有不少被閒置的地方，但沒有人願意承擔和解決這個問題。

也許我們需要以不同的方式思考如何提供保障性住房。或許我們可以使用香港高爾夫俱樂部的土地？該俱樂部很少人使用，但那裏的土地卻可以令很多人受益。又或者，把葵青貨櫃碼頭轉移至大嶼山，就有大約二十萬人可居住在原來的地點。至於明日大嶼和大西北發展都可以幫助本地居民解決住屋問題。但是根據以往經驗，特區官員的辦事和實踐能力仍存在很大的改善空間。

再進一步，我們是否可以將生活區擴展到內地？這將意味着不僅僅是搬遷退休人員，同時還有一部分勞動人口也是如此。位於廣州市南端南沙新區，是有地理戰略性的、中國南方對外開放的重要門戶，且距離香港和澳門分別只有 38 和 41 海里。在 100 公里的半徑範圍，南沙擁有 60 萬人口，位於所謂的「一小時粵港澳的優質生活圈」內。霍家三代——霍英東、霍震霆和霍啟山——已經耐心地努力了二十年，將南沙轉化為工作和生活的示範區。霍氏家族已經投資了一所大學，做知識轉移的研究機構，以提高該地區的技術

能力，又成立了體育和娛樂的碼頭。現在他們正在創造實惠、舒適的家。毋庸置疑的是，住在南沙的成本會比香港便宜得多。隨着高速鐵路的興建，兩地之間的交通時間也將少於 30 分鐘。香港實在過於擁擠，也許生活在城市之外，並來往於鄰近的城市應被視為一個嚴肅的選擇。例如，隨着人們在家裏工作和交通網絡日臻完善，這樣的建議對擴大我們的生活領地或許是可行的。就像前行政長官梁振英建議的那樣，政府需要社會各界的支援和理解，來解決我們的住房問題。如果我們繼續從事無休止的辯論，並在公共資源的競爭中嘗試擊倒對方，任何人都不會受益。綠化地不可以濫用，球會用地不可以過問，棕地徵用也要大費周章，另一方面，排隊上公屋的時間不斷加長，如此一來，我們的生活質量只會惡化，香港亦將無法取得任何進展。如果我們願意探索新的選項，我們的生活環境將有更多的空間和選擇。新一屆立法會的組成少了反對派議員，政策應會更容易得到議會配合和支持，有助土地發展和修例工作的推行，但最重要的還是政府本身的執行能力和整體工作的統籌。現在開發土地需要經過不同部門的審批，往往需要很長時間才可以達到成果，若行政程序不改善，便會拖慢整體發展。最近的明日大嶼，西北部大開發都會為香港增加土地供應，但實際效用視乎政府執行能力。

V　加強教育投資與改革是減貧的長期出路

人力資本的發展是實現收入增長和改善生活質素最重要的方式之一，而教育對實現社會流動具有重要的推動作用，因此加強教育投資和人力資本發展，是減貧的長期出路。香港主要面臨着幾大挑戰：首先，是低技術、低收入的在職青年人缺乏實現向上社會流動的機會，困於貧窮陷阱之中；其次，青年失業率較高，部分青年人缺乏合適的就業機會；再次，是副學士學位的教育回報低，畢業生

無法在勞動力市場中獲得認可；最後是人力資源供應和勞動力市場需求在整體上不匹配的問題：根據政府的人力資源推算報告，推算 2022 年在本港將出現人力資源供應不足的問題，整體欠缺 11.79 萬勞動力，其中大學學歷人才欠逾萬人，但碩士及博士畢業生將有過剩的現象，有 5 萬多人。再者今年的移民潮引致很多學生退學，就以大學生人數而言，在 8 萬 7 千名學生中，2021 年就有二千多人退學，創十年新高。我們應如何應對這些挑戰，以實現人力資本和教育對經濟發展的推動作用呢？筆者提出以下幾點政策建議。

增加職業教育機會，實現低薪青年人的向上社會流動

國際咖啡品牌星巴克公司日前啟動了和亞利桑那州立大學合作的線上項目，為其員工提供求學平台。被選中的員工可以獲得全額支付的學費贊助，且不強制在畢業後繼續在星巴克工作。該公司正在考慮將此計劃延伸到研究生學位。

在香港，每年有七萬多名高中畢業生，然而政府資助的大學只招收 15,000 名學生，即只有18% 的年輕人能獲得政府資助大學的學位。通常沒有專業技能的畢業生，最終會從事服務行業，他們需要長時間工作、工資很低，且向上流動的可能性不大。有很多年輕人在速食連鎖店、便利店和其他服務業工作。他們掙的錢很少，但他們提供了一部分穩定的勞動力。如果沒有機會來提高他們的技能和教育，他們將被困在這種低薪工作中。在香港，我們不僅有在學術界、醫療衛生服務、商界、工程界的頂端人才，我們也受益於很多在不同工作崗位上有創造力的人，是他們使得香港成為一個真正意義上的國際化城市。我們需要為這些年輕人提供機會，使得他們可以更好地培養他們的技能，提高他們的社會流動性。

筆者希望香港能有更多像星巴克這樣的公司，可以幫助我們的青年人實現他們的夢想。在公司需要員工提供服務的同時，我們的年輕人也急需機會去提升自己。最終，整個社會將受益於更高的人

力資本。企業社會責任不應局限於扣除利潤後的捐款，而應表現在公司如何對待他們的員工。政府可以提供實質性的稅收優惠，以鼓勵更多僱主為員工提供學習和培訓機會。公司不應該只關注短期利益，他們可以通過幫助我們的年輕人來提升整個社會的福祉。本地的九龍倉集團有限公司通過「學校起動計劃（Project WeCan）」項目，支援改善學生的教育和就業。賽馬會的「賽馬會鼓掌·創你程」青年生涯規劃計劃（CLAP for Youth @ JC）也在支持青年發展，希望有更多組織和私人機構能參與培養我們的下一代，讓他們能更好的去應對挑戰，因為他們是我們的未來。

為失業青年人提供良好的就業氛圍

根據政府統計處於 2021 年公佈的資料，10 月至 12 月經季節性調整的失業率為 3.9%，而年齡組別在 15 至 19 歲的失業率為 11.5%，是眾多年齡組別中的首位，情況令人關注。

協助青年人投入勞動市場似乎是刻不容緩的事。在社會上，不同的機構和團體協助青年人尋找工作，但仍存在「工有工空缺，人有人失業」的狀況。這究竟是出了什麼問題？是職業錯配？是僱主、僱員期望不一致？僱主找不到合適的僱員？

本中心與社會福利署大埔及北區青少年服務地方委員會提倡一個名為「青少年工作友善策略」的計劃，藉着推廣與宣傳，推動區內青少年就業。該計劃旨在營造一個關顧、支持青年人的工作氣氛，讓他們在一個關顧、接納的環境下學習，建立合宜的「返工態度」。然而，要塑造一個友善的工作環境，是需要：（一）僱主給予青年人一個工作機會；（二）社會大眾對支持青年人投入勞動市場的僱主作出一些回應。

在不公平的國際貿易政策下，農民的權益和利益活活被剝削，生產成本也追不上。然而，隨着「公平貿易」（Fair Trade）概念的出現，全球各地的品牌公司向處於發展中國家的農民購買這些綠色

農作物，除了履行對社會、對世界的一點責任外，更讓這批農民可以合理地賺取應得的收入，又能有尊嚴地生活；同時，又可以減少對環境的損耗破壞，以持續發展的概念繼續生產綠色農作物。

以著名咖啡店及身體護理產品商店為例，他們都以「公平貿易產品」的咖啡豆、香草植物為材料，製作不同的產品。價格雖然比一般材料貴，但正正是因為當地人有合理的收入，沒有加以破壞及過度虛耗珍貴的天然資源，可以持續地發展。消費者的支援，就是到這些使用「公平貿易產品」的商店消費。這不單是響應「公平貿易」與「可持續發展」，同時也是對農民的一種支持。

由社會企業經營的餐館，都是由殘疾人士協助打理，如烹煮、樓面、清潔等。我們選擇到這類餐館用餐，也是對殘疾人士的一種認同和鼓勵。社會需要的，就是一種共融、接納的氣氛。而一班比較弱勢和邊緣的青年人，也需要這種接納！

透過地區商會及商戶與社會福利機構攜手合作，為年輕人提供工作體驗的機會，讓他們走進真實的工作世界，體驗工作，為投入職場作好準備。其中一名成功透過該項計劃找到理想的青年人更表示，工作體驗計劃引領她從待業青年的身份進入職場，不僅使她得到寶貴的工作經驗，更讓她接觸到不同的世界。最後，該寵物店東主因其對動物有愛心及良好的工作態度，於體驗計劃完結後，聘請她成為一名正式僱員。其實，青年人是有能力的、有承擔的，可惜他們欠缺一個表現才能的機會。最近因為 2019 年反修例的社會事件，有一萬多名被捕人士，其中有四千多名高中生。他們都是一些服刑出獄後的青年朋友，在找工作時遇到困難，因為一些公司並不願意聘請他們。我們聘用那些青年學生作研究助理，他們都是用心工作，而且更懂得珍惜機會。這也是重建社會撕裂的機會，大家都可以為青年人多行一步。

當然，協助青年人尋找工作，需要一個長遠的方向和策略，擴闊本地的工種，加強培訓和技能的轉移。在社區中，須培養一個接

納、關顧青年人的意識，推動社會共融的氛圍，讓青年人可以發揮所長。現在 Y、Z 世代的文化及想法，有時候的確令人難以明白，但給青年人一個機會，他們會還給我們一個驚喜。採取一個互相體諒、接納的工作態度，建立一個友善的工作氣氛，可讓彼此有一個互相了解的機會。

政府有關當局可以透過優質認證，肯定及讚賞僱主的配合和努力，例如頒發一個標誌或認證給每間聘請青年人的商戶，這是對企業的一種肯定。市民大眾可以特別選擇在這些企業商戶消費（尤其是中小企業商戶），這是一種實質的支援，並表現出對它的認同及讚賞，也可以補償商戶聘用青少年的額外開支。

香港社會勞動市場需要生力軍。青年人有的是動力、生產力、創造力，為社會的重要發展元素。香港當然期望訓練很多尖子，但對一些能力稍遜的青年人也不能忽視。其實他們也有很多潛質，只要給予他們空間和時間、一個不一樣的工作機會，就是提升青少年就業率的重要契機，也對香港長遠發展十分重要。

提高副學士質素　提高教育投資回報率

一個超過兩年或三年的副學士學位，需要花費十萬到二十萬元的成本，但它可能並不能讓畢業生找到工作。根據最新的統計資料，副學士學位畢業生的失業率甚至比高中學歷的畢業生更差，這可能是由於期望與現實的不匹配——僱主並不願意給副學士更高的工資，這些畢業生卻認為他們的身價應該更高。

對以上的情況，我們有以下的建議：

ⅰ）大學生要調整對將來就業的期望，須明白他們在市場上的競爭愈來愈大，不要自視過高，以為大學畢業就不需要由低做起。他們須不斷提升自己的能力，以提升個人競爭力。

ⅱ）副學士課程令擁有非學位和學位的勞動人口大幅上升，但是僱主不敢增加需要副學士的工作，主要是因為副學士的認受性一

向備受質疑。為了增加僱主對聘用副學士的信心，政府須加強對課程的監管和取締所有不合資格的課程，這樣才可令市場逐漸增加對副學士的需求，來解決供求失衡的問題。

iii）從以上的數據，我們可以觀察到學歷對社會流動性的幫助已不及以往般大。青年人在完成副學士課程或學士課程後，可能背負了二三十萬元的銀行貸款。即使找到了工作，他們亦要花長時間償還貸款，很難再依靠讀書來脫貧，這嚴重阻礙了他們在社會上的流動性。政府需要做的是加大投資教育的力度，對經濟上有困難的學生提供更多援助。政府應只資助符合一定資格的副學士課程，以提升人力資源及確保投放在莘莘學子的資源不會被浪費掉。

反修例涉案青年須重新融入社會

自 2019 年反修例風波以來，社會毋庸置疑地出現了不同程度的撕裂，年青人和其家庭就首當其衝最受影響。截至 2021 年 6 月 30 日，警方就示威活動拘捕了一萬多人，據估計約有六千多名 25 歲以下的年青人被捕。過往被拘捕的年青人一般都是非在學的人士，涉及的案件大部分是與三合會相關的罪案、毒品罪行、傷人及嚴重毆打、行劫、盜竊或其他嚴重的刑事案，然而，近年因反修例運動被捕入獄的年青人，卻是過往行為良好，無犯罪紀錄。很多法官判刑時都形容他們本性不壞，只是在一時衝動、魯莽下犯案，跟其他入獄人士有着南轅北轍的差別，實在需要探討一個更適時適切的方法去幫助這批年青人更生，重投社會。港大防止自殺研究中心在暑假期間，為幾個因反修例判囚的年青更生人士提供學徒職位，發現當我們給予年青人一個機會時，他們往往會給我們一個驚喜，並帶出修補社會撕裂的很多反思。這幾個男生都彬彬有禮，談吐溫文、虛心學習，與其他年青同事一拍即合，對於交託他們的工作都能一一辦妥。同時，他們亦毫不忌諱地道出自己在囚的經歷、反省，以及他們面對的困難和對前景的盼望。如果沒有事故發生，他

們應是大學的新鮮人，對未來充滿憧憬的展開人生新一頁。他們被捕時正是文憑試的應屆學生，在等候受審期間，承受着隨時入獄的壓力去應考，然而，他們卻堅忍地完成了考試，獲得大學錄取。他們被判囚的時候，正值大學一年級的上學期。

懲教人員都明白這批更生青年正面對的挑戰，為了給予他們有意義的學習機遇，不斷尋找不同類型的僱主，免得局限在快餐店當學徒。奈何，修補社會撕裂不能只靠懲教人員，或寥寥可數的僱主幫忙，社會需要各階層人士去伸出援手，以實際行動給予他們重新的機會。這樣不止是幫助一個年青人，幫助一個被影響的家庭，而是幫助整個社會在新常態中重建，用接納和信任去消除矛盾。

在 8 月尾，這幾個小伙子因為行為良好，能夠提前離開中途宿舍，返回家中與父母同住。「回家」，看似是平常不過的事，然而，對於這些年青人的意義卻非常重大，他們就是靠着家人無條件的愛來抵禦牢獄之苦和不安感。可惜好景不常，其中一個年青人滿以為自己的前景有一絲希望之際，就收到其大學的退學通知書。原因好簡單，就是說他干犯了罪行，令學校聲譽受損，在沒有機會解釋和辯護底下，他直接被大學開除學籍。雖然每個人都應該為自己所做的事情承受後果，這些年青人都有為自己一時的魯莽及罔顧後果的行為負責，已被判囚數月，失去了自由及差不多一年的青春，更甚的是他們已留有案底。他們認真認錯了，盼望可以重新裝備自己，將來能為社會作出貢獻，如今竟被已取錄的大學開除，就連被「教」的機會也失去了！

今天，若果我們未能夠提供有效的方法，幫助他們回轉，豈不是只會繼續增加他們心中怨恨？智者常常提醒我們，要完全殲滅敵人，最有效的方法是將他們變成我們的朋友。在香港新常態之下，重建和諧的社會絕對不是一少撮人的責任，而是我們各界共同的責任。年青人是我們的未來，縱使犯法是需要得到懲治，對於真心悔改的人，難道就不應該給予第二次機會嗎？

長期規劃　多方協調　應對教育與勞動力的錯配

　　政府的人力資源報告顯示，2022 年本港人力資源將出現供需不匹配的問題，主要表現在：一些低學歷的初中或以下程度的工種缺少五萬多人，大學學歷人才欠逾萬人，但碩士及博士畢業生將有過剩的現象，有五萬多人。如何應對教育與勞動力不匹配的問題？人口和產業政策制定需要有效回應勞動人口錯配的現象。香港需要認清定位，投放資源，建設人力庫，這才是為香港未來做好預備的工作。對此，筆者有以下幾點建議：

　　首先是面對低學歷工種供不應求的情況。雖然輸入勞工一定會面對不少反對聲音，但這在實際上是一定需要面對的，每日 150 位單程證內地人士也可以提供某程度的補充。但另一方面，社會也應該在建立一些機械自動的技術上投資，減輕依賴人手，尤其是那些需要很大勞動力和一些厭惡性的行業，一方面減輕人手的需求，也可以改善工人的工作環境和生活質素。

　　其次，是解決碩士和博士畢業生過剩的問題，最簡單的解決方法就是找方法將這多出來的五萬位碩士或博士的畢業生，從事只需要本科生資格的工作，一加一減，豈不是已可以處理了缺少和過剩的問題嗎？當然這肯定不是一個最有效的使用社會資源的方法。香港一直強調要走向知識型經濟，研究生正好提供了高質素和技術的人力資源。一方面本地大學不斷發展專上和研究學術的工作，每年出產幾千名碩士和博士畢業生，但另一方面，因為本身的經濟發展停滯不前，政府和私人機構在開發高科技的行業，缺乏願景和投資承擔，發展空間有限，有很多畢業生只好選擇到其他地方尋找發展機會，實在對香港造成很大人力資源的損失。政府投放不少資源資助本地大學生的研究生課程，每一位研究生的培訓支付了超過百萬元的投資。若不能好好利用這班人才，實在是一種浪費。

　　筆者曾參加上海論壇有關人才發展和流動的討論，了解到新加坡政府就以十分進取的方法去吸引外地專才和優才。上海則創造了

不同大小類型的研究所去吸納不同專才，提升人力資源向高科技發展，不同的大學用吸引的待遇招攬人才，為研究人員創造空間。本地有良好的高等教育，每年訓練不少高質素的研究人才，鄰近國家求才若渴，定會向他們招手。本地更需要急起直追，挽留本地人才和創造環境，吸引外來人才。

政府已成立科技創新局，提供一些機會給本地的研究畢業生，相信可以為這些博士、碩士畢業生提供多一個出路。另外，大學的科研與本地工業結合，政府提供一些平台、地方和資源，起帶頭作用，當然不能期望每一項計劃都能成功，但每次失敗都增加下次成功的機會。年輕科研人才需要空間和機會。香港實需要朝着發展高科技和創新的方向出發。香港是一個可以培養出一流科研人才的地方，本地多間大學的排名都是十分令人羨慕，在 2021 年的 *Times* 排名，香港大學就在全世界排名二十二，實在令人興奮。本地的大學具備培養人才的能力，只是本地沒有把握機會。現在國內和本地的發展，着重點應該不是賺取裝配行業的微薄利潤，例如為 iPhone 的工作，而是從創新、科研、製造和推廣，以一條龍的形式發展，利用香港本身的專業服務和法律的優勢，和國內合作連結起來。政府有願景和作出承擔，提供有效的政策和配套，珍惜人才，給予空間和機會，香港的年輕人便能為本地科技創新發展作出貢獻。

筆者相信，投資教育、提升教育水準，不僅僅是在於個人學歷的提升，更重要是通過教育，幫助人們規劃人生目標與方向，豐富閱歷，為之後的就業創造更多有利的條件與機會。同理，通過將資金投放於職業技術培訓，員工專業技能將得到提升，競爭力增強，升職機會也相應增多。與此同時，員工可通過參與技術培訓，拓闊個人社交網絡，強化人力資本，促進社會各階層的積極流動，使從事技術行業的人擁有更多可掌控的資源與機遇，形成社會的良性循環。

VI　重視本地青少年的精神狀況，與校合作共贏

在 2021 年，教育局曾在立法會公佈上個學年的自殺身亡學童達 23 名，創七年新高，情況令人擔憂。自殺是一個複雜的議題，從來都不能以單一成因去解釋，也不能簡單地歸咎誰是誰非。然而，在這冰山一角底下，還有許多身心脆弱的學童，值得各界關注。

無論在學校、家庭、朋輩關係上，要大力推廣精神健康的重要性，正如世界衛生組織（WHO）指，沒有精神健康，就等同沒有健康（No health without mental health）。要有良好的精神健康，就要讓學生感受到自身的價值，這個價值不等同學術成績，而是讓他們發揮到其獨特的潛能，相信自己是「有用」的。

要讓學生感受到自己「有用」，家庭教育責無旁貸。家長應學習與子女建立良性的溝通，懂得肯定和欣賞子女在學術以外的價值，適時放手，以訓練他們的責任感和解難能力，使青年人可以建立正確的人生觀和價值觀。家庭應該是他們的避風港，當他們高飛遇上風浪時，家人的愛應可以為他們「加油」，讓他們能繼續在自己的航道上飛翔。

而學校方面，最寶貴的莫過於老師和學生的關係。老師除了言教外，更要身教，讓他們感到安全可靠。為了達到這境界，教育學院在培訓準老師時，應加入精神健康的基本知識及應對技巧。自從 2000 年教育改革後，老師們多了種種責任和工作，最後便是缺少了接觸學生的機會，更何況在疫情下的學校生態？除此之外，當老師發現有危機的學生後，如何實踐所學到的知識又是另一個議題。當然輔導是一個專業，但基本的關心是每個人都可以做到的 。

此外，教育局亦擔當着一個非常重要的角色，不但要在教育改革上，還要在教育制度上，為老師騰出多一點空間與學生接觸，並為學生製造多元的出路，而非只有文憑試這條出路。學校在推動正

向文化的同時，也要摒除學術成績不是唯一的量度標準，要為「成功」重新定義。這可透過多元的體藝活動，培育出學生的團隊和運動精神，並鍛鍊堅毅的品格。學校還要認真處理欺凌事件，推動健康的網絡文化、推廣助人自助的精神等，相信學生將來就能成為獨當一面的人，為社會作出不同的貢獻。

不得不承認，這兩年的香港陷入了低谷，無論政治爭議，還是疫情肆虐，學生都無奈地被捲入了這個旋渦。世界衛生組織就指出自殺輕生者除了自身精神疾病影響下，還有許多個案都是不懂處理突如其來的危機，而引致情緒崩潰，失去理性下作出傷害自己的行為（https://www.who.int/news-room/fact-sheets/detail/suicide）。重建保護學生的保護網是急切有需要的，各界都應離開自己的安舒區，以真摯（genuine）、同理心（empathy），並無條件的正向關懷（unconditional positive regards）去對待身邊的人，復興人與人之間美好的接觸，從根本解決學生的問題，儘管一不小心就會跌倒，但有個保護網都能接得住他，讓年青人確切體會到和擁有「學生時代真是整個人生最快樂的時候」，希望各持份者拿出承擔和勇氣，成為推動青少年人精神健康的領袖和積極參與者。

為減少悲劇的發生，我們應提升學童的保護因素，方能抵禦人生路上的逆境和挑戰。最基本的保護因素就如身心健康、有均衡飲食和作息定時、有健康的朋輩關係、有效的解難和抗逆力、有關愛的家庭關係，以及有肯定的自我價值等。這些重要的特質，也是我們中心倡議「共建卓悅校園」計劃的重要原則。正因為青春期荷爾蒙的轉變，青少年的情緒會變得不穩，相對上不太妥善表達自己的需要和情感，因此容易和身邊人產生衝突和誤會，家長和老師可額外提升敏感度和同理心，以便洞察他們確切的需要。又因大環境的轉變，即或有一些家庭在疫情中面對就業不足或失業而產生的經濟壓力，或有同學和親友移民而產生了離愁別緒，在這些不穩定的外在因素下，都會對青少年的精神健康有着負面影響。

家庭和學校都是孩子成長中最重要的保護屏障

科技進步，時代變遷，除了學校和家庭以外，網絡世界對年青人的影響不容忽視，他們喜愛在社交媒體上溝通和網上流連，老師和家長應鼓勵他們對網絡世界有認知和自制的能力，免被錯誤的信息有所誤導。

總括而言，教育局所提供的資訊和本中心在學校所進行的項目都是為保護我們的下一代，以減少學童自殺的事件。正如依附理論所指，只要能建立起安全和可靠的人際關係，青少年就會有信心探索世界，為自己的夢想高飛。家庭和學校就是提供安全和可靠的人際關係的地方，亦是青少年人在跌倒時可依靠的屏障。請在屏障下好好教導他們正向的價值觀，提供平台讓他們發揮自己的強項，肯定自己的存在價值，並訓練他們的抗逆和解難能力，在此安全可靠的環境下重新探索，展翅飛翔。

VII 透過社會創新生態系統改善貧窮狀況

2020 年香港最新貧窮情況令人擔心，雖然政府強調政策支援改善貧窮狀況，但大部分市民都希望靠自己的努力，掙取工錢生活。近年社會創新（社創）蔚然成風，旨在解決社會貧窮問題的創新項目湧現。由 2018 年起，政府透過「社會創新及創業發展基金」（社創基金）下的「創新計劃」資助及培育了 280 個社創項目。[1] 筆者為基金進行的評估研究發現，[2] 就業融合外，愈來愈多參與者嘗試其他創新模式；貧窮外，初創項目亦涵蓋社會共融、人口老化等更廣泛的社會議題。這是我們樂見的現象。

面對日益複雜的社會挑戰，我們需要新的方法、新的想像，社會創新或可成為改善民生和有效解決貧窮問題的新力量。解決社會問題不能一蹴而就，社創項目需要各界持續的支持，才能發揮影響

力。我們需要有效政策（policy）、政府承擔（commitment），和賦權（empowering）各持份者，營造一個有動力和不斷成長的社創生態系統，去解決本地的貧窮問題，提升整體市民的生活質素，造福社會。

VIII　鼓勵香港青年做「超級聯繫人」

筆者於 2017 年中參加了上海論壇「一帶一路」沿線國家人口發展與機遇的圓桌會議，在會議中與十多個「一帶一路」沿線國家的人口專家一齊討論和分析當前人口發展的趨勢以及如何應對未來的挑戰。我們希望從人口的角度豐富「一帶一路」整體構思和提供一些可行的方案。

「一帶一路」的 65 個國家約佔全球人口 62%，但只佔全球 GDP（本地生產總值）約 30%，實有龐大的經濟發展機會。中國發起的「一帶一路」全球倡議至今向沿線國家投資總計 600 億美元；未來五年，預計總投資 6,000 億美元。而亞太地區在未來十年內，每年需要投資 1.7 萬億美元用於基礎設施建設，才能維持增長。故有人開始質疑：「一帶一路」是否會成為中國全球政治力量擴張的工具，或是將其作為轉移國家落後經濟產能的經濟機制？除了對資金來源的疑惑，也有人質疑中國是否具備部署、實施如此浩大工程的能力，基礎設施建設項目始終面臨「可融資性」的問題，以及東道國政局是否穩定、與當地既得利益會否發生衝突、項目資產管理和實施的風險。

這些種種猜想和假設，恰恰是二戰後以歐美為主導的全球化理念的直接反映。上一波全球產業鏈擴張甚至對主導國也帶來了一系列不利影響。前美國總統特朗普的「美國優先」政策聚焦在自我保護，且不再願意協助盟國領導全球共同利益。英國脫歐，也使歐盟失去了其第二大經濟體的依靠，歐洲人必須開始掌握自己的命運。世界各國到底應當如何看待「一帶一路」倡議？將如何在新趨勢下找到自己的發展之路？是求自保，還是共進退？

保持多樣性下實現可持續發展

我們認為，「一帶一路」的理解和實施要從全球框架下着手，這是一次「有道德的全球化」，絕不是「21世紀的新殖民」和「漢唐盛世 2.0」。一個文明的世代，國家地區關係中沒有主導和依賴、沒有霸權和弱勢，也不是落後產能和污染企業向欠發達國家轉移的過程。它應當是基於國與國之間對彼此人文、宗教歷史的理解、明辨，才會實現互相尊重、平等對待。在保持多樣性的前提下，實現國家的長久、可持續發展。「一帶一路」沿線國家在各個方面都具有多樣性和複雜性，因此在強調合作發展之時，必須深刻理解其背後獨特的故事，發揮各國具有的不同優勢，切不可將「一個標準、一種方法」應用於所有情境下。

文化是發展的根基，不同程度和階段的發展背後總是有諸多文化因素在起作用。「文化是一個很神奇的東西，亨廷頓所說的文明的衝突可能只是短期的碰撞，文化總是會以相互滲透實現多元的一體。中華文明的發展演化是這樣的，全球主要文明的歷史發展都是這樣，這樣的多元一體，而非文明衝突，實際上才意味着全球發展的未來方面」（任遠，《觀雲集》，2017年）。「一帶一路」沿線多個國家，各有各的綱領、各有各的出發點，只有在「共存、共創、共享」的理念下，健康、繁榮的發展之花才能生根發芽。所謂「共存」需要彼此尊重；「共創」彼此建立、互補不足；「共享」彼此分享發展的成果，絕不是「winner takes all」。

須「授之以漁」 為沿線國家培養人才

「一帶一路」沿線多數發展中國家都在面臨着青年人口膨脹的問題，例如中亞及南亞的國家，這是「人口紅利」帶給社會的巨大機遇。但若無法將青年勞動力轉化為高質量人才，為生產力服務，或市場本身沒有能力吸收這些勞動力，缺乏足夠的工作崗位，失業率上升會造成社會發展不穩定，青年人口的激增反而會成為國家前

進的阻礙。

　　「人口紅利」不是必然的，需要適當的教育和人才培訓和多元的經濟發展配合。「一帶一路」沿線國家人口轉變又非常之快，使人口變動對發展的壓力和挑戰顯得尤其突出。由此可見，一雙發現機遇的慧眼是遠遠不夠的，我們必須要「授之以漁」，為當地國家創造工作崗位、培養人才，使這些國家依靠自身創造力慢慢走上獨立發展的強國之路。儘管經濟增長本身並不能解決所有困擾當代世界地緣政治問題，但可以有效消除貧困、改善受教育程度、提高生活質量和幸福指數。民生穩定，國家才能長久健康發展。

港人需關注在新一輪發展中的定位

　　對於「一帶一路」倡議，本地人和媒體觀點不一，各持己見。資金融通和基建項目一直是該倡議發展的重點，中資企業在能源、礦業、重工方面的硬實力不容小覷，這難免會讓部分港人認為香港與「一帶一路」並無直接關係，甚至有人會曲解和貶低這一倡議的初衷。除了缺乏對「一帶一路」新趨勢的了解，港人普遍對沿線多個國家並不熟悉，對這些國家的地理環境、文化習俗、宗教道德準則、經濟體制等都很模糊。

　　香港如何才能做好這個「超級聯繫人」的角色？作為人流、物流、服務流、資金流、資訊流匯集一體的地區，香港的發展始終都與內地和世界各地緊密相連，將香港孤立在全球化的「一帶一路」倡議之外，顯然會錯失發展和轉型的良機，難逃被世界經濟邊緣化的困境。搭上這艘促進發展的「快船」，找到自己在新一輪發展中的位置，將香港金融、法律、規劃等產業優勢發揮到極致，能夠人盡其才、物盡其用，這才是港人需要迫切關注的。歸根結柢，發展來源於人的才智，又將服務於人本身。優質人才的專業技能和素養推動市場前進，反過來市場的拓展將創造更多就業機會，提升人才整體的競爭力。如何將香港人才與市場之間建立良性、可持續循

環，才是需要我們認真思考的問題。

「生根」才能「發芽」

與此同時，港人、港企在發展之中，眼光和心態都要放得更長遠，不可保留着「做完項目就走」的心態，成功需要「生根」才能「發芽、開花」，長遠的發展不能建立在單一利用關係之上，平等、尊重、共同進步才能帶來良性、長久的發展。現屆和新一屆特區政府為年輕人在教育和人才培訓投放更多資源，是正確的方向，盼望內地和香港都能把握機會，在這個大時代作出有意義和可持續的貢獻。

持開放態度，把握事業發展新機遇

除了保持長遠的目光與心態，年輕人更要維持開放的態度，勇於嘗試不同類型的工作與環境，為自己的未來打拼。新冠肺炎讓香港的失業率大幅上升，剛畢業和沒有豐富工作經驗的年輕人難免會因找不到工作而感到不知所措。面對現在的困難，青年人能對自己領域以外的工作持有願意學習和謙卑的態度，不怕失敗地去挑戰新的工作範疇。近年來，政府為青年人提供多項大灣區就業計畫和發展基金，如 2020 年實施的大灣區青年就業計劃。青年人可以考慮投身這些實習計畫，廣闊視野、提升才能和建立人脈網絡。

IX　創建共享價值　突破商業界限

筆者早前參與了香港賽馬會慈善信託基金舉辦的「慈善共創都市聚焦」國際慈善論壇。此論壇聚焦「共享價值」（shared value）議題，講者們講述了很多商界「善有善報」的成功例子（doing well by doing good）。這些善舉不單是捐贈盈餘，更展現出商界對社會的承擔，企業如何回應社會充滿挑戰性的需要，如何通過與非政府

機構和整個社會創造「共享價值」，一同突破原有資本主義商業營運的限制。海外這些成功經驗不僅能幫助社區中的弱勢社群，同時也擴展企業的視野，提升業務層次。例如澳洲國民銀行不僅沒有徵收低結餘戶口服務費，相反，它積極幫助弱勢顧客，為他們提供度身訂造的銀行服務和提供理財意見，增加了多達 100 萬的低收入居民享受到了此服務。儘管銀行業務大都歡迎大客戶和富豪，但澳洲國民銀行沒有忽略社區中的其他人，既透過擴大顧客來源而增加盈利，又為社會做出了貢獻，創造了雙贏的局面。因此，這不僅是企業實踐社會責任，亦可成為成功企業的策略。

這種營運業務的「共享價值」，正是香港商界需要不斷提升和推廣的。就以深受長者及殘疾人士歡迎的公共交通票價優惠計劃為例，此計劃可以讓受惠人士在任何日子和時間，以每程 2 元的優惠票價乘搭指定公共交通工具。優惠計劃旨在通過鼓勵這些群體參與社區活動，從而融入社區，擴大生活空間，建立關愛共融的社會。這個計劃反響熱烈，平均每天有超過一百萬人次乘客使用計劃優惠，當中包括 884,000 名長者及 140,000 名殘疾人士。但是政府在計劃中完全承擔了補貼的費用，公共運輸運營商沒有分擔當中任何補貼，作出一些優惠的回饋。政府需向公共運輸營辦商償還計劃涉及的開支，預計由 2015 至 2016 年度的 9 億港元增加至未來的 12 億港元。在 2022 年開始，政府更加降低了長者乘車優惠的受惠對象至 60 歲，增加了近四十多萬人使用；誠然一定會收到社會人士歡迎，但在人口急劇老化的社會裏，財政負擔必然會增加。一些優化的規劃，也是需要的，而私人的運輸營商者有所貢獻，也還合理的。倘若沒有了交通補貼，乘客乘搭公共運輸次數必定比原來的少。在「共享價值」的觀念下，公共運輸營辦商是否應該考慮對計劃做出貢獻？由於未來社會的老齡化，補貼金額將以更快的速度上升，若運營商不作出任何相應的行動，將來政府若想維持此計劃，則必須以犧牲其他福利開支作為代價。因此，筆者希望運輸營運商能夠一

同分擔，不以股東利益為藉口而逃避。有時候商界以唯利是圖的單一心態，阻礙了香港成為一個互相包容、團結和有人情味的社會。相信隨着大環境的不斷轉變，可以就一些共享共贏的營運方式作初期探討，建立可持續的方法，給有需要的人士到位和有力的支持。

　　儘管未來經濟存在不確定性，但確定的是現在勞工正處於困難的時期。創造「共享價值」的想法被商界所接受，才有可能找到雙贏的方法，既改善工人工資，又保持業務長期的可持續性和盈利能力。現在香港各階層各方都在爭取自己最大的利益，最終政府和整個社會卻為因此所繁衍的社會問題付出代價。如今，已經有許多全球性企業開始注意投資人力資本，減少碳排放和砍伐樹林，負責任地檢查材料來源，關注環境問題，增強工人的職業流動性和為窮人提供更多機會。因為他們真的相信，如果現在不解決這些問題，他們很快便會給公司帶來問題。因此，我們都應該尋找可持續增長的方法，而不是單單關注短期收益。

　　在香港，我們生前生後都在為尋找一個容身之所而煩惱，但亦常見社會有關土地的利益相關者因破壞當前環境為由，反對開發更多土地。無論是棕地或是非棕地，各持份者都是爭取本身的利益，而忽略了其他人士的需要。只有社會對那些經歷住屋問題的人和處理摯親身後事有更多的同理心，香港才能向前走。只有隨着「共享價值」在商界領導階層普及，才能更好地設計和規劃這些我們關心的項目。香港有很多慈善機構和基金會願意為有需要的人提供幫助，但它們大多數依靠來自商界的捐款勉強存活。如果企業能夠在政府的一些政策支持下一起實踐共享價值，便可以給香港社會帶來根本性的改變。本地市民不需要仇富，也不是要求共產，只是需要一份合理的工作報酬；商界只需要採用具備社會企業承擔的營運模式經營，願意對社會的弱勢社群伸出援手而已。我們需要打破固有思維，讓更多人理解和實踐「共享價值」。香港賽馬會慈善信託基金舉辦的「慈善共創　都市聚焦」論壇提供了一個良好的交流機會

和一個新的開始，提升社會對問題的認知和理解，讓香港成為一個更美好和宜居的地方。

X　從貧窮問題看香港社會的利益共享

　　儘管近 5 年來，政府推出多項政策試圖緩解社會貧窮現象，2016 年推出低收入在職家庭津貼，但成功申請的人數遠遠低於預期，究竟是申請程序過於複雜，還是真正有需要的人沒有那麼多？政府在 2021/22 年度預算社會福利開銷達 1,000 億元，福利使用多了，究竟能否真正改善人們的生活質量？抑或是製造更多社會受助人士？是否有深入探討福利開支的成本效益（social return on investment）？高昂的開支並沒有從根本上解決結構性貧窮這一深層次的問題，也沒有看到香港基層百姓生活得到明顯改善，那麼如何在經濟持續發展中，最大效用地均衡分配社會利益，實現資源和利益的共享，才是政府在民生問題上的首要關注點。

自由市場帶來富裕也帶來分配不均

　　2009 至 2019 年，香港經濟並沒有停止發展，人均 GDP（本地生產總值）有逾 46% 的增長，但收入增長只有約 12%。香港經濟發展面對嚴重傾斜不平衡，收入最高的 20% 人士享受經濟發展成果，但收入最低的 20% 則入不敷出。香港一直未能擺脫既定模式，過分依賴房地產支持經濟發展，樓價與物價居高不下，加大了商家成本，從而制約了香港經濟持續增長和個人發展；若不伺機找到突破口，則很有可能陷入未來的「迷失 10 年」。自 1980 年香港英治時期港督麥理浩政府內擔任財政司的夏鼎基提出「積極不干預」施政理念以來，香港經濟的騰飛可謂得益於此。「自由市場」成為香港「城市名片」，甚至成為香港為之自豪的信仰。正所謂「成也蕭何，敗也蕭何」，自由市場的「無形之手」在帶來繁榮和富裕的同

時，也帶來了資源及獲益分配不均。新移民的補充提供了源源不斷的勞動力供應，但他們在勞動市場沒有很大議價能力；一些僱主享受廉價勞工，剝削工人應有的福利和報酬，實在是缺乏社會承擔，使社會朝着嚴重兩極分化發展。當利益持份者只着眼於自身的既得利益時，弱勢社群不能保護自己，就需要政府政策有力度和承擔的介入。有效的政策能夠創造空間給沒有太大議價能力的工人，使工作得到合理的薪資和保障。

香港經濟發展不能惠及全民

政府在 2020 年的貧窮報告強調政府介入的成效，怎樣減少貧窮情況，但忽略了解決整體貧窮的方案。事實是僅僅確定貧窮線是遠遠不夠的，真正切實有效的扶貧辦法才是重中之重。政府似乎更關注「業績」，而忽略了其本質是改善市民生活水平，平衡經濟利益分配的天秤，使經濟增長帶來的效益得到普遍共享。2019 年 5 月起，最低工資時薪調至 37.5 元，該調整將惠及 15.4 萬社會基層打工人士，主要為零售、飲食、保安、清潔等行業。

但時薪的上調真的可以落實到百姓身上嗎？根據過去兩年通脹率分別約為 2%，累計兩年後物價水平約為 4%，本次加幅為 6%，超過累計兩年的通脹，但因最低工資基數偏低，低收入人士的生活仍然困難。但就過往經驗來看，最低工資調整始終落後於通脹，名義上收入有所提升，但實際購買力卻不升反跌。香港勞動者的工作時間全球最長，儘管社會平均購買力和人均 GDP 都較高，但收入分配相當不平等，也從側面反映出香港經濟的發展並不能惠及全體市民。無論是現任政策制訂者，還是特首參選人，應對亟待解決的貧窮、利益分配不均衡的問題，在提高本港競爭力、尋找新的經濟定位方面，力求經濟發展能改善大多數人的生活質素，才是治標及治本的方法。

6.4
小結

　　本章不僅回顧了香港在不同時期的扶貧政策，還提出了香港貧困問題的長遠解決方案。貧困問題的形成是日積月累的結果，因而解決貧困問題也非一朝一夕之事，需要有長遠的目標和戰略性的策略。但很可惜，本地政府政策未能展示有效的措施和資源分配，有效地處理和疏導本地的貧窮問題。我們提出了五個主要政策：提升最低工資、政府減少低技術外判工作、改善居住情況、加強教育投資和創建共享價值。

注釋

1　Reeves, A., McKee, M., Mackenbach, J., Whitehead, M., & Stuckler, D. (2014), "Introduction of anational minimum wage reduced depressive symptoms in low — wage workers: A natural experiment in the uk", *The European Journal of Public Health*, 24 (suppl2). doi: 10.1093/eurpub/cku151.117。後發表於：Reeves, A., McKee, M., Mackenbach, J., Whitehead, M., & Stuckler,D. (2016), "Introduction of a national minimum wage reduced depressive symptoms in low-wage workers: A quasi-natural experiment in the UK", *Health Economics*, pp. 1-17. doi: 10.1002/hec.3336.

2　UBS. (2015), "Prices and earnings 2015: Do I earn enough for the life I want?", Switzerland: Chief Investment Office WM, retrieved from https://www.ubs.com/microsites/prices-earnings/prices-earnings.html.

結語　減緩貧窮　任重道遠

　　第五屆行政長官在「完善」的選舉制度下產生，我們唯有保持希望，新一屆的政府比上屆有所改善。香港在林鄭月娥女士五年的管理下，經歷了翻天覆地的改變，例如本地選舉方法的改變和國安法的實施，為特區政府的施政帶來壓根的改變，但貧窮情況仍然令人憂心。當然，人口改變並非政府能夠操控的，然而關於扶貧措施的制訂和實行，特區當然有「主體」責任。

　　其實在國家的大力支援下，本地貧窮的情況仍然原地踏步，甚至不斷惡化，實在有些丟臉；廣大香港市民最關心的，還是衣食住行的民生問題。據 2021 年發佈的《香港貧窮狀況報告（2020）》顯示，香港擁有超過 20.1 萬戶的在職貧窮戶及 66.4 萬人口，伴隨着人口老齡化問題負效應的不斷加劇，在職家庭成員的供養壓力十分繁重。特區今年慶祝回歸二十五年，實需要作一個檢視，才可以重新整裝出發。

　　香港社會服務聯會在 2011 年開始制定香港貧窮線，至 2014 年貧窮人口降為 96 萬，創六年來新低，單從數字上來看，政府扶貧政策具有效果。但事實是僅僅確定貧窮線是遠遠不夠的，真正切實有效的扶貧辦法才是重中之重，政府卻似乎更關注業績，忽略了其本質是改善市民生活水平，平衡經濟利益分配的天秤，使經濟增長帶來的效益得到普遍共享。香港勞動者的工作時間全球最長，儘管社會平均購買力和人均 GDP 都較高，但收入分配相當不平等，也從側面反映出香港經濟的發展並不能惠及全體市民。新一任政府政策制定者，應對亟待解決的貧窮、利益分配不均衡問題提出解決方案；在提高本港競爭力、尋找新的經濟定位方面，力求經濟發展改善大多數人的生活質素，才是治標及治本的方法。

　　一些人士建議引入「負入息稅」（上世紀六十年代自由經濟學大

師佛利民〔Milton Friedman〕提出），港人普遍拒絕「養懶人」，「負入息稅」須在滿足每週最低工時數之後才獲取政府輔助，相比實施該計劃的美、英、以色列等國門檻更為嚴格。該計劃可帶來大量廉價勞動力，促進本地勞動力參與率，當然這是在本地就業崗位增加的基礎之上才能實踐。但該計劃也可導致僱主缺乏社會責任感，惡意壓低薪酬，遏制最低工資的增長。又有其他人建議「累進式利得稅」，即企業的稅務負擔與其盈利成正比，有助於減輕中小型企業的稅務負擔，鼓勵創業。無論是哪種方案，市民希望看到的是政策制定者有具體有效的行動，因為政府修正政策的力度趕不上貧富惡化的速度。當所謂的「公平」與「平等」已然化為社會發展中邊緣人群的焦慮和無助，人們不再相信奮鬥可以改變命運，誠實勤奮的勞動所帶來的收益微不足道，所以一些年輕人或許以「躺平」，甚至「擺爛」的生活態度而面對，因為他們看不到前面的出路。我們企盼的是更多機遇、更平衡的發展、更公平的分配、更友好的社會環境，一個共享經濟成果的「大同社會」。我們期望新一屆政府能聽到社會的聲音，給出堅定不移的回答。

香港從一個小漁村變成發達的經濟體，只用了短短數十年的時間，它與韓國、台灣和新加坡的經濟起飛，成為了「東亞奇跡」。但香港驕人的經濟成果背後卻是極大的貧富差距。一方面，它擁有比世界上任何一個城市都要多的千萬富翁；但另一方面，仍然有一百多萬人口在貧困的邊緣掙扎。這些貧窮人士是如何分佈的？他們是否受益於現有的扶貧政策？貧窮對社會有哪些影響？本書的六章內容，分別涵蓋了貧窮問題的不同方面，用數據和事實，讓讀者對香港的貧窮問題有一個深入和全面的了解。我們在第一章簡述了香港貧窮的歷史發展和現狀，在第二章分析了香港貧窮線的定義、

M 型社會與貧富兩極化的浮現、貧窮聚集地區特徵及其基礎設施的分佈，在第三章進一步對貧窮數字進行拆解，在第四章描述了各個社會群組的貧窮情況，在第五章分析了貧窮與自殺率、死亡率和健康的關係，同時還關注了公屋的扶貧作用，在最後一章為長遠解決香港的貧窮問題提出了對策。

貧困問題不是孤立的存在，它關乎到老齡化、教育不平等、勞工權益、種族不平等、房屋政策等社會各個方面的問題。冰凍三尺，非一日之寒，貧窮問題的解決，也非一朝一夕之事，它需要明確的目標和長遠的戰略佈局。貧窮問題的解決也非單單只是政府的責任，它需要社會各界人士的關注和參與。國家在扶貧和減貧方面都有很多值得香港參考的地方，例如他們強調的「精準」扶貧便是香港應該借鑒的地方。

我們需要的，是投資未來，以節約長久的開支。如果我們不對人力資本、研究開發及醫療設施方面進行投資，現時一些胡亂派錢的做法，不注重成本效益的措施，都是令筆者擔心。這麼一來，雖然香港人和香港社會現在看起來非常富有，但今後會變得愈加貧窮。如果我們不對精神和身體健康投資，促進健康的生活方式和家庭友好的工作環境，我們不會擁有一個健康的社會。我們不能依賴政府解決所有的貧困問題，因為有一些問題是由潛在的人口轉變所引致，例如老齡化和小家庭的增加，使家庭保護功能沒有過往那麼強大。我們每個人也需要對這些問題掌握所有權（ownership）和領導權（leadership）。我們需要在技能和培訓上裝備自己，以面對未來的挑戰。我們需要投入更多時間和資源，使自己擁有更健康的身體和心態，如此一來，當我們成為長者時將會少些依賴他人。希望我們在享受本地生產總值增長的同時，雖然會看到一些人獲利

更多，一些人獲利比較少，但不會有人被拋下。我們需要一起向前進，令香港再次成為一個充滿活力的城市。

回歸二十五年了，香港需要認清現今的形勢。在新常態下，我們應該發揮本身優勢，並在國家「十四五」的規劃下，找出自己一個可持續發展的方向，為人民謀福，為國家出力，而不是一遇到問題便向中央求助，因為香港仍然是一個充滿潛能的地方。香港還有很多優勢不但可以為本地居民服務，更可以幫助國家發展，無論是在高等教育，還是專業服務和培訓上，都可以為內地提供參考。疫情之下，筆者感到十分羞愧，為什麼我們每天都能聽到官員把「本地有什麼要求，中央照單全收」掛在口邊？相信若果本地能改善施政效能，利用社區資源，有效回應市民所需，香港可以幫助和推動國家發展。我們不單不需要為國家添亂，還可以有效地為國家發展做出貢獻。香港在完善的選舉制度下，監管政府的工作十分重要。但無論如何，香港需要一個能讓中央政府放心，有能力為香港市民承擔的人成為特首。

另一方面，社會的撕裂、昔日行政與立法的互相不容，帶來社會的混亂與人心不安，實在令人痛心。李家超先生剛剛發表的上任後第一份施政報告，訂下一百一十個指標改善民生情況，勇氣可嘉，但落實成效，則有待驗證。而對扶貧和幫助低收入人士的措施，都是留在檢討的階段，我們需要看到實質有效的行動才能帶來希望。今天我們面對的貧窮問題，有一些是制度的問題，有一些是個人的問題，當中最需要社會不同持份者的互諒互讓，才可以突破這個困局。希望大家都可以把握機會，不讓這個城市不斷漂流。為了我們熱愛的城市，願大家多走一步。

香港貧窮問題眞相

第三版

葉兆輝 著

責任編輯　白靜薇
裝幀設計　簡雋盈
排　版　陳美連
印　務　林佳年

出版

中華書局（香港）有限公司

香港北角英皇道 499 號北角工業大廈 1 樓 B

電話：（852）2137 2338

傳真：（852）2713 8202

電子郵件：info@chunghwabook.com.hk

網址：http://www.chunghwabook.com.hk

發行

香港聯合書刊物流有限公司

香港新界荃灣德士古道 220 - 248 號

荃灣工業中心 16 樓

電話：（852）2150 2100

傳真：（852）2407 3062

電子郵件：info@suplogistics.com.hk

印刷

美雅印刷製本有限公司

香港觀塘榮業街 6 號海濱工業大廈 4 樓 A 室

版次

2017 年 4 月初版

2018 年 6 月增訂版

2022 年 12 月第三版

©2017 2018 2022 中華書局（香港）有限公司

規格

16 開（230mm x 170mm）

ISBN

978-988-8808-81-6